U0901473

财经易文
www.ewinbook.com

最佳卖出点

【著】唐纳德·卡西迪（Donald L. Cassidy）

【译】吴　慧

IT'S WHEN YOU SELL THAL COUNTS

中国财政经济出版社

图书在版编目(CIP)数据
最佳卖出点/(美)卡西迪著;吴慧译.—北京:中国财政经济出版社,2004.10
(2007.10 重印)
书名原文:It's When You Sell That Counts
财经易文中级证券分析师教程
ISBN 978-7-5005-7611-2
Ⅰ.最... Ⅱ.①卡... ②吴... Ⅲ.股票—证券投资—基本知识
Ⅳ.F830.91
中国版本图书馆 CIP 数据核字(2004)第 097230 号
著作权合同登记号:图字 01-2001-4419 号

Donald L. Cassidy
It's When You Sell That Counts
ISBN 0-7863-1129-0

中国财政经济出版社出版
URL:http://www.cfeph.cn
E-mail:webmaster@ewinbook.com

社址:北京海淀区阜成路甲 28 号 邮政编码:100036
发行电话:010-88191017
三河市世纪兴源印刷有限公司印刷 各地新华书店经销
787×1092 毫米 16 开 19.75 印张 280 千字
2004 年 10 月第 1 版 2007 年 10 月北京第 5 次印刷
定价:39.80 元
ISBN 978-7-5005-7611-2/F·6667
(图书出现印装问题,本社负责调换)

目　录

第四部分　卖出策略

引 言

投资者需要关注与人性相悖的投资心理，关注股票和股票的变动方式，关注一般投资者的思维方式和行为方式，关注经纪人和他们所发挥的作用。在大多数情况下，绝大多数有关股票市场的书籍都以股票的购买为焦点，而与购买相对应的出售股票这一问题往往被完全忽略。出售股票不像购买股票那样令人兴奋，而且它的范围也比较窄，但是研究这一问题绝对有必要，而且出售股票的技术本身亦有其奇妙之处。

本书分为四个部分。第一部分描述了投资者在做出持股/出售股票的决策时所面临的许多陷阱，这些都属于结构性障碍。本书的第二部分描述了在做出持股/出售股票决策时有必要熟悉的几种思维方式。这些问题与人不愿意出售股票的本性有关，因为出售股票就像宣布投资者个人投资失败一样令人难以接受。本书第三部分描述了一些如何能够明智、有效地出售手中所持股票的重要策略。本书第四部分在微观层面上提出了一些如何可以更加有效地出售股票的技巧。

最后两章为读者提供了一个检查清单，读者可以根据这一清单检查每一笔交易，用这些测试决定最终是持股还是出售手中所持股票，这两章的内容同时还可以作为学习用的材料。

做一个传统的长期投资者和做一个短期的投机者之间并没有太大区别：也就是说，我们的最终目的都是获取利润、参与市场活动，所以我们必须了解而且随时准备着在恰当的时机出售手中所持股票换取现金。只有在顺利地完成买卖两项交易后你才能够真正实现利润。

致　谢

一本书，和人类智慧的其他产品一样，是由影响作者多年的有意识和无意识的体验组成的。因此，作者应当好好感谢每一个影响他或她生活的人。然而，出版商希望致谢尽量简短，这就增加了困难。对那些名字没有出现在这个简短的列表上的人们怀着诚挚的歉意，我按时间顺序感谢如下：

理查德·罗德来特，一位初中数学老师，他为我开启了通往投资的大门：他永远也不会知道他在我思想中开启了地平线。

罗伯特·斯克兰德，马萨诸塞州韦兰德高中的美国历史教师：他要求学生们做到最好。他允许我把大萧条作为一个课题进行研究并让我为同学们做讲座，这些经历增强了我的自信心。

.小罗格·斯皮尔，他建立了一个投资咨询公司，这个公司后来被卖给了费德里（Fidelity）管理和研究公司：他耐心地指导并教育我这样一个鲁莽的年轻人，并使我能够在上班期间学习。

查尔斯·克拉恩，沃顿学院的金融老师，他最喜欢的表述简单然而深刻："一切事情都按照圆周循环进行。"

埃伦·科提斯，在 Arthur D. Little 公司中与我共事多年：她为我勾画出了一名研究者、编辑以及作家的前途，并且使我相信这些都可以实现。

理查德·赫威茨，Boettcher 公司的前研究总监：他极富信心和远见，雇用了一名没有经验的管理顾问来做投资分析员。在当今保守的企业文化氛围下，这对一个经理来说是一个大胆的举动。他是一个严格而可贵的导师，并且一直是我的好朋友。

赫泽·怀特，我在 Boettcher 公司的同事和亲密的朋友：她给了我关于经纪人的知识，否则这些知识会经过 10 多年才会在我脑海中成形。她也告诉我，我能够胜任写这本书的艰巨工作。她把我介绍给了我的出版商，免去了许多中间程序。

汉密尔顿协会的罗伯特·戴维斯，我曾经服务过的几位研究总监之一：他对比例的出色的感觉以及在压力下保持冷静、理性的头脑的能力教会了我许多东西。

理查德·弗林斯塔德，他邀请我在 1989 年的一个公开集会上发表演说，谈论关于当地一家公司的问题：他所提供的舞台使我第一次对个人投资者如何出售他们的股票有了一个生动、直观的认识，就是那天晚上我认为有必要写这本书。

丹佛的斯科特·克提斯，一位经纪人，他曾经是一位遥遥领先于时代的基金经理：他告诉我一些战争故事，打消了最坏的疑虑，听取并且帮助我修订了一些概念，还为我感到由衷的高兴。

贝利塔·卡尔沃特，她在一些细微而重要的方面给了我帮助：从校对到倾听到加油和鼓励，她总在我身边。现在，作为我的妻子，她继续耐心地给予我空间和时间来继续进行工作。

麦克尔·杰弗斯和珍妮弗·林德赛：他们使我第一本书的后期工作变得顺利和令人愉快。

麦克尔·利伯尔和艾温林·卡特：他们的慷慨和耐心使我能够在做一名作家和演说家的同时继续履行我全职雇员的职责。

最后，然而也是值得一提的是，休斯敦的温妮·巴克曼为我提供了许多当地的 AAⅡ章节，热心听众的反馈进一步丰富了我的思想并且为这本修订版增加了新的内容。

第一部分

获利出售的障碍

第 1 章
外部障碍

投资成功的要诀

- 了解当今的经纪人
- 接受一字良言：卖
- 认识到大盘变化的重要性
- 了解购买和持有以及其他相机行为

当今的经纪人

过去10年来经纪人技巧的进步不是本书所要描述的重点内容。然而，对于想在股票市场上获利的投资者而言，了解经纪人是必要的。

经纪人的类型多种多样，为了避免混淆，每一家经纪人公司都有自己的经纪人用语，例如“客户主管”、“注册代表”，或者“投资顾问”等。头衔并不重要，然而不管经纪人被称做什么，也不管哪家公司雇用他们，对于投资者而言，重要的是经纪人的培训、经验以及基本的职业定位。

辨别一个经纪人的职业定位——资产组合还是投资专家——的方法之一是搞清楚他（或她）在投资行业当中已经干了多长时间，以及此前她（或他）从事什么行业。如果说他此前是一个企业家、经销商或是其他产品和服务的销售人员，这个经纪人从骨子里就是一个专业的销售人员而不是一名投资专家。

另一个有效的策略是用问题来打断事先准备好的销售“剧本”，问题一定要尖锐。问经纪人一个一针见血的问题，比如“当美元和黄金都升值的时候瑞士法郎兑日元的比价会怎样?”对于这样的问题，作为投资专业人士的经纪人应当有所准备，而只会销售的经纪人将不知所措。

由于存在着购买偏好，投资者很难从经纪人那里得到关于出售的建议，除非他们的经纪人恰好是传统的或专业的人士。一个投资者必须认识到，绝大多数卖出行为都将是完全的个人决策。

人们对于卖出股票同样存在着心理上的偏见：所有的买入都是很乐观的，但并不是所有的卖出都以成功结束。在购买的时候，投资者的注意力集中在他或她是何等的正确；而在卖出的时候，不确定性使得人们总在想他们会犯何种错误。因此，卖出对于投资者而言并不是一个愉快的体验。并且，几乎每一次卖出，除非是在第八个历史最高点上卖出，否则看上去都像是一个错误的、不可挽回的决策。类似的不愉快记忆重复若干次之后，就会导致日后的逃避行为。

一字良言：卖

导致经纪人很难做出卖出建议的原因之一是购买偏好。投资者和经纪人在关于买入问题上都有更多愉快的、乐观的感觉，享受这种感觉是很容易的，尤其是在把买入和卖出对比时。正如前述，买入实际上是建立在希望和乐观基础上的一个开端。卖出则不一定会以乐观结束，并且它会带来更多的感情负担。

经纪公司几乎从来不说“卖”还有其他很重要的原因，从经纪公司的角度来看，所有的理由都是符合逻辑的。因此，当需要投资者做出卖出决策的时候，他必须关注自己的利益需求，而不是关注经纪人取得佣金的需求或销售倾向，也不要去管经纪公司的利益动机。一个明智的投资者必须有坚定的自我决策的态度以及何时入市的原则，不管他是否雇用经纪公司。

投资者必须自己操作的必要性在于个人远不是经纪公司惟一的客户群。通常，一家经纪公司最重要的客户是公众公司。因为经纪公司的投资银行业务是为这些公众公司融资，相对于散户的佣金收入，这些业务是非常有利可图的。

实际上，当一个投资者购买了新发行的股票和债券的时候，经纪人通常指出这些交易没有佣金。经纪人甚至会说，“是发行股票的公司在支付佣金”。这是对的，除了非常小的业务，投资银行的证券发行佣金收入远远高于后市交易的佣金收入。

从发行有价证券的公司所获得的佣金收入之所以较高是因为投资银行业务有着较高的固定成本（薪金，招待费，法律和财务顾问费用）。投资银行部要为这些大公司客户做承销，否则的话就无利可图。

因为投资银行家们需要做“交易”（比如发行新股），如果这些股票和债券对公司的客户而言是一种可靠的投资，那么公司的整体利益会得到最大的满足。公司的研究分析员必须对投资选择做出判断，他们通过公开报告和信函推荐那些他们认为对公司的经纪人和客户最好的股票。只有当一个分析员全面研究了一家公司以及它所处的行业并且做出了两种建议：什么时候买入以及什么时候卖出，这个研究分析员的工作才算结束了。

遗憾的是，个体投资者们几乎从来没有见到一个卖出建议。为什么？卖出建议很少公开发表是因为它们可能对经纪公司和其投资银行客户之间的关系产生负面影响。想想这些利害关系。假定一家经纪公司于 1 月份发行了几万股新兴工业公司的股票。经纪公司的经纪人把股票交到客户手里并收取了佣金。假定股票发行不久这家公司就出了问题：也许在 3 月份一家竞争者采用了新的设备，或者被实力强劲的集团收购，或销售疲软，或者原材料价格疯涨。研究分析员指出经纪人和客户所面临的潜在问题，建议这些股票应当出手。

但是卖给谁？绝大多数该公司的股票都集中在经纪公司自己的散户手中。如果这些客户在 1 月买入股票而在 3 月因为该公司有麻烦要卖出股票，他们将会有什么样的反应呢？至少，他们会怀疑经纪人滥用他们的投资组合来获得佣金。更严重的是，他们有可能起诉这家经纪公司涉嫌歪曲事实或忽视客户利益。

如果研究部高举卖出大旗并且股票开始下跌，投资银行部和新兴工业公司的管理人员的关系将会怎样呢？新兴工业公司和这家经纪公司之间很可能不会再有未来业务。如果这家经纪公司建议卖出它所承销的股票这一消息在当地商界传开，其他潜在的上市公司就很可能改用其他的承销商来发行股票。

因此，“卖”这个字眼在绝大多数经纪公司的词典中消失了。它被当作一字良言，尽管客户们有可能在电话中听到这个字眼，但它不会出现在纸上。

对“卖”这个字眼的不喜欢也表现在其他方面，其中最重要的是经纪人在卖出有价证券时不愿采取行动。因此，投资者应当把任何一个经纪人的帮助当作礼物，然而不要指望这种帮助：经纪公司几乎从不说“卖”，所以一个投资者应当了解当经纪人想说“卖”的时候所使用的代用词。

委婉说法

然而，表达“卖”的字眼通常以心照不宣的形式出现。经纪公司有许多方法来描述一个公司的处境，暗示卖出是最好的选择。其中一个方法就是向公司的投资客户提供一份报告，作为承销的后续措施，然而其中不提供任何的观点和建议。这些后续措施需要认真地阅读。尽管官方的政策不允许提供任何的建议，但报告的语气要仔细斟酌。如果这份报告不是那么热情洋溢，人们就应该怀疑研究分析员对这只股票不感兴趣，认为应该出售，只不过受到约束不能这样说而已。

另外一种办法是提出非购买建议，但比卖出要委婉一些。具有讽刺意味的是，关于卖出的最好的一种委婉说法是它的反面：“持有”。当一名分析员不想说买入并且也不允许说卖出的时候，剩下的惟一建议就是持有。持有的建议应当被看作是一个危险的信号。实际上，“持有”应当被理解为其真正的含义“不要持有”。

经纪公司常用的“卖”的委婉说法

持有

累积

长线购买

与市场表现持平

市场表现不佳

另外一种表达卖的方式措辞十分谨慎，比如，“尽管有一些近期的不确定性，这只股票可能值得长线持有”。这应该被理解为，“如果你持有的时间足够长，也许你就不会有所损失”。所有这些委婉的说法都是应尽快出手的信号。

向你的经纪人问清楚他的公司所使用的评价用词是很重要的。有些公司的用词很少，“买/持有”。有些公司会说“购买/累积/持有”。还有一些公司使用“表现超好或表现不佳”或“强调/表现不佳”。有一些甚至会说“强力买入”以区别于买入。投资者应当知道分析员选择措辞的范围。除了“首选”这样热情洋溢的词之外，其他的都应当被理解为略加赞许或是彻底的否定。当官方的建议不那么令人鼓舞时，如果一个经纪人没有在口头上对这只股票大加赞许，那么真实的信息应当是赶紧出手。

政策和外交手段

即使发行公司和经纪公司之间不存在现行的投资银行关系，还有其他一些重要原因导致研究分析员不可能建议出售股票。首先，双方在未来可能会有商业往来，所以经纪公司不想把水搅浑。更直接的原因是，分析员需要和高层管理者保持持续的、建设性的、令人兴奋的、极富推动力的联系。根据《华尔街日报》的报道，波士顿市场公司曾经禁止一名建议出售其股票的分析员参加未来的会议。

出售股票的建议，即使是一个正确的结论，也很少会使公司的管理层感到高兴。他们本身拥有公司的股票，对于出售建议所带来的股票价值下跌自然会倍感不悦。研究分析员有理由认为不好的建议会导致上市公司的管理层在未来披露信息的时候有所保留：最糟的情况是推荐卖出股票的建议被证明是错误的。

最后，还存在着数字游戏。当分析员写下建议购买的研究报告时，经纪人就可以利用这份报告和每个客户联系，这些客户的投资目标使得购买这只股票显得很合适。这意味着购买建议有更多的潜在听众。例如，假定在分析员看来，一家电子设备公司的股票极具诱惑力，购买建议就可以提交给每一位对其收益感兴趣的客户。

但是，卖出建议在未来所能带来的生意就少得多。并且卖出建议只适用于那些已经拥有这只股票的客户（以及极少数短线投资的客户）。假定我们的分析员认为利率将上升或者说燃油费用将是个问题，他建议卖出这家电子公司的股票。当建议买入的时候可能只有1/10的客户响应。这些人将是卖出报告的惟一的听众。更糟的是，有些客户可能是在较高的价格上买入的，而他们的经纪人不愿意让他们遭受损失。所以卖出报告并不能有效地促进佣金的增长。研究分析员的职位和报酬是建立在如下基础上的：判断的准确性以及他们的报告所带来的生意的多少。所以研究分析员同样有购买偏好。

在做出卖出建议时，经纪人们面临着另外一个两难困境。相对于买入而言，投资者们更倾向于责怪卖出带来的不好后果。问问任何一个经纪人，客户是能够记住他们没有听从的不好的买入建议还是能够记住他们听从的不好的卖出建议？

总体上，投资者们是在电子显示板上观看他们拥有和已经卖出的股票——而不是那些他们从未买过的股票。这种趋势会使经济人和客户之间的关系陷入麻烦（分析员和经纪人之间也会引起麻烦）。

总之，在下列五种情况下建议卖出可能对一个经纪人不利：

1. 它会激怒对这只股票怀有深厚感情的客户。
2. 卖出能够结束一场痛苦的交易（损失）。
3. 卖出之后可能紧接着就是一个价格反弹，如果持有这只股票，这个价格反弹可以使投资者获得更高的利润或减少损失。
4. 卖出股票所获的资金进行再次投资可能无利可图，使得卖出成为一个双重损失的根源。
5. 除非卖出的价格几近完美，否则经纪人会因为建议卖出股票获得佣金而受到责备。

垃圾股票的经纪公司从来不推荐卖出股票，除非它需要资金去买其他的东西。其中的主要原因在于它们自己必须购买投资者抛售的股票，因为只有他们自己在造市。非垃圾股票也是这样。如果一个投资者要求经纪人卖出股票而得到的回答是否定的，那么这是一个严重的警示信号。这也许意味着该经纪公司在关注股票价格并且不想对这只股票施加压力。谁会拒绝不可靠的卖出命令呢？除非经纪人给出持有这只股票的可靠的、特殊的原因，否则投资者应当坚持现在就在市场上把它卖掉。

最保险的做法就是不要指望听到任何的卖出建议。假定它从来就不会出现，读者可以在本书所提供的卖出工具和规则的帮助下自己做出卖出—持有决策。

最初的低风险股票所带来的假象

在投资圈里，对风险规避的强调是一种阶段性的时髦，尤其是在1987年10月股市大崩溃之后。在这个行业里适当地强调风险规避——而不是强调成长和利润——是有好处的。投资公众对此牢记在心，这表现在广为人知的垃圾股经销商，即所谓的内幕交易以及其他类似的操作显著减少。这些操作建立在投资者的轻信、贪婪以及看上去漫无边际的乐观上。

然而即使是重新强调风险规避（在20世纪90年代中期的大牛市期间有所减弱），证券业开拓市场的努力还是完全集中在买入股票上，而彻底忽视了这一交易的同样重要的另一方（卖出）。在绝大多数公共投资研讨会上，卖出股票最多被提及的是在止损命令上，但是演讲者很少充分地解释如何以及为什么要使用这个工具。尽管止损是有效的，若被经常性地使用可以使投资者（以及他们的经纪人）免于临时做出关键性的卖出决策。然而，自动激发的止损令或根本就没有被激发的止损令，都会使重要的思考卖出的过程中断。因为经纪人鼓吹卖出股票通常也是为自己服务的：如果一个客户停止受损，损失相对较小，而这些止损令的使用表明经纪人是为了避免客户的损失而勤奋工作。

当然，如果止损价格与市场价格过于接近，通常会导致停盘；保护性的警觉将会导致该股票的市场流通量增大，但这样做会保护客户在任何状态下免受可能的资金损失。

许多投资研讨会许诺能够提供特殊的管理技巧来保护投资者的金钱免遭风险。但是“管理”是一个动态的词，它代表的是一个正在进行的过程。管理一家工厂并不仅仅是雇用工人，把他们送进门去，然后就自己走开。同样，管理投资基金意味着购买、关注，以及卖出。这绝不仅仅是事先的、一次性的资金配置或一次性的购买选择。资产配置——在各种各样的投资工具之间、在不同行业之间、不同国家之间、不同时间序列之间——并不是一个一次性的行为。而许多投资经纪公司所倡导的战略和战术，只是罗列出了金融工具而不是教给投资者特殊的实用的资金管理技术。

经纪公司罗列出的金融工具通常包括互助基金、单位信托投资（UITs）、保险、养老金计划、债券，以及股票——这些没有一个是战略和战术。它们应当看作只是实施战略的手段。在恰当的时机买入和卖出这些金融产品则是战术行为。当然，这六种金融工具当中有三种是一次性决策（购买）的投资：保险，养老金计划，单位信托投资。投资者应当注意到，由金融机构所开发的卖给公众的产品都是组合资产，这绝不是巧合。从一开始经纪人就是通过使投资者购买这些产品而获得报酬，并且没有后续的结束措施（卖出或主动的兑现现金）。

一般说来，在经济周期中，经纪公司对这六种金融工具都进行了恰当的描述和定位。但是绝大多数研讨会以及报告都集中在怎样辨认经济周期的开始以及如何抓住机会在恰当的时机买入。因此在这一行的人看来，在资产领域管理和规避风险就是购买好的股票以及选择恰当时机购买好的股票。这种短视的行为忽视了风险总是随时间而变化的；投资风险的管理必须是一个一直在进行的持续的过程，购买结束并不意味着这一管理过程的结束。当前的好公司并不能够保证永远都会这样。

因此，在购买之前，投资者应当评估一个投资组合的所有的机会和风险。仔细研究股票的上涨趋势和下跌趋势（能预见到的和不可预见的）。然后，投资者在购买股票之后就应把注意力从电子显示板转到细节问题上：“怎样购买”的问题变成了“哪只股票应当出售”的问题。认为一旦购买了看上去很安全的投资就没有风险的意识会干扰将来的选择。

确定入市的时机并不是惟一的要紧事。到现在为止，读者对投资市场上片面强调购买的认识应当能够提高他们对购买偏好的警惕性。因为购买总是受到更多地外部关注，投资者的个人精力应当更多地投入到卖出上。尽管一个投资者可以不听从购买的建议，可一旦他拥有投资就没有办法回头。结束游戏然后获利的惟一的方法就是卖出。

低估了基本面变化的严重性

当前机构对市场的统治以及不断增大的杠杆比率和经济的脆弱性要求投资者对基本面变化给予更多的关注。当一个投资者持有一家公司的股票时，要达到成功的投资需要对该公司的基本面予以高度关注——包括这家公司所处的行业和更广阔的环境。如果消息不如想像的那么好或者市场怀疑这家公司的前途黯淡，最好的选择就是迅速卖出这只股票。原因在于：当事情变坏的时候，需要从反方向施加相当大的外部力量才能使其向好的方面转化。这一原则不仅适用于公司的日常管理也适用于股票市场。

在任何一个投机市场，下跌的趋势一旦形成，通常会保持下去。价格都是感性波动的，无论是被高估还是低估。低估或高估的程度都是无法预测的，因为这是由随意的感性的因素驱动的。所以一个投资者首要的工作就是要充分清醒地认识到市场的变化并且在市场开始反向变化之前抽身而退。

尽管股票市场并不总是以加速下跌作为已经触底的信号，价格上涨趋势却需要利益相关的买家的干预才能够实现。这些买家必须是大买家并且能够沉得住气，他们首先要止住价格下跌，然后稳定由于进一步的抛售而导致的价格波动。最终，他们的力量必须超越抛售者才能够拉升股价。

克服基本面问题的策略

众所周知，成功的运营需要投入大量的精力和努力。由于外界力量的出现和变化，竞争者进入，或需求方变动导致了产品和服务的变化，很少有公司能够自动地蒸蒸日上。管理人员参与、监管企业的运作过程，克服其中的困难以保持企业持续盈利，他们因此而获得报酬。股票市场上的投资情况同样如此：投资者由于参与、监管以及采取成功的行动而获得报酬。那些只在问题出现后采取行动的人显然会获利不佳甚至赔本。

投资者将他的资本投入到市场上去，他必须保持清醒不让自己的主观愿望干扰正确的判断。这表明一名投资者应当不仅仅阅读年度和季度的报告；他也应当阅读 10 – Ks 和 10 – Qs（各种附注）。投资者应当提前研究管理层关于季度和年度所可能面临的挑战和困难的讨论。将实际发生的情况与管理层先前预计发生的情况进行比较。投资者应比较总体表述的内容和语气与三个月或六个月之前有哪些不同。尤其是对不好的变化要予以特别的关注。

由于当今倾向于用法律解决问题的氛围，首席执行官们通常会提前电告可能存在的问题——以避免被起诉隐瞒利空消息。投资者应认真听取他们的警告。如果收入增长缓慢或利润空间面临压力或成本失控，投资者应当找出原因。如果管理层不能够给出原因，以及不能采取特别的补救措施——这就是一个基本面问题。要记住：问题很少能自行消失。

因此，投资者要认真研究一个公司的管理人员是怎样谈论其公司的问题和面临的挑战。管理层应寻求关于解决之道的讨论和行动，而不是借口拖延。不要总是原谅别人，管理层是拿了报酬来解决问题的。如果总裁报告只是哀叹外界力量引起的问题这一现实而没有提供任何具体的公司应对困难的措施，则要毅然卖出股票。通过抛售股票来投票解雇这支管理团队。当你的钱在股市里并且落在敷衍了事的管理人员和决策者手里的时候，没必要那么耐心。

在投资市场上，过分严厉比过分宽容更为明智。投资者对消极的基本面问题的发展要尤为敏感。每季度只关注一次，在下一季度的六个周内阅读临时性的报告是不够的。**如果说自由的代价是永恒的警惕，那么投资成功的代价就是持续的观察、评估、比较、决断，以及承认错误并继续前进的勇气。**

令人遗憾的是，在股票市场上进出巨额资金的机构却非常短视。这正是投资者在股票市场上不应当宽容以及时刻保持警惕的理由。因此，个体投资者必须足够敏锐以抓住任何处在萌芽状态的潜在的投资问题。小型投资者的倾向是使公司有较多的时间来进行改进。但是当一个有着 100 万股股票的专业投资者失去了耐心，即使这些耐心的小投资者认为股票价格会有一个最终的爬升——而且后来被证明是正确的，股票价格也会下跌。在我们这个由机构交易统治的时代，不耐烦是投资者必备的一种素质。

显然，针对重要的利空消息或干扰性的趋势迅速采取止损措施意味着投资者采取了短线操作的方式。然而，一个投资者必须很现实并且维护其资产。作为不断增长的短线风险意识的一部分，这意味着不要对抗市场大势。市场不论犯什么样的错误，总比个人的力量大得多。

购买和持有以及其他相机行为

单纯从投资角度来讲，购买股票只有两个原因。真正的资产投资包括找出那些股票价值在未来盈利能力方面被低估的公司，现在就购买它们的股票，因为计划中的盈利将会产生股息。所以说第一目标就是股息收入。第二目标是资产增值。如果公司的财富有所增长，而利率没有显著的上升，并且市场心理从消极转向积极，股票价格会随着时间而增长。

一些投资的纯化论者对此不屑一顾，并且把希望资产增值的愿望称之为“投机”。事实可能是这样也可能不是这样，然而不管它被称之为投机还是投资，投资者购买股票是为了在未来某个盈利点上把它卖掉。不管怎样，成功的交易既要买入也要卖出。在交易的最终结果确定之前两者都需要。

正如我在引言中所说，总体上，现在出版的有关股票市场投资的书都集中在买入交易上而几乎完全忽视了卖出。卖出股票可能不那么令人兴奋，也是一个范围比较窄的话题，但它绝对是必要的并且它有其自身非常有趣的手法和吸引力。

股息收入

购买股票以期获得股息收入的投资者应当更加仔细地考虑总体的风险和回报。对于最近一年的股息收入占其现行股票价格一个相当大比例的公司而言，购买这些公司的普通股是具有诱惑力的。购买者相信这种高回报会持续下去。在这种情况下人们没有充分考虑到这样一个事实：现行的股票价格是由所有有见识的市场参与者的总的智慧和期望决定的。因此，高回报通常是高风险的信号。所以高回报股票的购买者接受了两种风险：(1) 股息收入本身有可能减少或消失；(2) 如果这种情况发生，投资者手里的股票价格可能会下跌。

从 20 世纪 30 年代的大萧条开始，普通股的现金回报总是低于长期债券和优先股。在这种情况下，要求高回报的投资者应当购买高等级的金融产品。与普通股相比，这些产品回报减少甚至没有回报的可能性较小，并且这些产品一般都签订契约保证在未来发生类似事件时会补偿投资者减少的现金回报。

如果一个旨在获得收入的购买者很需要现金收入，他不应当持有普通股来承担不断增长的风险，相反，他应当购买高等级证券。同样，普通股票的购买者也不应当只关注纯粹的现金收入而应当关注总体回报（指的是总的现金回报加已兑现或未兑现的价格增值）。增值是由多年来不断增长的股息带来的。增长率，以每年的一个百分比来表示，加到现金产出（股息率/股票价格）就得到总体回报（见表 1－1 和表 1－2）。

表 1－1　投资年度回报率（假设年底股息增加 **5%**）

年　份	股息率 $	收益基准 %	价格 $	资本增值 $	总回报 $	总回报 %	原始成本回报	
							总回报%	现金回报%
0（Buy）	1.40	7.00	20.00					
1	1.47	7.00	21.00	1.00	2.40	12.0	12.0	7.0
2	1.54	7.00	22.05	1.05	2.52	12.0	12.6	7.3
3	1.62	7.00	23.15	1.10	2.65	12.0	13.2	7.7
4	1.70	7.00	24.31	1.16	2.78	12.0	13.9	8.1
5	1.79	7.00	25.53	1.22	2.92	12.0	14.6	8.5
6	1.88	7.00	26.80	1.28	3.06	12.0	15.3	8.9
7	1.97	7.00	28.14	1.34	3.22	12.0	16.1	9.4
8	2.07	7.00	29.55	1.41	3.38	12.0	16.9	9.8
9	2.17	7.00	31.03	1.48	3.55	12.0	17.7	10.3
10	2.28	7.00	32.58	1.55	3.72	12.0	18.6	10.9
总　计	18.49			12.58	31.07	平均：15.5		8.8

表 1－2　投资年度回报率（假设股息为购入价的 **10%** 并保持不变）

年　份	股息率 $	收益基准 %	价格 $	资本增值 $	总回报 $	总回报 %
0（Buy）	1.40	10.0	14.00			
1	1.40	10.0	14.00	0.00	1.40	10.0
2	1.40	10.0	14.00	0.00	1.40	10.0
3	1.40	10.0	14.00	0.00	1.40	10.0
4	1.40	10.0	14.00	0.00	1.40	10.0
5	1.40	10.0	14.00	0.00	1.40	10.0
6	1.40	10.0	14.00	0.00	1.40	10.0
7	1.40	10.0	14.00	0.00	1.40	10.0
8	1.40	10.0	14.00	0.00	1.40	10.0
9	1.40	10.0	14.00	0.00	1.40	10.0
10	1.40	10.0	14.00	0.00	1.40	10.0
	14.00			0.00	14.00	

因此，平均说来，股息每年增长 5%，现行回报为 7% 的股票有可能得到每年 12% 的总的回报。实际结果将随着公司财富的变化而变化，并且受到利率变动的显著影响。当利率下降的时候，投资者可以利用保守的投资工具如公用事业普通股和成长导向的不动产信托投资（REITS）来获得主要的资产收益。然而，在面临着较高的利率时，即使是质量最好的公用事业股票和不动产信托投资其价格也会下降。

大多数购买蓝筹股，尤其是公用事业股票的投资者认为自己是长线持有者。但是由于利率周期波动对股票价格施加的显著影响，即使是蓝筹股也应当被当作出售的对象来获取资产增值（例如，长期利率从 6% 调整到 7% 将会导致计价公式的分子发生 17% 的变化，这将使得一年或两年的股息增加化为乌有）。所以，即使是长线“购买和持有”的投资者，卖出股票的时候对出售的对象也不应当墨守成规。知道什么时候应该卖出股票永远都是一个必要的原则。

资产增值

正如前面所说，购买股票的另一个理由在于预计到股票价格将上涨从而会通过资产增值来回报持有者。某些纯化论者认为，不是建立在较高的股息回报基础上的任何对股票价格上涨的期望等同于空中楼阁。另外还有人认为希望通过心理和利率波动来增加股票价值等于投机，因为这些收益不是纯粹来自公司增加了的收入和股息。然而现实生活中，超越股息所能推动的显著的价格上涨确实存在。因此，如何抓住这样的增长是投资者学习和努力的课题。

其他原因

有一些人因为其他原因而购买股票。例如，忠诚使许多投资者购买他们所在公司的股票或购买他们所居住社区的主要雇主的股票。但是“忠诚购买”会导致重要的投资损失，因为忠诚会超越常识而导致投资者不能在恰当的时机卖出股票。

另外一些市场参与者购买股票是因为他们和管理层人员有联系或者说因为他们喜欢这家公司提供的产品。这些购买决策通常不是建立在价格/价值基础上的，他们不是由利润来驱动的。

还有一些人因对某些概念感到兴奋而购买股票。在许多情况下，购买者对投资的价值一无所知，只是对拥有一家公司的股票感觉很好：这家公司与主题商业有关（环境保护、新药、艾滋病的人道主义研究都是前瞻性的业务），或者说他购买这只股票来赶时髦。有很多人购买股票是为了体验参与游戏的刺激。他们在市场上进行游戏是因为社会能够接受这样做，或者说他们相信市场能够带来他们想要的刺激和赌博的感觉——只要是合法的并且是在他们的资金耗尽之前。

一些专门研究病人金钱问题的心理学家甚至发现有些投资者参与到华

尔街中有着深层的情感上的原因。其中较为灰暗的是自我毁坏的强烈欲望和向矜持的父母证明自己的需要，甚至是出于想与父亲竞争的奥狄普斯般的需求。这些问题远不是我们想讨论的范围。

最终，不管这些人的状况是外在的或者自我施加的，某些投资者实际上应当被称为收藏家。在一段时期内这些人逐步积累了大量的股票。人往往都是很固执的，西方社会强调获得，而不是处置。这种状况支持了购买和持有偏好。

金融作家、咨询人员、互助基金的宣传机构以及经纪人，他们对购买继续施加强有力的外在力量。这种强调也许是可以理解的，但是需要平衡。人们需要对卖出给予同样的关注——这对于获得利润是必要的。

这本书主要是为了帮助那些基于财务上的理由而购买股票的投资者。对于那些参与股票市场中主要是基于感觉和心理原因的投资者没有作用。本书的目标是对以下问题给出指导原则：适当的时候如何将收益兑现，如何限制或者避免损失。对于如何理解和克服导致持有而不是卖出的惰性，本书做了着重的强调。

第 2 章

拒绝卖出股票的隐藏的原因

投资成功的要诀

- 理解微妙的但强有力的心理障碍
- 学习并实施困难的 180 度转变
- 挑战完美主义
- 停止保护自我的尝试，把精力集中在你的资产上在第一章中我们列出了使投资者不愿卖出所持股票的外界影响。这些力量不会从我们的生活中消失，但至少当它们出现的时候我们能够意识到它们的存在。我们能够看到并且有意识地努力去消除这些显而易见的敌人的影响。更具有挑战性的是我们的头脑中多种多样的微妙的心理力量。每一位投资者都受到这些潜意识作用的影响，并且这些推动力和动机的强度也不相同。本章看上去似乎要讨论流行的心理学，但实际上我们将要讨论一些重要的隐藏在我们的脑海中和个性中的东西。通过弄清楚这些力量，我们可以更好地理解为什么我们在做事时会有那样的感觉以及为什么在某些情况下我们的本能导致了对我们的投资行为起反作用的行为或惰性。

关于人类的情感和行为已经有了许多洞察深刻的书籍，然而试图用这些书来全面理解对投资者行为的心理研究是不合适的。我们在附录里列出了一些对投资心理进行了有效研究的书。我们试图在本章中深刻揭示人类个性中最基本、最重要的模式，正是这些模式强有力地影响着投资的行动。重要的是，许多模式看上去对投资中卖出一方的影响要远远大于对买入一方的影响。正因如此，如果你想在股票市场更为成功地卖出股票，理解并应付这些深藏于我们脑海中的神秘难解的事物才是如此的重要。

痛苦和幸福

人类总是积极地寻找方法来降低自己的痛苦并增加自身的幸福，这一点在不同的心理学学派之间已经取得相当一致的共识。然而，那些概念需要更加详细的定义。它有多重要呢？避免痛苦和寻求幸福或快乐是类似的概念，这些概念主宰着市场营销以及广告宣传。在投资者面临卖出决策时，数不清的其他力量不可否认地在发生作用，然而寻求幸福和回避痛苦是相当强大的力量。

在最明显的层面上，获利意味着幸福，而遭受损失相当于感受到痛苦（至少对除受虐狂和精神病人之外的所有人是适用的）。但是我们的兴趣集中在更深的层面上，在这些层面上，促使我们采取某些态度和行为的力量来自于我们潜意识中回避痛苦和寻求幸福的倾向。

为什么持有股票感觉是正确的

一旦我们拥有某一只股票，不采取行动（持有）要比采取行动来改变我们的处境（卖出）更能使我们感到快乐或更接近于快乐。持有使我们感到离自己的过去、自己珍藏的记忆和感觉很近。许多投资者持有某些公司的股票，这些公司的财富曾经在若干年前甚至数十年前达到顶峰，这些投资者不能解释为什么他们拒绝卖出这些股票，尽管这些公司复苏和盈利的前景显然十分黯淡。也许是因为祖父曾经为这家公司工作，或者是该公司曾经养活了我们生长的小镇上的许多家庭，或者是曾赞助过垒球队。也许是因为若干年前我们曾经盈利，或者至少是有一段时间内有书面利润，或者是我们的父母总是为这家公司说好话或者总是提到他们曾经因为这家公司的股票而发了点小财。因此，怀旧情绪围绕着这只股票并且我们发现很难切断我们与该股票之间的联系。

我们与这只股票的联系导致了一种荣辱与共的感情。我们有“很好”的盈利（即使在复合的基础上看来回报不是那么引人注意，总的钱数和点数的差异还是令人感到愉快），所以说这只股票是我们的朋友。我们已经持有该股票若干年了，它实际上已经成为我们家庭的一员。因此，我们倾向于不要切断联系从而结束这种令人愉快的关系。“为什么要结束一件好事情?”我们无意或有意地这样想。持有股票意味着停留在一个令人愉快的区域。而卖出股票则是主动走出这个区域，这意味着要冒风险，用一句流行的话来讲，舍不得孩子套不住狼。

在这样一个飞速发展的世界里，技术令我们吃惊和害怕。在这里，我们已经丧失了终身受雇以及永远养育我们的家庭等可以带来安全感的支柱。我们寻求任何能够遮挡风雨的港湾。大公司的股票待我们不薄，并且它们的产品和财富是我们能够牢牢抓住的心理支柱。出售此类股票的任何建议都被我们认为是异端邪说。不管是在最近疯狂的牛市时期，这些股票的价值已被高估，还是它们的辉煌开始黯淡，或是在一个新的竞争环境里公司能够保持生存并且继续提供其产品和服务，但是利润却少得多。不管它们现在的价值如何，我们坚持自己的最爱。从 20 世纪 80 年代后期到 20 世纪 90 年代早期，尽管技术、市场、价格以及其他利润因素都经历了飞速的变化，计算机公司的股票（特别是 IBM）对其股东仍然保持了这样的影响力。由于 IBM 以前的表现，投资者对持有 IBM 股票有一种宗教般的虔诚（1986 年机构在 IBM 收入开始下滑的时候持有 50% 的股票，在 1993 年底，当股价下跌 75% 跌到不到￥40 的底线时，机构仍持有 50%）。为了成功地卖出股票，抓住恰当时机，投资者必须和怀旧情绪以及这种忠于昔日明星的倾向作斗争。

由于新的信息和感受与早先知道的或认为正确的东西发生冲突，一个人会感到不舒服（并且因此可能举止怪异）。配偶背叛了我们神圣的信任；我们崇拜的偶像被控严重犯罪；一位值得信赖的教师或神职人员被揭发是一个恋童癖。于是我们井然有序的世界在这样的环境下破碎，我们的第一反应是认为这是不可能的。我们寻求逃避新的可怕的现实。在投资上，我们希望在自己的投资组合中所种的每一棵树都会长成参天大树。然而，现实并非如此。但是坚持现状并蔑视新的信息能够使我们避免应对这些不协调：我们选择忽视的那些东西可能会令人愉快地自己走开而不至于伤害我们。我们宁愿活在靠不住的希望里，或者走开，而不想去面对事情已经发生变化和我们需要出售股票这样一个严酷的现实。

为什么卖出股票令人感觉不愉快

卖出股票要求我们在思想上有重大的转变——实际上是一个彻底的转变！当我们购买股票的时候，它的前景令人鼓舞，并且它代表了价值和机会。现在，不管我们的投资是好是坏，选择卖出股票代表了 180 度的态度大转变，意味着我们原先认为是正确的东西在我们的脑海中已经不再如此。这家公司已经不再是价值被低估了，或者说它的前景不是我们以前所想像的或期望的那样，或者说也许我们已经放弃了以前所期望的价格/收益比率的增长。

说“卖出”意味着我们从前认为正确的东西不再如此，或是我们曾经在市场的错误一方呆了一段时间，现在才承认想法的转变是有必要的。不管怎样，卖出就像是说我们现在相信以前认为正确的东西不再正确。绝大多数人很难承认自己错了。如果你很看重名声或自尊，由卖出而带来的态度的转变有可能是你的自我和幸福感之间进行的一场异常困难的战斗。如果我们曾经公开地和强烈地支持过这一立场，那么它的转变就更加困难。这是一个很重要的理由，因此我们的投资应当保密：转变我们的想法并且卖出股票不会使我们在那些知道我们以前想法的人面前丢面子。

随着新时代的到来，我们生活在一个由无处不在的计算机和不断提高的通信速度所带来的充满高度期望的时代。准确无误是可能的，并且人们越来越要求这一点；我们处处被监视并且我们的错误被记录下来用在对我们不利的地方。时间被压缩了，我们对任何的拖延和错误变得不耐烦。看上去每个人都在为出错的任何事情埋怨他人。我们要求完美就像完美要求我们一样。我们在一个要求零缺陷和立即得到回报的环境中工作。我们的儿孙们必须进入最好的学前班否则他们的生活将被毁掉。我们最喜爱的职业运动队因为未能成功卫冕世界冠军而被贴上失败的标签。我们脑海中病态的完美主义使我们不能感受生活中任何好的和愉快的东西，因为这些东西可能不会永远持续下去。

完美主义使我们在做出卖出决策的时候退缩了。完美主义使我们避免这样的选择，因此通过拖延来持有股票是一种给人带来最少的不愉快感觉的行为。众所周知，不管是以概率而言还是作为多次经验的积累，当你卖出股票的时候你不会得到最高价。股票市场变幻莫测，它今天和明天的收盘价，几个月后有可能带来的好消息，或者说三年后的一个牛市都能够轻易地使股票价格比现在更高。因此，当你卖出股票的时候，你感到你注定了迟早要“犯错误”。通过卖出股票，我们暴露了自己在别的事上不那么完美，在这件事上我们又一次给自己贴上了易犯错误的人的标签。我们感到有压力，或者来自外界或者来自我们自己，要避免如此不好的反馈，以及类似的失败。因此，我们倾向于逃避卖出股票，而卖出能够清楚地表明投资的最后结果（我们赚了或赔了多少，但是我们可能很快就会看到一个比我们卖出股票时更高的价格）。

购买代表着一件可能的好事的开端。购买代表着不受限制，连续的持有则是在坚持这种获得回报和幸福的希望（或者是，当我们在账面上遭受损失时，能够挽回以及修正当前错误的希望）。卖出则为此画上了句号，因为根据定义，它合上了书或者结束了游戏并且给出了最终得分。我们希望拥有而不是丧失自己的选择权，以此来保留改进和好转的机会而不是知道最终判决已经封口，任何变化的机会都不存在了。因为结局意味着没有进步的可能性，所以我们很难接受结局，因为它终止了任何想要得到更好结果的希望。结局的体验包括打扫干净曾祖母的阁楼；毕业并离开学校和朋友；以离婚来承认婚姻的失败；埋葬一位亲爱的朋友和所爱的人；冬天来临；离开公司；退休以及告别商业活动。这些都是沉重的令人悲伤的消息，所以我们拒绝自愿地来感受这样的结局体验，我们有能力避免这样的结局。

持有使我们仍然有选择，而卖出股票则只能带来结局（由于令人吃惊的短视，我们忽略了这样一个事实：那就是一旦卖出股票我们还可以再把它买回来。然而，把再购买作为一个很现实的办法来对付我们对结局的厌恶将再一次使我们经历发生 180 度大转弯的痛苦的过程，根据我们刚给出的理由，这个过程是痛苦的）。所以人们宁愿持有而不是卖掉股票。这是因为，最起码，持有可以推迟结局的到来。由于人们认为到达结局的感情上的伤害是如此沉重，所以人们手中持有许多绩差股票，这些股票很有可能带来未来的财务损失。投资者为了避免结局所带来的精神上的痛苦而付出金钱的代价。通常，随着损失越来越多，他们将要支付更高的双重代价：金钱损失以及犯了重要错误的精神痛苦。卖出代表的结局能够强有力地制止这种代价，它需要坚强的意志和勇气来克服。

保护脆弱自我的行为模式

持有股票可以在几个方面保护自我。当我们继续持有一只盈利的股票时，投资组合头寸依然对我们有利而且方便。我们是聪明的，我们正变得富有起来，我们知道足够多的东西来挺过讨厌的价格调整并且能够等到更好的那一天。拥有一支好的股票就好像是拥有一个藏酒丰富的葡萄酒酒窖，有一个有名望的家庭，驾驶一辆好车，周围全是美丽的艺术品。一只正在上涨的股票会让人感觉很好。当股票下跌的时候，我们更多地关注账面上留下的收益而不是关注失去的机会。一只正在上涨的股票使自我感到满足。持有股票比卖掉它能够带来更多的潜意识的满足。

因此我们就有了一些给我们带来账面损失的股票。令人吃惊的是，持有这样的股票比卖掉它令我们感觉更好。这是因为我们前面所提到过的结局效应。卖掉一只受损的股票就意味着承认我们自己失败以及失去了以后获得回报和辩解的可能性。如果我们卖掉正在下跌的股票，对我们而言它就不可能再恢复，高价买入低价卖出意味着我们犯两次错误！所以我们保留最终成为一个胜利者的希望并且持有股票令我们感觉好一些。关于这只股票的前景的一个客观的最新的评估可能对激发乐观情绪没有什么作用，但是我们希望会有一些改观，或许是一个重大的奇迹，只要我们能够持有它：我们可以等着看下一步会怎样，如果下一步不令人满意，我们还可以等着看再下一步如何。

卖出股票我们就必须撕裂围绕着自我的任何保护层，并且承受我们的行为和决策所带来的后果。在股票市场上最坏的损失之一就是用损失反省自己。损失不仅使我们变得贫穷而且使我们感觉自己很笨，很愚蠢或者说好听点，自己也许对这场游戏的准备严重不足。而持有股票就没有这么痛苦。

有相当多的书已经讨论过害怕的话题：害怕失败，并且可能令人难以置信地害怕成功。显然，通过持有股票使机会降临而不是卖掉股票可以推迟最终的判决并因此可以把害怕（无论是害怕失败还是害怕成功）推迟到某一个不确定的未来时间。用一句简单的话来讲，对成功的害怕与以下两种情况有关：(1) 一些弗洛伊德学派的专家认为，对男性而言，巨大的成功代表着比自己的父亲做得更好并因此取代自己的父亲；(2) 也许在一个不那么复杂和具有威胁性的水平上，巨大的成功设定了一个高的标准，我们可能害怕我们以后再也不可能达到这个标准。因此，卖出股票并获得巨额利润有可能是一件令人恐慌的事情。持有股票将使我们的回报继续运作或者说至少不会公开设定一个新的人生记录，而我们有可能再也不会达到这个纪录。因此，如果害怕成功和害怕失败是一个理由的话，持有股票比卖出股票要好得多。

前　瞻

本书概括了某些往往是潜意识或者甚至是无意识的心理原因，这些原因导致投资者更愿意持有而不是卖出自己的投资。知道如何更好地卖出股票是成为一个更成功的投资者必备技能的一部分，认识并且理解指导我们思想和行为的内在驱动力是重要的。在下一章我们将揭示投资者表现出的具有共同表征的逻辑，这些逻辑实际上导致了投资者经常非理性地不惜任何代价持有股票而不是卖出股票。如果你在这里可以看到自己行为的某些影子，你将不仅知道这些问题是如何产生的并且知道如何更好地克服它们。投资成功实际上是一场战斗，卖出股票比买入股票是一个更具挑战性的领域。但是你新学到的知识将赋予你力量帮助你成功！

第 3 章

内 在 逻 辑

投资成功的要诀

- 克服佣金恐惧症
- 克服税收恐惧症
- 克服专家恐惧症
- 如意算盘

佣金恐惧症

投资者对是否听取经纪人建议犹豫不定，因为他们怀疑经纪人的动机是为了获得更多的佣金。大多数分析师对此感到悲哀。坦白地讲，绝大多数佣金恐惧症都是一颗烟幕弹，它既是非理性的又对投资者获得未来收益是有害的。

首先，让我们来看一下佣金恐惧症的逻辑。就像税收一样，佣金既不是令人吃惊的事情也不是游戏进行到一半时才发生的规则变化。因此，从逻辑上讲，支付佣金并不是拒绝卖出股票的一个正当理由。除了在以下一些极有限的情况下，人们不可能卖出股票而不支付佣金：

- 该公司接到一个投标的开价，所以股票通过其代理机构以现金形式卖给了出价方。
- 该公司采取了股份回购（自我投标），部分或者说全部的股份可以直接以现金形式卖给这家公司。
- 如果头寸较小的话（通常较大），该公司可以直接购买投资者所持有的股份。有时这些公司通过信函向投资者发出回购请求。
- 发生了公司清算，普通股的持有者可以获得现金支付。
- 通过对股票凭证的背书，一个人可以经由过户代理机构直接把股票凭证卖给别人（通常是在同一个家庭中的人）。

还有另外一种办法来避免佣金：如果股票因公司破产而变得毫无价值并且普通股的持有者一无所得，某些经纪公司就以象征性的价格回购股票凭证。这是为了税收而进行的交易。如果不进行类似的交易，投资者就需要修改在股票变得毫无价值的年度里的税收申报。在支付佣金将股票兑现为现金这个问题上消费者是如何的贪小便宜而吃大亏，上述这种极端的情况为此提供了一个很好的例证。在股票变得毫无价值之前，支付退市费并且卖出遭受部分损失的股票是一个更好的选择。

由于证券价格是在报纸上、报价机上以及电视上公开报价的，因此相对于大多数其他的产品和服务而言，股票、商品以及期权的佣金更显而易见。投资者在交易这些金融工具的时候要支付佣金，以此来回报替他们进行交易的人所付出的时间及专业知识。我们购买其他产品的时候并不支付佣金，但佣金是包含在购买产品的价格之内的。实际上，就百分比而言，包含在价格中的佣金如汽车、鞋子或洗衣机的佣金通常要远远高于华尔街的股票佣金。

投资者在购买经纪人为其设计好的一揽子产品时，比如说，分期付款的互助基金，通常支付4.5%～8%的佣金。购买1万美元的互助基金，只有9200～9550美元是在为客户服务的，其余部分作为佣金归经纪人所有。取消一份可变养老金合同，其退出费用也与此大体相当。这些百分比都要远远高于通常是1%或2%的股票佣金。

投资者通常最容易在以下几种情况下表现出佣金恐惧症：当他们的投资下跌，或者一无所获，或者上涨的幅度很小以至于微薄的获利不足以支付数目可观的佣金。而当他们的钱翻倍或者说当XYZ跨国企业集团通过收购这家公司而带来了意想不到的收益，投资者通常很少抱怨佣金问题。这充分说明为什么佣金恐惧症只是一个烟幕弹，它掩盖了投资者在承认自己犯错而导致损失时所感受到的痛苦。

然而，零售（即个体投资者）佣金比率和玩着同样游戏的大机构投资者每股所支付的佣金比例之间存在着巨大的差距，这是投资者抱怨的一个正当理由。当个体投资者遭受金钱损失的时候，零售/机构之间的佣金差异更令人烦恼。投资者因自己做出的购买决策而遭受损失，这种伤害尽管令人痛苦，然而如果投资者是听从了经纪人所提出的不好的购买建议而购买这只股票，那么这种痛苦就可以归罪于经纪人，在这种情况下佣金恐惧症是最严重的。

有效的佣金策略

对于个体投资者而言，一个有效的解决办法就是要求佣金折扣，当然要充分考虑到客户经理以及他们所受雇的公司都需要谋生。

以规则为基础的佣金

我们的策略就是在一个规则基础上和客户经理进行佣金的谈判。在购买股票的时候，如果经纪人提出的建议被客户接纳，客户就支付全额佣金。当客户在没有得到经纪人所提供的任何服务和信息的情况下自己做出选择，客户要求佣金折扣就可以商量了。

在卖出股票的时候，如果能够获利，客户应当毫无怨言地支付标准的足额佣金。如果客户遭受损失，就可以要求两个等级的折扣。如果是经纪人建议购买这只股票，那么就可以得到最大限度的折扣。如果购买决策是客户自己的主意，那么作为一种安慰/同情以及从心理上诱惑客户兑现现金并继续购买的手段，客户就可以得到一个较小的折扣（可能只有最大折扣的一半）。这个策略对小的或区域性的经纪公司最有用，大公司的政策没有这么灵活，除非是针对大客户。

如果一个投资者和他或她的经纪人在事先就此达成一致，通常就不会再存在佣金的问题。然而，当客户继续抱怨佣金问题的时候，这显然是一个烟幕弹，目的是为了避免做出使客户自己遭受损失的决策。

折扣公司

除了在有利时机不进行交易或与经纪人进行例常的佣金谈判之外，投资者还可以通过把账户转移到折扣公司来限制佣金。但是这样做使他们放弃了听取建议和研究成果的机会。由于投资者对折扣和经纪公司的全面服务两者孰好孰坏这一棘手的问题保持中立，降低佣金显然是减少由于想法改变带来的“成本”的一个重要方法。当这一问题得到解决，全部的注意力就可以投入到首要问题上：股票下一步的走势如何。

投资者应当忽略佣金的问题并且在适当时机卖出股票，因为想要退出下跌颓势而又不支付佣金是一个自找失败的游戏。除非投资者手里的股票很少，否则卖出股票的佣金可能还不到每股一个百分点。如果股票停滞甚至下跌，拒绝出手而节省的佣金与持有股票所导致的资本损失相比是微不足道的。

投资者应当牢记：由于持有时间太长而导致的资本损失还包括机会成本。假定一只股票停滞不前——也许是一家已经停止分红的公用事业公司。由于考虑佣金，投资者拒绝卖出股票。而理想的替代股票有可能是一家好得多的公用事业公司，这家公司的分红正以每年 5% 的速度增长并且该公司的股票因此升值。在这种情况下，拒绝支付退出佣金的代价是相当高的。尽管与显示出来的损失相比，这些成本可能是看不见的。然而这些看不见的、由自己带来的损失其影响却是实实在在。

税收恐惧症

不管投资者如何看待取消长期资本收入的税收优惠所带来的社会的、经济的和财政上的后果，1986 年的税收改革法案至少有一个积极的结果：它使得不卖出股票少了人为的借口。

直到该法案从法律上取消了长期和短期收入的差别之前，许多投资者把税收动机作为不卖出股票的正当理由。除非能够获得巨额回报或者距离长期状况起始点的时间很短（因此减少了损失账面收益的可能性），这些不卖出股票的理由都是愚蠢而固执的。但是对税收的过分敏感几乎成了许多市场参与者的信仰。

这种长线操作哲学的反面，自然就是这样一条规则：在它有机会成为长线之前，投资者就应当毅然决断地卖出使之受损的头寸。作为一条主观原则，这一操作规范对许多投资者而言在资产保值方面是相当有价值的。然而，我们很少看到这种遵守规则的做法，这证明了对长线回报有选择的关注（即只关注一方）与其说是一种有效的避税策略不如说是一种推迟做出卖出决策的心理逻辑。

遗憾的是，即使是现在已经取消了长期和短期收入之间的差别，联邦政府和州政府对证券收入所征收的税收对投资者而言仍然是一个障碍。客观地讲，以此作为不卖出股票的理由听上去是不合逻辑的，然而经验告诉我们对许多投资者而言确实存在着税收恐惧症。

我们姑且认为没人愿意缴税；然而对所有的投资者而言，为资本收入以及股息和利息之类的投资收入支付税收是现实情况。这不是令人吃惊的事情。这也不是在游戏进行到一半的时候才改变的不公平的规则。因此，仅仅因为这种交易要缴税就对卖出股票犹豫不定是不理性的。只有在三种情况下拒绝从股票中获得收益从而避免支付收入所得税还是理性的。投资者必须怀着如下的希望购买股票：

1. 损失金钱（每损失 1 美元，联邦税收就会减少 28 美分）。
2. 这只股票的价格不会变化。
3. 购买人会终生持有这只股票。

前两个选择是没有意义的，我们不做进一步的评论。尽管有税收改革，第三个理由仍不失是一个聪明的避税措施，因为遗产接受者的计税基数是以死者死亡日期的财富价值为准。所以，通过至死也不兑现资本收益的做法，一个投资者可以“享受”这个大的漏洞。这是一个最终战胜政府的多么聪明的方法！

不愿在兑现收益的时候支付所得税是投资者不卖出股票的另一个理由。由于这是一个外界原因，所以它对投资者而言特别具有吸引力。投资者可以归罪于“市场主力”，或归咎于政府，或归咎于“体制”。大多数其他的不愿意出售股票的借口也都说明了投资者逻辑上和心理上的弱点。

专家恐惧症（止损订单恐惧症）

投资者不愿使用止损—卖出订单的普遍理由在于这些订单向专家泄漏

了投资者的意图因而自己打败自己。在这部分中，我们将分析这一论断并且将它彻底推翻。确实，在某种情况下提前给专家一个止损订单会影响市场。但这种情况只有在待出手的股票头寸数额巨大，占了平均日交易量的一个相当大的比重的时候才会发生。解决方法不是收回任何一个卖出订单，而是在最初就应当避免购买如此巨大的头寸或者是小批量地一笔一笔地卖出股票。

卖出订单的策略

然而，我们应当认真检视一下交易所的机制，理解在现实中一份订单究竟有多大的可能性能够导致买—卖失衡，从而对个体投资者产生不利影响。

首先，在整数价位上设置卖出底线（Stop－limit）是不可取的。因为许多投资者都想在这个价位上卖出股票，这使得情况变得不利，在整数价位上有可能导致资金蜂拥抽逃。如果投资者不能先期出手股票，设置底线价格的卖出订单可能根本就没有机会成交。

举例来说，如果一只股票的目标卖价是每股50美元，投资者的卖出价应当比整数价低1/8或1/4。类似的建议适用于任何一个整数价位：比如，目标卖价为18美元的时候，以17⅞美元卖出。如果目标卖价处在1/2美元的水平上，卖出价应比股价低1/8。比如，如果目标卖价是7½，就应在7⅜卖出。

这里的指导哲学是：如果一个投资者相信自己足够敏锐，能够准确地把握股票价格运动的趋势，他应当非常关注如何全身而退，为此他可以每股牺牲一点收益，以确保自己不会出现计算错误或避免别人和他同样聪明，当然这种概率是比较小的。在这种情况下他应当卖出股票，而不是继续持有并且坚持等待那1/8或1/4的价格涨幅。

只有在一种情况下一个订单能够影响市场价格：订单的头寸过于巨大，它吓跑了那些在恰当的时机对此订单进行询价的购买者。在上市公司股票市场上，交易所的专业人员在其工作簿中记有“取消前有效”卖出订单，并且把它们作为市场订单进行操作。这个工作簿对交易所的交易员是不公开的，除非是以一种极其有限的方式公开。

最高出价和最低询价以及在此水平上所有订单的头寸都是在电子报价机上公开的。专家们只对这些报价和头寸规模进行命名，并且告诉正在进行交易的经纪人。然而，除最高和最低价之外，其余的价格（甚至包括偏离最高价或最低价 1/8 的价格）从不进行公开披露，一直到这一价格成为下一次竞价的最高出价或最低询价为止。

即使在这种情况下，投资者也要记住市场是由许多人一起来玩的大型游戏。除非交易面很窄，在任何时候一个个体投资者的订单要想成为市场上惟一的订单几乎是不可能的。当一个投资者想以24⅜的价格卖出 500 或 1000 股股票的时候，市场上同时有可能有另外的 20000 股股票也想以此价格卖出，并且市场可能想在24½的价位上吃进 20000 股。

假定一个投资者以 19 美元/每股购买了 500 股 XYZ 公司的股票，想在24¼的价位上卖出。根据前面提到过的次优卖价，他在24⅜的价位上准备卖出 500 股。如果股票确实是在此价位上进行交易，他的订单立即就会变成一份市场的卖出订单（没有底线）。

现在，股票价格最终趋近于该投资者设定的价格。它在 24 美元上又上升了 1/4。市场基调保持稳定。专家的记录显示在23⅞的价位上有市场要求买入 1000 股并且在24⅛的价位上有 600 股要求卖出。这就是他提供给交易员的所有报价。专家会说，“买价23⅞，卖价24⅛，买入 1000，卖出 600”。他不会提到在23½的价位上还有 7500 股要求买入，或者说在24¼价格上还有 1200 股等待买主，或是我们的投资者想在24⅜的价位上卖出 500 股。所有的这些订单都是不相关的，所以这些价格和头寸大小都不会被披露，一直要到这些价格成为最高或最低价为止。所以我们的投资者的订单直到比上一次的交易价偏离 1/8 或 1/4 的时候才会出现。到那时他的订单才会作为市场上下一个有卖出底线的订单显示出来。

如果这个投资者贯彻了提前出单（比如说，在他购买这只股票的时候）的原则，他就会处在一个有利的地位上。为什么呢？卖出订单和有底线的卖出订单都是建立在一个先到先得的基础上。所以我们的订单在市场上待的时间越长，它的位置就会越靠前，那么它就会越快成为一个市场订单。如果我们的交易者的 500 股属于记录中在该价位要求卖出的 3000 股或

4000 股之内，如果是排在前列的话，他的订单就会较早地得到处理。

在同等价位上，取消前有效式订单要比日交易订单更好。日交易订单在收盘时候就会失效，并且每个新进的日交易订单都要排在后面。卖出订单比有底线价格的卖出订单更受人欢迎。卖出订单意味着，“如果股票价格达到了理想的水平，我将考虑成为一个市场的卖者。有底线价格的卖出订单意味着告诉专家，“当股票达到这个价位的时候，让我立即成为一个卖者，但只有当你能够确保这个价格才行”。

所以说，如果股票头寸和日交易量相比是合理的（即投资者不打算一个人卖出一天所有的交易量），就不会破坏当日的供需平衡。这样的话他就无需担心自己的订单会成为股票市场的障碍。

人们必须客观地认识到，市场的力量比任何一个参与者都要大得多，因此市场对每一份订单都不会给予特别的关注。如果一个投资者幻想自己的 500 股或 1000 股股票会使得股票市场的局势逆转，那他或她是过分的陷入自己的成功和失败之中。大的机构可以推动市场或终止一种趋势，但是你不能。投资者应当在适当的时候给出订单，然后让市场去配对。

关于“市场主力”的偏执狂

每一个听说过“市场主力”无处不在的人都应当记住，“市场主力”实际上在市场上并不存在。这并不意味着由个人或公司对市场的操纵根本不存在。但是当人们提到“市场主力”的时候，有一个危险的前提：“市场主力”作为一个整体是存在的。排除这个前提是至关重要的。要做到这一点很困难，因为这样做需要顶住来自同行和经纪人的压力，经纪人给出的建议通常是建立在“市场主力”已经决定了什么事情会发生的基础上。人们应抛弃“市场主力”假想，做一个反向投资者。

关于神秘的“市场主力”的前提是，发生的任何事情（特别是坏事）都是可以解释的；这个世界，尤其是华尔街的世界，是由阴谋家来统治的；因为找不到这些人并将他们绳之以法，人们无法控制这些坏蛋；这些人设计了巨大的阴谋旨在掠夺个人投资者的财富。

所以“市场主力”就理所当然地成为替罪羊。基本上，对那些相信

"市场主力"存在的投资者而言，投资计划所发生的任何错误都是另有他因。这种认识使那些相信"市场主力"存在的人对自己的判断失误和不好的操作策略感到释然，至少在他们的脑海中是如此。

"市场主力"是一个移动的目标，其身份在不同的时期是不确定的：包括内部人（公司官员），交易所专业人员，公司收购者，或交易员。在1989年底，日本人扮演了以前由"市场主力"所充当的角色，其国家投资不断地在外国股票市场、不定期的互助基金，以及定期基金之间跳来跳去，导致没有明显逻辑和模式的价格极大的波动。

关于"市场主力"，人们听的最多的传闻是，"市场主力"预谋推动市场使小型投资者（散户）套牢。通常，当市场打击交易者时，人们普遍认为"市场主力"是罪魁祸首并且事先布置好了圈套。随着事情的发展，"市场主力"推动股市迅速上升，使投资者在高价被套牢，然后"市场主力"在此价位卖出所炒作的股票并且获得可观的利润。被套牢的散户将因股价下跌而遭受损失。投资者因此感到失望并"割肉"卖出股票，而股价下跌的原因有可能是因为"市场主力"散布的谣言或抛售主要的股票使报价降低而造成的。

"市场主力"将在低位再次进入股市并且以极其便宜的价格买走散户手中的股票，再次证明"市场主力"是股市的控制者，而投资者不过是他们愚弄的对象。

在这种特定的情况下，每一个计算失误都被归罪于外界力量，而不是因为个人的运气不佳，或缺乏原则、专业技巧，或两者都有。这种想法也会假定推动市场的阴谋是有组织的。然而投资者应牢记这些所谓的阴谋家需要数十亿美元才能推动市场；"市场主力"必须完全地相互信任，没人作弊并且在一个较高的价位上买进或卖出。

克服偏执狂的策略

所有聪明的投资者都不相信所谓的"市场主力"理论，这种理论只不过是把所有的问题都归咎于无法克服的和普遍存在的外界力量。当然，如果某一个理性的投资者确实相信这场游戏是被人操纵的，他会对第一次损失提出质疑，但他将在第二次遭受损失之后永远退出市场。一旦确信“市场主力”手里握有所有的王牌，一个理性的投资者会认为，对于一个无辜者而言，永远不出牌是惟一理性的选择。

投资者应当记住，如果下次再听到某人把失利的原因归罪于“市场主力”，一定要记住此人是谁，并且不要再信任他。如果此人真的相信“市场主力”这一说法，那他就是单纯无知。如果他只是用“市场主力”作为替罪羊来逃避责任，那他就是不诚实。投资者本身也在玩相同的股票并且经历了相同的失败，把失败归罪于看不见的邪恶力量实际上是在掩盖自己的错误。成年人总是倾向于推卸错误而不是接受错误。

如果你还有任何疑问，请考虑以下问题：如果“市场主力”确实存在并且有足够的财力来推动市场，

- 他们为什么要费力这样做？他们的财富已经多得花不完，他们已经富可敌国！
- 他们为什么要冒被抓住和入狱的风险（他们在这场游戏中失去的比得到的多）？
- 他们为什么要把那些可掠夺财富相对很少的散户作为猎取对象？
- 为什么在现实发生之前从来没有谣言说他们将要拉升市场（毕竟，即使是重要的收购也会在事先泄密）？
- 当他们受到谴责的时候（事发后，或已经消失之后），为什么那些谴责他们的人不能找出这些坏家伙呢？

如果事前有消息说“市场主力”计划拉升或打压某一只股票，投资者应当按照相反方向操作。不管散布消息的是谁，他们都想使投资者购买这只股票——否则的话他们就会给出真实的理由。鼓吹“市场主力”理论的人试图将股票在不知不觉中转嫁出去，或者说卖空，而不是想购买股票。关于“市场主力”有三条简单的原则应当记住：

1. 不要相信那些以“市场主力”作为借口的人。
2. 不要用“市场主力”来解释即将发生的某事或已发生的某事。

3. 不要把“市场主力”作为你交易失败或时机不当的理由。

固执地持有只会带来损失

投资者们倾向于延长他们的投资时间通常有两个原因。第一，投资者希望看到的股票的上涨实际上很少像希望的那样迅速；但是第二，也就是更内在的原因是人们不愿意看到结局。卖出一只股票的感觉类似于悼念一个死去的人。如果某人的股票头寸保持开放，结果就有好转的希望。然而，这种希望会干扰理性的思考。

华尔街有句老话：失败的交易者都成为投资者。很遗憾，对许多失败的交易者而言，这句话并不意味着他们有了一次痛定思痛的经历，对自己错误的投资方式有所悔改，并且把注意力集中在以价值为导向的投资方法上。这通常只意味着这些不成功的股票头寸的持有者——最初是做短线的——由于固执己见而长期持有。这些交易者主动变成了长期持有者，更准确地说，他们是劣质股票的套牢者。

交易者变成投资者的综合征是转换目标的典型表现，认识到这一点是很重要的。这种转换通常是头脑不清醒和想当然的结果。实际上，许多交易者在决定转为投资者的时候甚至没有经过深思熟虑。这种转变是通过惯性实现的。

与投资损失相伴随的心理负担和惰性的一个极端形式就是，投资者声称，“我预计我的股票在下月或下两个月会下跌15%，但不管怎样我计划继续持有”。一个理性的反驳者会问，如果投资者怀有这种期望并且还没有拥有该股票，他是否会在今天购买——在预期的15%的资本损失发生之前。更糟的是，为什么现在不让这15%的损失消于无形？

在别的情况下，投资者也许觉察不到股票价格和收入流即将面临的威胁；投资有可能在上个月已经出现问题而目前处在一个平衡状态。或者说最近的购买是出于特殊目的——一种不像人们想像的那么成熟的情况。在这种情况下投资者顽固地拒绝接受现实，继续持有股票。

对交易者变成投资者综合征的批评并不意味着是谴责那些保守的、长期的、以价值为导向的投资方法，也不是露骨地鼓吹进行短线交易。但它强调金钱具有时间价值，如果投资者因为自己的错误和时机不当的购买使投资组合的内容保持不变，直到一些期望中的但不是实际的未来收益出现为止，那投资者是在危险地误导自己。

考虑一下金钱的时间价值和投资逻辑：投资者固执地持有股票不仅是说他愿意承担可能造成的多重资本损失，而且也是因为他认为，在未来某个未知的日期，股票价格回复到现行市场价对他来讲也是一个能够接受的结果。以想像的零损失为理由持有股票就好像是在自家后院里埋藏现金一样。当人们在承担这种风险的时候是没有回报的。

这并不是说在任何时候都不应该持有股票。当市场和公司的前景看好，以及在今天还要买入股票的时候，应当持有股票。当投资策略没有发挥作用的时候，这通常是需要卖出股票的强迫信号，因为有可能是最初购买的理由就是错的，或者是从购买股票之后局势的基本面开始恶化。

所以如果一个投资者不想在今天买入股票，就应该卖出股票。因为如果投资者是正确的，股票供给应当是短缺的。这对那些喜欢持有股票的投资者而言是一个微妙的陷阱。当事情开始变坏的时候，投资者应当像一个成功的职业经理人一样采取行动，而不是仅仅消极地持有股票。投资者应迅速地评估局势，并采取措施。除了立即卖出股票之外，要设定具体的卖出底线、高一级的目标，以及时间框架，并严格执行。以上说的是突发和重大投资问题的解决之道，但这仅仅是解决办法的一部分。除此之外，投资者应当定期地检查自己所持有的股票，找出隐藏的不利情况。对那些不景气的股票，投资者需要采取原则性的常规做法。投资者应当在笔记本上记下特定时间间隔的股票价格，并和市场的主流选择进行比较。每月至少一次，最好是每周一次。当股票价格发生波动时，投资者应当按照我们在前面所说的处理紧急情况的办法对此进行检查。

如意算盘

克瑞兹—总部在布拉特埃丽斯的艾渥论证券公司的研究总监——认为

"这次事情有所不同"是投资行业中代价最高的一种说法。他们是一个最大的推理陷阱。

回想一下在《旧约》中上帝告诉诺亚再也不会昼夜不停地连下 40 天雨。生态学家或农业学家认为即使连下 20 天的雨也会导致灾难性的损失。那些受到涝灾威胁的人并不盲目地把注意力集中在 39 天雨与 40 天雨的差别上。一个将要受淹的人盘算的是大约多少雨就足够伤害到他。

同样的道理，如果投资者想准确地比较投资事件的相似性或差异性，他们就会忽视上面我们提到的这一点。在比较当前局势和以前局势时，重要的是认识到其发生的共同模式而不是等到确认百分之百的相似时才采取行动。在市场比较中，足够接近通常就够了。

投资者关于"这次事情将有所不同"的思考有两个不同的角度。一个是"这事不可能真的发生在我身上"的态度，这种态度是当投资者面对生命中最令人不愉快的现实时所采取的；第二角度是从观察到现实的差别到得出结论认为结果一定会不同的逻辑的跳跃。

希望"基本面"会有所不同实际上是对投资者具有欺骗性的现实和虚幻的一个混合，"基本面"包括当前局势的现实情况（基本面消息和趋势）以及市场对此的反应。尽管历史总是趋向于重复，但一模一样的重现几乎从未发生过。

因此，即使"基本面"确实会有所不同，投资者也不应当对微小差别自鸣得意。把注意力集中在差别上而没有注意到重要的相似性实际上是错过了大局。由于没有看到和以前事件的重要的相似，投资者可能基于错误信息而做出继续持有的错误决策。

面对现实

尽管商业局势千变万化，成功还是可以进行分析的。管理行为的模式被记录下来并进行分类，教给商学院的学生。在恶化的投资局势下，同样存在一些可察觉的共同的因素导致了投资的失败。以下罗列出了一些危险信号：

- 管理层或机构强力拉升股票。
- 不同寻常的强力或长期增长。
- 使用整数进行预测（例如，50%的增长和“100亿美元的市场”）。
- 质疑对他们表示合理怀疑的人士的动机和技巧。
- 大力宣传自己是本行业中最好的、独一无二的。
- 过分细分市场使自己成为领导者。
- 当表现不尽如人意的时候，有早已备好的借口归罪于外界力量。
- 迟迟不愿公布收益（相对以前的公布日期或证券交易委员会所公布的期限而言）。
- 更换外部审计者。
- 更换主办银行，而利息支出和信用规模并没有得到改进。
- 内部人大量卖出股票。
- 总裁或主要管理者（尤其是财务经理）辞职。
- 销售和利润趋势偏离竞争者和行业模式。
- 前后矛盾的管理层公告。
- 一模一样的（看上去是演习过的）管理层公告。
- 当麻烦近在眼前时无动于衷。

当以上三个或四个信号同时出现时，投资者就可以慎重而理性地得出结论，局势正在变坏，应当马上出手股票。如果投资者坚持认为在股票陷入麻烦之前，在另外的情况下曾出现的一些逆转事件能够在这种情况下重复，那他真是幼稚无知并且有可能付出高昂的代价。

正如前面所说，局势的发展不会自己变好的。当一个公司的状况看上去正在恶化，即使是没有公布一些负面消息，投资者都应当做好最坏的准备，认为局势可能会继续恶化。

关键的一点在于投资者应当努力去寻找当前局势和其他不利局势的相似性，而不是等着看它们之间的差别。投资者的目标应当是尽可能快地觉察问题的存在，因此可以减少或避免资本的损失。分析员常说的一句老话是第一次收益警告决不会是最后一次。类似地，投资者应当对不利情况的第一个警示信号保持警觉。除非投资者能够确认一切正常，否则就应当在事情没有变得更坏之前抽身而退。投资者应当清醒地判断，在现实面前，买入股票是否是一个明智的选择。

正如本章前面所说，在“基本面这次有所不同”的推理和“这不可能发生在我身上”的想法之间存在着真实而微妙的区别。如果现在正在变坏的情况和以前相似，这很可能是有理由的。许多投资者会重复犯同样的错误。然而，希望某些事情不会再次发生，几乎就是从“这不会发生”到否认现实的存在。这意味着否认任何事情正在变坏，掩盖因犯错误而引起的痛苦。当然，如果错误是众所周知的（经纪人知道，到年底配偶和税务也会知道），对它的厌恶就更是根深蒂固。

在此情况下通常会发生的事情是投资者受内心的个人感情所支配，把注意力集中在错误的方向上。然而不管发生了什么事（收益下滑，股息减少，管理人员卖出股票或辞职），在客观层面上，这都是针对公司发生的事情——不是针对投资者，跟某一个投资者目前是否持有这家公司的股票完全没有因果关系。

个人的主观想法认为“这是在我身上发生的”以及最终“会不可能在我身边发生”是一个不利的过程。有时，一个投资者会抓住当前局势与先前的失败经验之间的细微差别，以此来安慰自己一切正常，事情并没有看上去那么糟。

在这种情况下，当公司遇到麻烦之后，投资者应当在股票价格反弹的第一个波段把股票卖出去，并且站在更冷静的立场上重新评估局势。记住，事情不会自己变好。并且投资者应当意识到，要使股票价格回弹到一个更高点，需要有许多具有强大购买力的投资者进入市场。

一个聪明的投资者会问如下的关键问题：“如果我没有购买此股票，在当前情况下我还会购买吗?”当麻烦最初显现时，就要做好最坏的准备。这包括做好另一只鞋会落下来的心理准备、要摆脱这种局势要多长时间、市场心理会对这个问题做出何种反应。这些心理准备的最重要的一个方面就是检查以前局势和当前局势之间的相似性而不是差别。然后，站在一个大局的角度上，记住历史是会重复的。

第二部分

形成正确的、有助于卖出股票获利的想法

第4章

承认错误

投资成功的要诀

- 处理错误
- 对自己的行为做记录
- 用检查表对股票进行再评估
- 应用统计分析表

一个投资者如何处理错误要比他（她）犯了多少错误或这些错误的结果如何更重要。而且一个人如何处理失误也会影响将来犯错的概率和严重性！在面临难以避免的投资失误时，有三条原则应当记住：

- 不要怕犯错误并且要学会在错误中生存。
- 从长期看来，错误也许会带来或严重或轻微的损失，这取决于一个投资者是如何处理错误的。
- 把大多数错误变成经验教训，从头至尾对每一次交易都保持详细、实时的记录。

处理错误

只要是人就不可避免地会犯错误，投资者也不例外。因此，为了避免落入自责的漩涡和情感上的折磨，所有的投资者必须学会原谅他们所犯的不可避免的错误。毕竟，还是对的时候多错的时候少。获胜的方法就是控制错误并且提前觉察到错误的存在。记住，这场竞争不是关于市场、经纪人和邻居们的——这是投资者自己的记录，要把自我放到一边去。

如果随着时间推移，一个投资者切实学会了如何更好地操作，这是因为他学会了如何避免重复地犯同样的错误。他也学会了控制和释放他的紧张情绪，学会把注意力集中在股票上而不是内在的情感上。为了能够持续获利，另一个必须学会的原则就是不要让市场结果有持久的影响。如果一个人能够避免错误所带来的精神上的打击，他随后的行为就会变得更加理性，也会更加富有技巧。一个很好的类比就是经历了惨败的篮球运动员，他必须把精力集中在下一场比赛上，而不是已经过去的五次投球不中。

“错误智慧”的第一步是承认自己所犯的投资失误并忘掉它们。在我们的一生中，我们必须原谅自己，否则的话就无法生存下去。理所当然，在投资中，我们的目标是在整个交易中尽量少犯错误，如果可能的话，使错误不至于带来惨重损失并且尽可能地获得更多利润。

由于自身的优秀和艰苦的工作而惯于享受成功的人在股票市场上会遭受一般性的挫折。智慧和勤奋是不可缺少的，但仅有这些智慧和勤奋是不足以获得市场利润的。这些人中间包括优秀的学生，成功的律师，出色的公司管理人员。同样，那些因为严谨和遵守规则而获得成功的人对股票市场不能实现完全控制和预测会感到失望。比如说程序设计员、工程师、公务员。同样，那些惯于行使权力的人经常发现股票交易对他们而言是一种心理上的挫折，因为他们对股票市场没有那种自己习以为常的控制力。比如说警察和军官。

另一方面，那些习惯了感受生活起伏跌宕的人能够从心理上更好地适应华尔街成功和失败相交织的现实。比如说，推销员知道在不好的日子里会遭受挫折也不会不期望完美，他们对获胜的理解仅仅是一种高于平均水平的成功率——不是百分之百的完美——这使他们的精神状态更适应股票市场的要求。

一旦掌握了与错误共存的精神艺术，如果一个投资者想从错误中学到什么，他就必须把这些错误转变为机会的源泉。实际上，错误必须被看作是下次交易的基石。无论成功或失败，人们应当把每一次购买和卖出的交易，都看作是在学习过程中为了取得进步所必须支付的学费。像一个大学生一样，投资者总是在缴学费，重要的是他是否在课堂上集中精力听讲，并且通过学到某些东西使他付出的学费物有所值。

投资成功可以建立在过去正确的和错误的行为基础上：那些带来痛苦的行为最需要理解，只有这样才能改变它们。代价最大的失误是重复犯错。而代价最高和最令人讨厌的错误是那些投资者没有意识到的错误。诸如此类的错误经常是在一个潜意识的水平上由心理力量所驱动的，比如说难以释然的犯罪感、自恋、没有释放的怒气以及浮夸。

遗憾的是，经纪人和投资咨询人员通常不愿意或不能帮助投资者意识到他们实际上仅仅应当被看作是技术专家而不是行为导师。他们自己可能运作得很好，但他们不会教客户如何做到这一点。所以投资者是单独面对从过去的错误中进行学习的挑战。为了抓住这个学习机会，他们需要克服想当然的做法和避免一些行为。

以下是投资者分析他们自身投资行为时最重要的两个步骤：

1. 面对错误而不是把大事化小，小事化了。
2. 对错误进行分类，尽力避免重复。

保持记录

面对失误的最有效方法是记录所有的投资行为，分析哪些行为发生了作用而哪些行为没有发生作用。这样一来，就可以改变个人的行为模式。使用笔记本记录每次交易是有用的，如果愿意的话投资者甚至可以把这些记录录入计算机，以备未来的分析。如果诚实的、实时的记录没有被小心翼翼地保存下来，就会丧失从错误中学习的机会。实际上，没有觉察到自己错误行为的投资者仍然是在盲目摸索。

需要记住的是记录必须是实时的。这样做有四个积极的作用。首先，当必须分析错误的时候，记忆可能会丧失，所以记录下真实事件对于准确的分析而言是必不可少的。第二，实时的记录免去了事后检查的负担，而这一项艰巨的任务，会对及时的分析造成极大的障碍。第三，实时的记录使错误不会被大事化小，小事化了，当投资者戴着乐观的眼镜往回看时通常会发生这种情况。最后，如果一个投资者能够花时间在纸上写下一些特殊问题的答案，那他在做出另一个构思拙劣的举动之前就很容易发现错误。

以下是一张专门为找到最常见的投资者所犯错误而设计的工作表。这些问题都被缩短了，以强调里面那些用来辨别错误最普遍特征的关键词。把这张表复印到你的笔记本中是有用的，并且要在后面加上空白纸以写下长长的答案。

投资者错误检查表

当购买每一只股票的时候，记录如下信息：

□ 购买是谁的主意（自己，经纪人，咨询建议，朋友）？
□ 在购买前，主动研究这只股票有多长时间？
□ 为什么这只股票会达到预期的表现？
□ 市场是处在涨势还是跌势？
□ 购买前一天道·琼斯工业指数的收盘价是多少？最近几天的趋势如何？
□ 购买这只股票的成交价是多少（不包含佣金）？
□ 购买前一天这只股票的收盘价是多少？最近几天的走势如何？
□ 一个月以前这只股票的价格是多少？
□ 一周前这只股票的价格是多少？
□ 这只股票的目标价位是多少，包括市盈率？
□ 预计过多长时间出手（从现在算起的天数和月数）？
□ 每年预期的回报率是多少？
□ 实际的和心理上的止损价位是多少？

这些问题显示出，对持有的每一只股票建立一个目标价位以及相关的时间框架是非常重要的。记下这些数据，并在日历上标出股票的预计出手日期。在购买每一只股票的时候都要这样做。这可以在各种情况下有效地提醒投资者关注时机并且对股票进行再评估，从而避免随波逐流。

股票再评估检查表

在股票预计卖出的日期中，实时记录如下信息：

□ 道·琼斯指数的收盘价是多少？

- □ 从购买日期算起，该指数变动了多少个百分点？
- □ 股票的收盘价是多少？
- □ 从购买日计算股价变动了多少百分点（与道琼斯指数相比）？
- □ 市场整体上是处在牛市还是熊市？
- □ 股票市场处于上升趋势吗？
- □ 股价是否没有趋近设定的目标价位？为什么？
- □ 为什么要继续持有这只股票，列出具体原因，而不是愿望。
- □ 新的目标价位是多少（以及市盈率）？
- □ 新的出售日期是多少（记入备忘录）？
- □ 有什么样的目标上的变化能够解释要延长持有期？

卖出股票检查表

将要卖出股票的时候，实时记录如下信息：

- □ 卖出日的道琼斯指数是多少（计算从购买和评估日期算起的变动比率）？
- □ 卖出价是多少？
- □ 当初购买的理由成立吗？
- □ 如果不成立，什么时候开始显现出失败的迹象？
- □ 从败相出现到卖出日期有多长的时间间隔？
- □ 股票是否比计划持有的日期长/短？为什么？
- □ 在股票持有期内，最高价是多少（计算从这一点到股票卖出点股票价格下降的百分比）？
- □ 股票持有期内的最低价是多少（计算从股票买价和该价位之间股价下降的百分比）？
- □ 在股票持有期内是否曾在高于目标价位的价格上卖出股票？
- □ 如果不是，为什么那时不卖？
- □ 是否曾经给出止损订单后又撤销，这样做是否减少了利润或增加了损失？

☐ 卖出是经过计划的还是一时冲动？
☐ 卖出是谁的主意？

一个如实回答上述所有问题的投资者可能会感到不舒服。好的！（不舒服的感觉会让我们改正自己的行为）令人最不舒服的问题通常能够找出哪里发生了最常见的错误或者说在哪些方面投资者表现得不尽理想。为了从以前犯的错误中学习，要注意投资的次序，并且在下次购买股票的时候重温这些问题。实际上，人们应重视这些问题并且经常对照检查——在相应的情况出现前、出现过程中或出现之后。

在一张控制表（本章的最后给出了一个例子）上对检查表提到的错误进行计分，每发生一次记 1 分。比如说，持有时间比预计的要长，没有可靠的理由而提高目标价位。得分越高的是越容易出现问题的区域。为了获得更好的市场回报，这些区域就是投资者需要努力改进的地方。

在分析错误的同时，摈弃任何一个投资者都能够“百战百胜”的错觉（即使是专业人员其误差率也高达 40% 左右）也是很重要的。但是我们应当相信，如果系统地注意并改正错误，那么改进自己的投资业绩是有可能的。

购买/评估/卖出评价表

在购买的时候完成本部分：

股票名称 ____________________

购买日期 ____________________

研究时间 ____________________

谁的主意？ ____________________

购买理由？ ____________________

主要的市场趋势？ __________ 前一天的道·琼斯收盘指数？ __________

股票价格： ____________________

买价 ____________________

前一天收盘价 ____________________

一周前价格 ________

一月前价格 ________

本次出手是否跟上了最近的大势？ ________

目标价格：

$ ________

市盈率 ________

日期 ________

持有月数 ________

年收益百分比？ ________

止损点？心理的/实际的？ ________

在评估当日完成以下部分：

道琼斯指数收盘？ ________ 相对购买日变动的百分比（%）？ ________

股票收盘价 ________ 相对购买日变动的百分比（%）？ ________

是否对相对表现满意？ ________

大盘趋势：

市场？ ________ 股票？ ________

是否达到了目标价位？ ________

如果是，为什么仍然持有？ ________

如果不是，什么地方出了差错？ ________

修正后的目标？

$ ________

市盈率 ________

在什么日期卖出？ ________

为什么持有？ ________

在卖出时完成如下部分：

日期？ ________

持有期是否比预计的长/短？ ________

道琼斯指数收盘 ________

相对购买日变动的百分比（%）？ ________

相对评估日变动的百分比（%）？______

卖出价______

相对购买日变动的百分比（%）？______

相对评估日变动的百分比（%）？______

是否对相对表现满意？______

购买理由是否充分？______

如果不是，什么时候出现迹象？______

败相初现______

从败相初现到卖出的时间间隔？______

持有期内的最高价？______

与卖价之间的差额（%）？______

购买之后出现的最低价？______

与卖价之间的差额（%）？______

在持有期内是否到达目标价位？______

如果是，为什么没有卖出股票？______

是否使用撤销前有效式订单？是否使用止损订单？______

收盘价格升高/降低？______

为什么？对结果有帮助还是有损害？______

有计划地卖出/一时冲动？______

导致卖出的因素/环境？______

谁的主意？______

积分控制表

在购买日：															
当时手中所持股票	1	2	3	4	5	6	7	8	9	10	11	12	13	14	15
谁的主意	□	□	□	□	□	□	□	□	□	□	□	□	□	□	□
好的理由	□	□	□	□	□	□	□	□	□	□	□	□	□	□	□
研究时间	□	□	□	□	□	□	□	□	□	□	□	□	□	□	□
市场趋势	□	□	□	□	□	□	□	□	□	□	□	□	□	□	□
追逐的动力	□	□	□	□	□	□	□	□	□	□	□	□	□	□	□
市盈率	□	□	□	□	□	□	□	□	□	□	□	□	□	□	□
在备忘日：															
大盘趋势	□	□	□	□	□	□	□	□	□	□	□	□	□	□	□
未能达到既定价位就出手	□	□	□	□	□	□	□	□	□	□	□	□	□	□	□
股票趋势	□	□	□	□	□	□	□	□	□	□	□	□	□	□	□
继续持股的理由	□	□	□	□	□	□	□	□	□	□	□	□	□	□	□
在卖出日：															
持有期过长/短?	□	□	□	□	□	□	□	□	□	□	□	□	□	□	□
相对表现	□	□	□	□	□	□	□	□	□	□	□	□	□	□	□
分阶段卖出的策略是否成功?	□	□	□	□	□	□	□	□	□	□	□	□	□	□	□
面临失败是否决断?	□	□	□	□	□	□	□	□	□	□	□	□	□	□	□
与卖价之间的差额（%）	□	□	□	□	□	□	□	□	□	□	□	□	□	□	□
是否使用止损订单	□	□	□	□	□	□	□	□	□	□	□	□	□	□	□
是否达到目标价位	□	□	□	□	□	□	□	□	□	□	□	□	□	□	□
有计划卖出	□	□	□	□	□	□	□	□	□	□	□	□	□	□	□
导致卖出的环境	□	□	□	□	□	□	□	□	□	□	□	□	□	□	□
谁的主意	□	□	□	□	□	□	□	□	□	□	□	□	□	□	□

第 5 章
保持清醒的头脑

投资成功的要诀

- 认识大众心理学
- 抓住时机

要想在华尔街获胜是很困难的，只有在大牛市的后期，获胜才会变得简单些。1989 年 10 月第二次股市大崩溃之后，《华尔街日报》所做的一份调查表明，大多数的投资人认为形势对他们不利：相对个体投资者而言，内部人交易具有体制上的优势。由于近年来的丑闻和名人官司，投资者普遍怀疑市场是被人操纵的，由大的投资机构（包括经纪公司的自营）进行的计划交易对于小投资者来讲是一个投资的障碍。

不管一个投资者对于股票和市场动机的想法是对还是错，资金达数十亿美元的大投资者确实是通过行动在随心所欲地推动市场（见第 10 章）。因此，对散户而言，即使投资环境相对公平，即所有的市场参与者都能够平等地充分地获得信息，投资仍然是一场困难的游戏。

严酷的现实决定了并非所有的投资者都能够在股票市场以相同的效率进行操作或获得相同的回报。这种市场表现上的差异，决定每一个投资者——个体和机构——在股票市场有多大的作为，或者说是否能够以理性战胜感性来进行投资。所以，能否保持清醒的头脑就意味着利润和损失之间的选择。它意味着众人皆醉我独醒，特别是当市场处在低价到高价的动荡期时，更应如此。

统计结果显示，一个市场回合中大多数的参与者会再一次参与下一个回合。令人难以置信的是，在下一个市场回合中大多数人会犯相同的错误。绝大多数类似的错误不是因为基本面问题，而是由于投资者对消息和价格波动的精神反应引起的。因此，保持清醒的头脑是非常重要的。

所有投机市场的本质特征都是从一个极端到另一个极端。例如，在萧条时期，美国的国民生产总值可能会下降 3% ~5%。公司收益可能下滑 20% ~25%。但是主要的股票平均价值有可能在一年内下降 30% ~40%，给人的感觉就好像是经济生活面临崩溃。

在这种情况下，某些股票会狂泻 80% ~90%——这仅对幸存者而言，其他公司不可避免地要破产，它们的股票就变成了一张废纸。

大众心理学

在这样一种极端的市场情况下，投资者陷入了大众心理的怪圈不能自拔，完全丧失了自我控制力。应当控制对某些最近的市场经验模式的认识，原因很简单，最近的成功和失败对下一次市场行为能否成功有着巨大的影响。成功能够锦上添花，带来更多的成功。失败则会加剧以后的失败，尤其是因过错、感性或考虑不周造成的失败。

案例分析

为便于说明，我们给出了一张假想的股票走势图。这张图涵盖了一个假想的投资者所有的购买、持有以及卖出决策，并且包括他的心理反应。这个投资者在任何情况下都是具有实际代表性的。事实上，这个投资者的活动恰好能够推动股票沿图示的方向发展变化（见图 5－1）。

该投资者表现出的行为和反应，被市场上成千上万的活跃的买家和卖家的行为放大，就得到图示的价格循环。这张图是关于 XYZ 公司的，其时间范围跨越几年，从一个牛市的开始到随之而来的熊市的结束。这只股票的价格范围是典型的交易频繁的普通个股的价格范围。考虑到近年来个股行情的变化，200% 的价格上升伴随着近 70% 的价格下降是对现实的典型反映。

在这张图上，特殊的价格用字母 A 到 Z 来表示，在下面的评论中简练概括了假想的投资者此时的想法、感受和行为。

从一个字母到另一个字母来追踪价格的运动，比如说，从价格运动的起始点 A 开始，阅读字母 A 对应的评论。然后观察价格运动到 B，再看相关的评论。通过这种方法，你就可以真切感受到典型的股票行为所对应的想法和感觉。

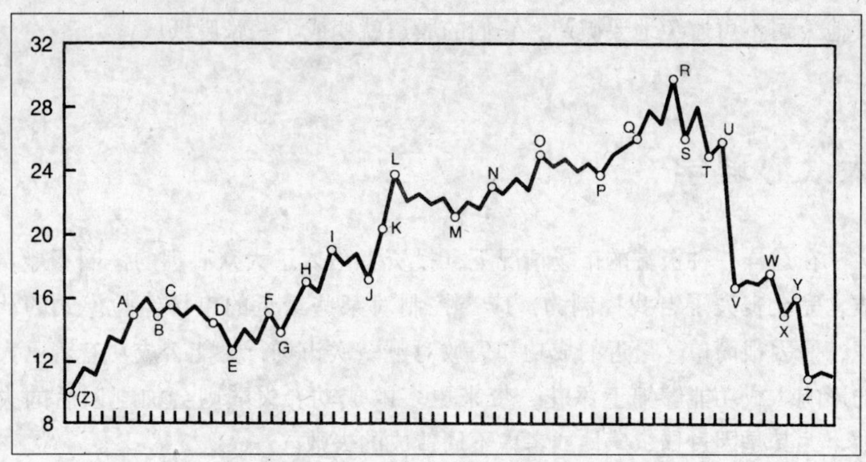

图 5 - 1　XYZ 公司

A. 看上去表现不错，从低点涨了 50%。相对表现较好。购买 500 股。

B. 仅仅有一点调整。每股收益前景看好。不要着急，计划持有。

C. 好的！最终反弹到原价以上。现在是真正准备开始上涨了。

D. 很庆幸在此点卖出。开始下滑并且停滞。这是两个强有力的信号，还好我没有错过。

E. 我是正确的。很高兴已经出手。

F. 我以前见过这个价位。这只股票不值这么多。卖掉 300 股。

G. 看吧，我早知道会有这个结果！我已经出货了。这只股票会跌到 9 甚至更低！

H. 哈！虚假反弹。再卖出 200 股。

I. 真令人不敢相信。这只股票的市盈率到了 22 并且还会继续向上涨：关注下一个点并监视该股。

J. 情况有所好转。现在我在二次卖空时平仓。

K. 我以前见过这种情况：又一次虚假上升。我不会上当，我知道这种趋势不会持久。

L. 我挺不住了。补进所有的 500 股！

M. 我希望自己还是在卖空。你看这种下降趋势。

N. 不错——尽管有萧条的消息但收益较为平稳。

O. 看这种上升的趋势。有人说某些事会发生，但效果不明显。买入 400 股。

P. 这种跌法真令我害怕。我负担不起太多损失。卖出一半。

Q. 也许我是错的（但卖出 50% 是慎重的）。既然市场又变得坚挺，再买回 200 股。

R. 棒极了！涨到了 30 美元并且继续上涨。我并不贪婪：32 美元就卖出。这是一个合理的 20% 的利润。

S. 只不过在调整。市场下挫 240 点。但将会有第五波上涨。当价格回弹到 30 美元的时候我会卖出。

T. 唉！看着股票下跌一点意义也没有。看一下收益是多少。这将会支持价格。不能再低了。

U. 情况有所好转，市场又稳定了。我们已经度过了最糟的时候。

V. 股息减少 60%？谁能预见到这些？卖不出去了，损失惨重。

W. 也许最坏的日子过去了。如果我有现金在手，会以低于平均价格买入。不，细想一下这只股票已经害得我够惨了。不能再相信它。

X. 补充保证金的通知？卖出一半。我喜欢这只股票但是不能再投入更多的钱了。

Y. 很高兴我没有全部卖掉。既然它是如此的便宜，我应当补充保证金并买入该股票。

Z. 好，走了，又下跌了。我再也忍受不了。让我走吧，卖出股票。

确实，这张假想的图表反映了一个很困惑的投资者。并且这一事件似乎拖的时间太长，以至于对反映单个投资者/股票之间的关系没有什么代表性。然而有许多投资者在退出之前会犯其中的某些错误，这里有 3 个原因：

- 他以前曾经在这只股票上获利，这使得他愿意再次炒作该股票。
- 他认为他了解这个公司或者行业，因此相信自己也了解其股票。
- 在把资金投向其他股票之前，他想先打平。

所有的这些想法都是典型的头脑不清楚的表现。许多投资者固执地坚持他们的想法并且坚持认为出售股票时应从整体上考虑各种关系，负面的反馈也带来了更多的困惑，这使得他们更坚持自己的想法。

与这张图有关的评论包括五种对价格行为的重要反应，这些反应表明了感情占上风时投资者会犯的典型错误。

- 在基本面和技术解释之间来回摇摆。
- 跟风并在心理上希望当前的趋势会持续下去。
- 对极端的心理反应没有控制力。
- 相信市场会套牢散户。
- 先前失利的经验会对投资者造成混乱的、不利的影响。

抓住时机退出

一个有效的办法能够减少上面所提到的不利想法，那就是在经受一到两次损失之后退出炒作股票。在股票和投资者之间不管是否发生了令人不愉快的变化，继续下去只能加剧这种状况并且增大了进一步犯错误的风险。同样，如果遭受了连续的损失或几只股票都失手，在一段时间内应当空仓退出市场。

这并不意味着卖出所有的股票（表现良好的长期投资以及要继续买进的不在考虑之列）。投资者应当停止交易并且让头脑冷静下来。列出表现最稳定和最不稳定的股票，想一想原因。设立目标价位，记下有效的解决方法，不要在强势买入或在弱势卖出（追涨杀跌）。暂停行动使得投资者能够在重新回到市场之前控制自己的行为，他或她追随大众心理的行为也会消失。

然而，当已经卖出股票并且有现金盈余的时候，暂停行动是最有效的。如果一个投资者在满仓时停止行动，他就急于回到市场上去，因为仍然有一些股票令他操心。一个关键问题是，“如果有一个月的时间绝对不能采取行动，我最好持有什么样的股票”？

当然，投资者也应当注意在每次遭受损失之后就采取暂停操作以使头脑清醒也是不对的。但是如果错误很多，比如说三个以上，就应当认真考虑暂停操作。不管是在同样的股票上还是多个股票之间，这些错误都是有影响的。接下来投资者可以求助于经纪人，让经纪人对现状给出一个客观的评估并且提出独立的建议，投资者可以把自己的想法与此相对照。要求经纪人在一个特定的日期把他的建议寄一份复印件给你。如果经纪人表示难以帮忙，投资者有理由怀疑是否有必要更换。

最清醒的头脑在市场上确实具有优势。如果投资者不采取改正措施，随着个人的困惑凌驾于理智之上，一系列的失败就会自我持续下去。心理学家认为失败会破坏人对自我的感觉，进一步的失败会导致羞愧，这也会使人们的生活变得茫然和丧失意义。所以说，在下降的精神状态能适应未来的交易失败之前，投资者应暂停行动。

第 6 章

变拒绝为行动

投资成功的要诀

- 从 Schuller 公司的例子中学习
- 避免拒绝

拒绝与损失

决定卖出股票是一个艰难的过程，除非投资者有自己的原则和方法并严格遵循，能够避免内心的心理斗争。当遭受损失的时候，由于需要避免痛苦，就更难做出卖出的决策。寻求自我保护是人之常情，痛苦是我们自身受到威胁的一种信号。某些投资者可能过分强调安全性，而大多数人都能够在寻求利润和承受风险之间保持合理的平衡。但是每个投资者都有自己设定的极限，在这个极限水平上必须避免痛苦，有时甚至不惜一切代价。

有效地避免痛苦的方法之一——甚至不惜牺牲利润——就是学会拒绝。面对投资或交易失败，投资者不仅要遭受经济上的损失，更要面对精神上的痛苦，这种痛苦会冲击我们对自我的感觉。在某些情况下，许多投资者试图通过逃避现实来避免面对这种双重痛苦。他们宁愿不去想它，或将之大事化小，小事化了。当某一只股票出现问题，投资者就成为了长线持有者，更确切来说是一个吸筹者。他没有真正的投资动机和价值判断的敏锐性，只是简单地拒绝承受潜在的（或已经发生的）损失所带来的痛苦。

遗憾的是，许多投资经纪人在他们的客户面临损失的时候所起的作用很少或根本就帮不了什么——他们不愿或不能说服客户采取避免损失的行为。经纪人不能够提供帮助的部分原因是因为他们所受训练的局限性，这种训练集中强调获得新的投资并劝说客户购买，而不是卖出股票。但是经纪人问题比这个要复杂得多。

经纪人也是痛苦的逃避者。他（她）需要和客户保持一种建设性的真诚的关系。一个成功的销售人员必须认真听取客户的意见并且对所有的反馈都做出积极的反应。所以，当一个客户表现出不愿面对损失时，他

（她）的经纪人当然很清楚地知道——并且留意到这个信息。在投资者和经纪人之间存在一种默契："如果你不提，我也不会怪你当初的建议。"

投资者用来否认损失或损失的重要性的理由有几个。其中之一取决于美国税收法案的规定。投资者很清楚，为了税收的目的，直到一个交易确实结束，才会确认损失的发生（并且没有违反31天虚抛规则）。许多投资者把这当作一个心理的支柱，他们实际上是在说服自己相信他们要到实际操作结束时才会遭受损失。当然，经过客观的分析，这种推理是荒谬的。当账面上有200%的收益时，几乎没有几个这样的投资者会说他们没有利润！

当然，价格有可能会反弹并且今天的账面损失有可能减少甚至补回，或者说会成为未来的账面（实际）利润。但事实是股票的现行价值是它目前能够卖出的价格——不是买入的价格，也不是拥有者希望的价格，或者是他理想的卖价。如果现行价格低于成本，就会导致损失。

如果一个投资者非常聪明或非常理性，他不会去相信"账面损失不是实际损失"的这种自我欺骗的把戏，他可能会依赖另一种说法：如果保持足够的耐心，股票价格会回升的。希望永远都是存在的，曾经也有损失惨重的投资者追回了所有损失并在账户上有所盈余。那些忍痛割肉卖出股票的投资者在看到价格回升的时候会说，"看，如果我更聪明一点，或者更耐心一点，跟着我的感觉走继续持有股票，我就不会遭受损失"。

清算结束，特别是在亏损状态下，意味着走到了尽头。出于天生的乐观，我们更愿意看到自己还有选择权，而不是已经出局了。购买一只股票意味着新的可能性的开始，而卖出股票则意味着结束。正如我们在第2章中所说，生活中许多结局都是令人难过的：毕业时离开我们的校友、通过离婚来结束一场失败的婚姻、埋葬一个离去的朋友、打扫干净曾祖母的阁楼。这些都意味着沉重的负担，如果有可能我们宁愿避免这种负担。卖出股票至少在潜意识水平上会激发起这种情感。持有股票则有望能获得更多的未来利润。如果我们的股票下跌了，卖出则意味着是一个失败的信号，我们竭力避免这样做。

下达卖出订单并且最终承受损失（交易确认以及Schedule D单据是持久的纪念品）令投资者感觉更不好。因为它会使我们的投资者感到第二种痛苦——“又一次犯错”的痛苦：眼睁睁地看着股票价格上涨，而自己已经卖出股票，不可能再有收复失地的机会了。拒绝者认为，如果最初拒绝承受损失，将来就可以避免这种双重痛苦。

在投资领域，心理学家所说的拒绝是对各种各样的逻辑和自我欺骗的一种保护性说法。所有这些都可以被遭受损失的投资者用来为自己的无所作为找借口。

拒绝这一主题还有几个变种。其中一个来自于对购买价格、曾经的最高价、自购买后的最好价位的记忆。以前的高价位都充当了高位的标志，投资者这样理解这些标志：既然曾经达到过这一价位，以后也可能达到；现在应当能够达到这个价位，那就一定会达到；更普遍的是，认为曾经的高价位即将达到。至于这一高价位是在多少年前或者说多少个月之前达到的并不重要；公司的基本面或者说总的市场心理已经严重衰退也不重要；为挽回损失，现行价格必须上涨几倍这一事实也不重要。为了避免接受和面对现实，投资者会等待（并且一直等下去）大盘的恢复，否认长期失败的可能性。

Schuller 公司的例子

为了说明逃避这种趋势是如何的极端和不理性，一个特别的例子，虽然很老，但仍然是适用的。1988 年，处在《破产法》第 11 章保护下长达 6 年之多的 Schuller 公司（以前是 Johns Manville，在当时被称为 Manville 公司）宣布，它很快就要完成重组，并且在重组的过程中发行大量的新股，以此来维护债权人的利益以及补偿石棉沉滞症的受害者。

该公司提交给证券交易管理委员会的文件表明，公司资产将被稀释 94% 到 97%。科罗拉多当地的媒体报道了《破产法》法令将被终止的利好消息之后，公司以前发行的普通股从 2 美元涨到了 3 美元，交易量急剧放大。

作为对市场行为的反映，管理层甚至采取了发表声明的不同寻常的措施，在声明中公司重复了以前的书面警告，即它的股票包含极大的风险。

部分的重组工作是把公司股票按1:8的比例进行逆拆分（逆拆分是为了减少股票的数目，使股价回到一个更合理的水平上）。长期的股价下降、逆拆分和由于破产清算所导致的大量稀释而对股票造成的不利影响交织在一起。

作为当地一家经纪公司的分析员，笔者对所有的经纪人给出了紧急建议，要求他们与所有拥有 Manville 股票的客户联系，立即在市场上卖出股票。对于当时的 Manville 股票来讲，存在一个双重的交易市场。老的股票在几天后降到了每股 2 美元，同时，拆分后发行的新股以 8 美元每股进行交易。

由市场规则内生的、技术和体制上的原因导致了价格区间的存在。事实上它确实存在。一个简单事实是拥有老股票的投资者眼看就要遭受 50% 的资本损失：比如，现在值 1600 美元的 800 股在几个星期之后就变成了只值 800 美元的 100 股。这就好像能够提前读到《华尔街日报》，并且能够提前看到报价。老股票的持有者有机会卖掉他（她）手里的股票，同时把这些股票换成1/8数量的新股。除去佣金之外，这一价格差异所带来的收益就落入自己的口袋。

因此，不卖老股票代表着有意识地接受已知的资本损失：不是很少的损失而是高达 50% 的损失！出乎经纪人（分析员）的意料，总有些客户不肯卖出股票，即使是这样做能够绝对避免未来的损失。某些客户说，“我已经持有股票很长时间了，没有理由现在放弃希望”。其他人根本不想去抛股票，即使能够保住一半的资本。有位客户希望股价能够升到 2. 5 美元，低于此价则不卖。有位客户不断重复说他“不在乎”他的损失。

避免拒绝

这个例子表明，投资者必须有自己的应对现实的方法：在购买时给出止损订单，周期性地评估每只股票，甚至可以通过填写问卷找出继续持有的理由。

另外一个避免拒绝的策略就是周期性地卖出一只股票——也许是季度

性的，以避免更多的波动——不管是否需要，就好像是自动的规律性的坚持。保持头脑客观并定期这样做，如此一来，大多数表现平庸的股票就可以轻易地扔掉。这种做出卖出决策的训练会使得未来的决策更容易。

回想一下1987年10月股市大崩溃之后的华尔街是多么的混乱，几近瘫痪。许多经纪公司甚至来不及通知客户追缴保证金，因此，投资者就有了不寻常的机会——但稍瞬即逝——来评估他们的头寸并且主动采取行动。一个深思熟虑的客户是这样思考这一过程的：

1. 我认为地球会继续转动。
2. 我希望自己仍然是一个股票投资者。
3. 股价下跌使当今的一些股票价格变得相当诱人，所以我不想现在退出，以免以后要用更高的价格买回这些股票。
4. 我知道在几天甚至几小时以内我就会收到要求补充保证金的通知。我没有这个勇气（或金钱）再投入更多的资金，所以我必须卖出一些股票。
5. 对我而言，最好是保留一些前景看好的股票。
6. 因此，为了获得需要的资金，我惟一的理性行为就是卖掉那些我最不可能再购买的股票。

一个与此类似的自我加强的思考过程是有效的，它考虑到下一次可能的股市崩溃带来的危机，强迫投资者集中注意力。它帮助投资者认识到哪些股票不再是最好的选择，应该把它们卖掉。在几个月或一年的周期内，在理论基础上经过几次类似的心理磨练，投资者就能够更轻易地应对损失。第一次思考过程可以在书面上进行，然后投资者通过电话给出一个真正的卖出订单。最终，这种新培养起来的、毫不反悔的卖出能力将改进投资的结果，因为资金被重新配置到更有希望的股票上。

第7章

用现实来支持希望

投资成功的要诀

- 学习基本的心理活动规律
- 了解股市崩溃的后果
- 确信持有决策是一个真正的决策

积极的态度产生积极的后果，相反地，认为某些事是不可能的会使事情真的变得不可能，成为一个自我实现的预言。然而，虽然愿望是成功的一个必不可少的因素，但仅有愿望是不够的。在股票市场上，个体投资者的力量极其弱小，长期看来，他们不可能对股票价格施加有效的影响，因此仅有愿望也是不行的。对那些自视甚高的投资者而言，不能控制股票市场会成为令其深感痛苦的一个微妙的源泉，所有的人都必须接受我们不可能改变市场并且利用市场这一现实。

成千上万的投资者——天生乐观并且受到经纪人的鼓舞而具有购买偏好——把更多的精力花费在憧憬上而不是理性而冷静的分析上。他们的愿望实际上起到了反作用：由于无根据的乐观，他们持有一些表现不佳的股票，以此欺骗自己并忽略现实。要想陷入这样一个陷阱中是非常容易的，因为股票价格不仅是财富的标志，它也能够衡量一个人对自我的感觉，放弃则意味着承认失败，而失败令人感觉到自己很愚蠢，最终会引起羞愧感。

基本面与心理活动机制

有两个原因导致了愿望落空：一个原因是基本面问题，另一个原因是心理机制（为了和技术原因区分开来，我们用了和基本面相对的传统市场术语）（见图7-1）。

如果一家公司没有达到预期的结果，股东会对利润感到失望。基本面——预期的产品发布，一项技术突破，获得专利，销售增长，收入扭转，或股息增加——对推动股票价格上涨和获得利润是必需的。如果这些都没有发生，股票就失去了必要的支持并且最终会急剧下滑（特别是在投

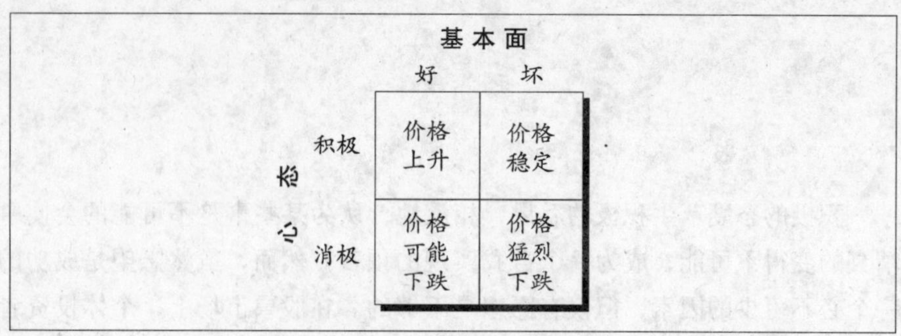

图 7－1　股票价格的驱动因素

资者的期望值相当高或已经持续了一个相当长时期）。在大牛市期间，比如说 1994 年底到 1996 年中期，投资者对表现不佳者极其不耐烦，他们抛售这些股票来购买更具吸引力的增长更迅速的股票或其他证券。

当基本面出现问题时，其含义是很清楚的：卖掉股票，不要继续持有。稍后或当期望中的基本结果确实出现时，这些股票是可以再买回来的。当市场笼罩着希望幻灭的情绪的时候，即使出现基本面取得进展的早期标志也不会有人相信，这使得投资者有足够时间买回股票，买回的价位也不至于太高。这才是个利好。

具有讽刺意味的是，基本面将预期实现则是一个坏消息，这一消息不可避免地要激发起乐观情绪。然而即使基本面是稳定的，易变的市场可能不愿再为这些基本面付出代价。通常，由于公司实现了预期的业绩，投资者会陷入一种被误导的过分自信之中。因此，他们希望股票也能相应地做出回应，这就进入了陷阱。这个陷阱可能在此之前就出现了。

股票市场上有一句老话认为，股票在自身重量的作用下下跌，但是需要有购买的推力才能上涨。技术分析的专家认为，股票要想保持势头强劲其股价必须随着交易量的增大而上升，而在股价下跌和交易量较少的时候发生的涨价是值得怀疑的。然而，围绕着公司基本面的现实状况和推动其股价的心理力量或因素之间存在着差异，不要想当然地认为这两者必然会在相同的方向上发生作用。

让我们回顾一下技术分析（它描述了一只股票的价格和交易量的动向）以及心理机制之间的差别。后者包含了在第一时间发生在股票市场上的所有非基本面因素——那些推动投资者给出实际的购买和卖出订单的因素。我们必须深入探究并了解这些差别，以解释为什么在基本面良好的情况下股票价格会下跌。

除非有正当理由去购买某只股票，否则的话一个理性的投资者就会卖出这只股票。这样做符合一个论断，即除非有正当理由来主动购买股票，否则股票总是应当在怀疑过程中时刻准备卖出。

那为什么要持有股票呢？有两个目标，都是以收入为基础的：潜在的股息收入和利率的变动。如果某只股票的股息是有保证的并且正在增长，那就可以持有这只股票。随着利率的变化，如果利率不会朝着反方向变化太多（比如，急剧上升）从而减少股息收入的市场价值，投资者就可以持有这只股票。因为利率总是比股息变化得快（长期利率从 6% 变到 7%，则意味着估价因此上升 17%）。这意味着即使股票是为了获得收益而买入，也总是处在一个等待卖出的状态。

如果投资者的目标是资本增值，持有股票的惟一的一个正当理由就是相信股价将会开始或继续上升。仅仅预期到股票的价格不会下降并不是一个很好的持有这只股票的理由。这就相当于把金钱投入到一个信用账户中就再也不管它了。实际上，由于人们关于股票价格的预期和对整体市场基调的假设有可能过于乐观，这就会使情况比存款更为糟糕。无论如何，股票有可能下跌，但银行存款却被认为是没有风险的。

这引出了我们要讨论的关键因素：投资者只会因为一只股票预计会上涨而持有它（价格上涨的幅度足以弥补机会成本和风险）。通过对影响该股票的正面心理因素进行现实的展望，投资者就能够理性地分析自己对牛市来临的期望是否有依据。只有一系列心理因素的组合加上积极的基本面消息才能够推动价格进一步上升，两者缺一不可。仅有其中之一是不够的，除非是市场已经接近崩溃的边缘。在这种情况下，普遍的市场兴奋情绪将暂时减少卖出股票的迫切需求。但是投资者决不能认为这种状态会持续下去。

股灾的严重后果

即使是在现在，1987 年的股灾过去若干年之后，人们仍然清楚地认识到，要阻止股票价格下滑，必须有一个正面的推动力（购买）。举例来说，股票市场和食品市场是不一样的。股票的需求是一种心理性需求，而不是生理需要的需求。如果市场上有持续的股票供给，同时缺少强有力的股票需求与之相匹配，股票价格就会在某一个时间段内走低。各种各样的卖出股票的压力也包括在内：置办不动产；退休并且依赖于资产过活；为大学教育付费，度假，医疗费用；为做生意而融资或者购买其他的股票；对市场的厌烦和失望——所有这些都会产生股票供给。这是投资者卖出股票的个人原因。机构则面临着兑现承诺并且周期性把资金投向那些看起来更具吸引力的证券。如果这些供给没有相应的需求相对应，股价就会下降。

这其中的重要问题就是购买力的源泉或是对股票的需求。确实，在某些点上股票价格变得极具吸引力，从而能够找到买家。但问题是这个低价位甚至都赶不上昨天的收盘价——尤其是以牛市的标准来衡量这个价位。因此，我们得出一个必然的逻辑推论：除非在今天看来购买某只股票是一个慎重的决策，否则就不要持有它。如果一个投资者不愿意在其投资组合中购买该股票，那谁会买呢？如果投资者买了这只股票，最坏的结果就是博傻理论在现实中兑现。

因此，我们应当客观地看待如何做出关于某只股票的购买决策。考虑一下股票资助者的问题。为了使市场上出现资助者，公司的管理层必须向专业投资团体和公众提供信息。这并不意味着一个投资者应当找一家主动积极地推动其股票价格的公司，相反，这种情况应受到怀疑并且通常最好是避免涉入。资助寻求指的是那些可信任的高级经理拿出时间并且如实回答研究分析员的问题。这些研究分析员或是在跟踪这家公司的情况，或是要向自己的客户推荐这只股票，或是想将该公司股票放进自己所管理的投资组合中。机构资助者是很重要的，它们的损失可能给股价带来灾难性的后果。

记住，股票需求不会是空穴来风。除了新闻事件和杂志的封面故事、吸引观众注意力的话题（污染、艾滋病、因特网），或众口一词的推荐，大多数的股票需求是因为股票经纪人给自己的客户打电话并且建议他们购买才形成的。由于市场上还有很多其他的金融产品，大多数经纪人找不到自己的股票题材，他们依赖研究部门的建议。于是这些经纪人的客户就购买了那些有主力参与的股票，其他的股票则被忽略了。

关于股票主力机构的描述对寻找潜力股是有用的。然而投资者应当记住，我们的主要问题集中在如何做出决策来持有股票或卖出已经拥有的股票。

尽管道·琼斯工业指数在 1988 年底反弹到 2000 点以上，普通股仍然处在低迷状态。由于 1987 年的股灾，许多个体投资者退出市场并保持警惕的观望。许多留在市场中的人遭受了损失，他们不再采取进一步的行动，因为他们感到自己被"套牢"了。结果是导致了市场上很少有个体投资者参与其中。市场上存在的一些轻微的投机倾向都集中在公司收购上。

从那时开始，许多经纪公司开始裁员，并且许多经纪人因客户减少行动而退出这一行业。更重要的是研究支持的减少。这意味着公众在购买股票的时候更没有推动力了。那些留下来的分析员把精力更多地投入到大的资本项目上。原因很清楚：分析员是由公司付薪的，这些费用必须由交易所带来的佣金收入来弥补。

在 1987 年和 1989 年的股灾之后，由于投资公众的想法较为谨慎胆小，在几年内，人们交易的都是一些熟悉的类目，而对新兴的小型公司较少问津。因此，许多股票所得到的经纪公司的关注比以前要少，有一些股票甚至失去了所有的研究支持。研究部门的理由是，"如果客户不打算购买，我们为什么要费劲来推荐它；如果我们不计划推荐它，我们为什么要继续跟踪它的动态?"

熊市刚刚过去的几年内，股灾对一只股票的影响是显而易见的：持有/卖出决策更为迫切，特别是挂牌交易的或在纳斯达克上市的小型的资本项目和低价股。公众普遍注意到（尽管经纪公司不承认），在 1987 年的股灾期间或股灾刚刚过去的几年内，许多未挂牌股票在交易市场上消失了一天或更长的时间。造市公司减少了可交易的品种，此举使得市场缺乏深度。随着时间的推移和自动电子交易系统的推广，这一问题变得不那么尖锐，但它依然存在。

投资者由于股票价格下跌而遭受的惩罚是和保证金原则的作用混合在一起的（在某些程度上还有投资者的警觉所起的作用）。当股价达到 5 美元/股（某些公司采用了 3 美元作为标准）甚至更高，大多数的经纪公司就把保证金比例提高到购买价的 50%。当股价跌破一价位，保证金账户中就一无所有了。

因此，在这种水平上的价格下跌会导致雪崩效应。价格下跌使得经纪公司向客户催交保证金，导致客户进一步卖出股票。造市者对这一点有所认识，他们谨慎地运作柜台存货，并且机智地了解到投资者会放弃价格下跌的股票。由于市场气氛进一步趋向风险厌恶型，大多数的经纪人不愿给客户打电话建议他们买入低价的、更具投机价值的股票。在 1996 年中期的轻率和乐观气氛中，这些情况很快被忘记了，但是它们会伴随着每一次熊市的循环而卷土重来。

这种变化表明，心理因素和基本面问题共同在市场上决定着股票价格和变化趋势。1987 年 10 月股灾的一个直接后果是股票发行机制发生了实实在在的变化。由于只是被简单地投放到市场上去，许多股票缺乏资助。因此，相对于股灾之前，对基本面（或总体的市场迟疑）的失望所带来的股票价格下跌会更加突然，程度更大，持续时间更长。

如今，活跃的、敢于承担风险的个体投资者的人数在下降。提供购买建议的经纪人和分析员的人数也在下降。因此，希望落空比以前更加危险。除了要判断基本面消息是否会支持股价上升之外（记住，股价保持平稳是不够的），投资者也要判断当前市场上的心理力量是否会使股价上升。在一种消极的、典型的股灾之后的谨慎环境下，应当更多地采取“推定有罪”这样一种态度。买入股票一定要有正面证据。同样，随着依股票表现而相机行事的投资者放弃自己不熟悉的行业中表现欠佳的股票，他们实际上预计到即使最轻微的失望情绪也会导致相应的价格波动和必然的价格损失。

记住，股票是在自身的重力作用下下滑，但是需要一个购买的支撑使其价格回升。判断股票走势的一个方法是分析最近的价格图（目前可以从几个途径获得，免费的或者是通过因特网支付很少的费用）：如果股价不是处在上升的趋势——特别是当它已进入跌势——这意味着对这只股票的需求已经减少。如果事情真的是这样，投资者继续持有这只股票会使个人的投资资产缩水。在评价一只股票价格时不要简单地把它看作是每股多少美元，而应当直接把它看作是衡量个人财富的一个标志，这将使你的持有/卖出决策变得更为迫切。

目标要冷静：是否存在推动股票上涨的购买力？这种力量来自何方？如果不能辨别支持股价的源泉（应将其与股票“应该”上涨的理由区别开来），决定继续持有股票将会使投资者损失金钱。如果对目前的乐观情绪（关于价格变动趋势以及内在的基本面消息）没有特别的原因来解释，一个投资者实际上会希望落空。

在这些情况下，不卖出股票是一场机会渺茫的赌博。并且投资者要记住，继续持有的决策相当于当日的购买决策——这是持有者的资产在不同日期对同一股票做的再投资。持有是更微妙的举动并且不牵涉到给经纪人打电话或交易成本。但是持有的决策应当是有意识主动做出的决策，而不应当是由于无所作为而导致的拖欠的结果或（最糟的情况！）甚至从来不想去做任何事情的结果。

持有决策应当是一个真正的决策

投资者做出持有决策通常是因为对未来有一个乐观的看法，这种乐观是以大萧条以来生活水平的整体提高为依据的。这种偏见使得美国人乐于承受无数个人的、工作的、财务的风险以获得回报。随着人口老龄化的发展，承担风险的意愿下降。在持续了若干年的牛市之后，说出这样的前景似乎显得很不合时宜，但牛市不会永远持续下去。

在资本市场上投资需要有一定程度的乐观主义，然而认为股票会上涨的偏见必须由该行业和该公司的基本面来支持，由深思熟虑的个人判断或称职的咨询师的判断来支持。投资者可以冒一定的风险去寻找能够翻倍的股票或寻找下一只英特尔（Intel）和康柏。但是如果风险远远高出个人所能容忍的程度，投资者应当把自己的钱投入到储蓄存款凭证或者选择一个长期以来有出色表现的成长基金，即使回报较低也无妨。

在此必须提到的一点是对基本面的依赖。投资者经常会犯思维转换的错误，把某个行业、产品和服务的特性归结于一家特定的公司。当牵涉到一种必不可少的服务或产品时，这种思维的错误尤为普遍。其中一个例子是电话公司的股票。我们不能想像没有电话的世界会怎样。但是仅仅因为电话服务是必需的，这并不意味着任何提供电话服务的公司都能够确凿无疑地获利，并会以今天的比率支付股息，也不意味着任何经营这项业务的公司都可以活下去。有些公司能够承受住激烈的价格竞争并且最终脱颖而出，但是这个胜利者可能并不是投资者选择的那家公司。在投资的时候要确保这种思考方式不会干扰你的持有/卖出决策。

遗憾的是，投资经纪人是靠迎合前面所提到过的投资者的乐观主义谋生的，这种乐观主义支持着我们前面所描述过的购买偏好。由于投资者的乐观主义和他们在日常生活中想当然的思考方式，投资者每年损失数十亿美金。损失的金钱并不仅仅是因为自负和急于致富的想法，证券交易中的购买及过分持有也能带来金钱的损失。

恰当的购买时机和价格能够减少围绕卖出决策的一些不可避免的压力。当某只股票变得炙手可热时，人们有一种天生的倾向会为此感到兴奋并落入圈套成为牺牲者。只有那些最有原则的交易者和投资者会拒绝购买这种炒作消息、题材的股票。相反，他们把购买价限制在决策之初的市场价格之下，以此表明他们的自律意识。

对于交易者和投资者而言，在市场兴奋情绪的推动下以过高的价格购买股票是乐观主义所导致的损失的第一个来源。但是，由于过分的或没有理由的乐观主义而持有股票甚至可能导致更大的损失。克服这个问题的一个主要困难在于某些下跌的股票有时确实会力图摆脱颓势。对其持有者而言，一支不时会出现反弹趋势的弱势股弊大于利。

为了说明这一点，假定一名投资者以 100 美元每股购买了一只股票（图 7－2）并且每天看着它下跌 1/8 点。8 周过后，股价跌到 95 美元，16 周以后跌到 90 美元。这种贬值是逐步进行的然而是残酷无情的。每天这个投资者都会查阅报纸或给他的经纪人打电话询问报价，他得到的回答总是一样的：进一步下跌 1/8 点。

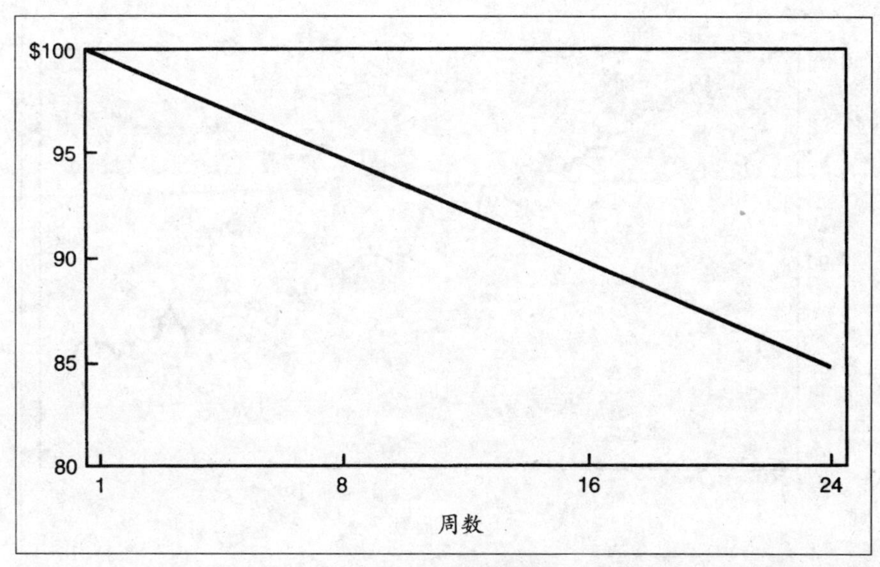

图7-2　稳定下跌

现在我们来看另一只股票（图7-3）该股票也是以100美元每股买入的并且也呈下跌趋势，然而方式不同，该股票的下跌方式准确地反映了真实的市场趋势。有些日子它每天下跌1/4，或1/2，甚至整1点。但在另外一些日子它会出现反弹趋势。实际上，有时它会持续反弹一周或更长的时间。然而，总的说来，它下跌的比率是和上一只股票一样的：每隔8个周它同样下跌5个点。

大多数投资者可能对第二只股票持更多的肯定态度——即使当它在同样的日期以同样的价格达到90美元或85美元，甚至80美元的时候。为什么？我们所说的第二种股票，通过挽回颓势——有时连续几天反弹，有时会达到一个诱人的价格——为投资者提供了更多、更频繁的获利机会。每当股票上涨，希望的火苗就会重新点燃。这里的主要问题就是，即使是坏（下跌的）股票也会在某一天或某一周表现很好。

不仅仅是市场日常的价格运动有时会重新点燃希望，市场上也会有积极的基本面消息出现。一个不错的季度收入报告和乐观的经纪公司的推荐将在任何一个投资者的心里重新点燃希望。作为某只普通股票的持有者，一旦认识到这些，你就不是一个完全客观的人。股票价格每一次积极的变

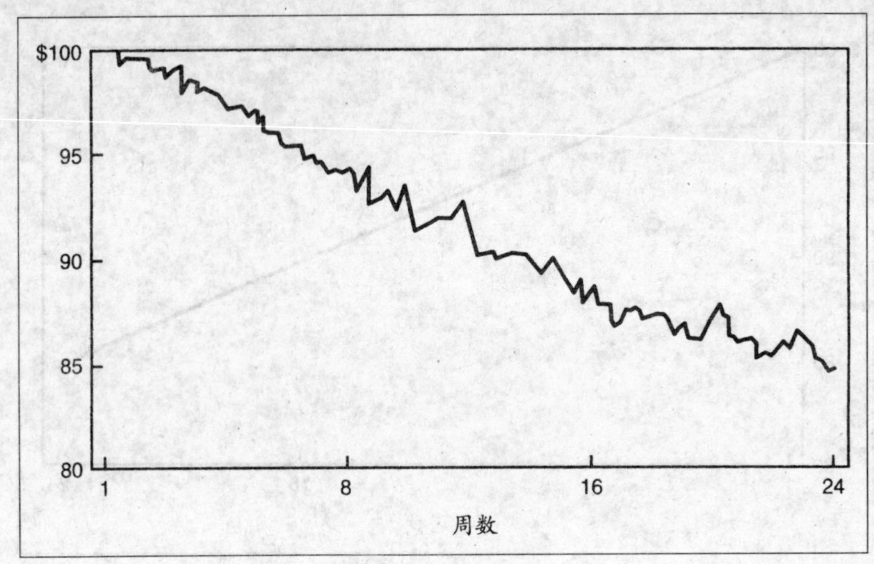

图 7－3　曲折下跌

化，每一次在道·琼斯指数下跌 35 个点时保持报价稳定，每一个好消息等等都是引起积极的心理反馈的源泉。任何表现良好的事情都会使个人对自己的判断感觉良好，导致令人愉快的自我膨胀以及自我满足死灰复燃。

因此，如果股票价格呈下降趋势，乐观主义的任何理由都是一个错误的信号。在冷酷的现实面前，这些错误的信号应当被看作是不受欢迎的偏离事实的东西而不是希望的火光。

当希望源源不绝时，投资者必须区分现实和幻想。这一区分的过程不仅应当包括可靠的消息背景——哪些是关于该公司以及它所属行业的真实的情况以及哪些是谣言和希望中的情况——并且还应当包含同等重要的个人的心理状态，正是在这种心理状态下投资者把他、他的想法、他的公司以及股票连在一起。要警惕不要被个人的、重新燃起的乐观主义拖入陷阱。

使用图表

投资者用来准确判断自己目前的思想状态的一个最好的方法是使用股

票价格走势图。让我们把关于技术分析的逻辑性和好处的无休止的争论先放在一边，作为准确的价格运动过程的记录图，股票价格走势图是很有用的。关于大盘的最容易得到的以及最有用的图表在标准普尔公司的个股报告中可以找到。几英寸的图表中可以提供10年来股票运动的记录（某些分析员认为10年的分析是值得怀疑的，因为基本面以及经济背景都发生了极大的变化，因此，这些数据可能丧失相关性）。幸运的是，因特网时代为我们带来了多种来源的网上图表，它们通常费用低廉或免费，这些图表每天更新，甚至每过一个小时进行更新。

投资者不需要任何关于制图的专门知识，就可以在图上表示出股票是否仍处在下降趋势或股票是否已经克服了负面的影响并开始好转。只有在极少数情况下，投资者才会说“我不确定，形势看上去是处在转变点。”如果确实如此，一周以后再来看这个图，那时候再做出是/不是的决定，不要进一步延长观察时间。

为了确保这一过程有用，投资者可以通过写下一些作决定的指导原则以加强自律——一些诸如此类的话：“这只股票看上去已经不会再下跌；如果它至少能上升到40美元，我就相信它确实已经走出了下跌的趋势，我将继续持有。但是如果它重新回到37½，这将是一个信号，表明最近的反弹是一个错误的指望。在这种情况下我将在市场上卖出股票”。

任何一个需要提醒的投资者应当把关于决策原则的复印件寄给他（她）的经纪人，附上一张纸条，要求在10天或14天之后经纪人打电话与他一起来看相应的图表。注意，写下的东西应当仅限于股票的活动，而不应当包括任何关于感情、成本、理想的价格目标，或者收入或损失的东西。把注意力完全集中在股票的现实状况，放弃理想化的希望。

最重要的是，不要因犹豫不决而不做出决策，这种犹豫不决的过程被咨询顾问们称之为“分析瘫痪症”。不管有没有某个投资者，市场照常运作。所以不要无限期等待得到更多的一点点消息或者等待技术上的确认。从来就不会有最后的答案或达到结局的那个点。所以投资者应当保持原则：进行评估并相应地采取行动。

如果你的股票下跌并且随后回弹，警惕你对该股票的乐观程度的改变（见图7-4）。投资者应当建立一个日常的记录，记下股票价格的变化以及由此而引发的各种各样的感觉，然后看新的现实是否支持对这只股票所持的乐观情绪。牢记，当一只下跌的股票反弹到某一个价格水平时，相对于它下跌到同一价位时，投资者的感觉要好一点。最近的反弹使希望出现（如果是当天的反弹就更为显著），而更早时候同样的股票运动却使人们害怕。即使在同样的股票价位上，投资者也应当记住这种情绪上的差别。

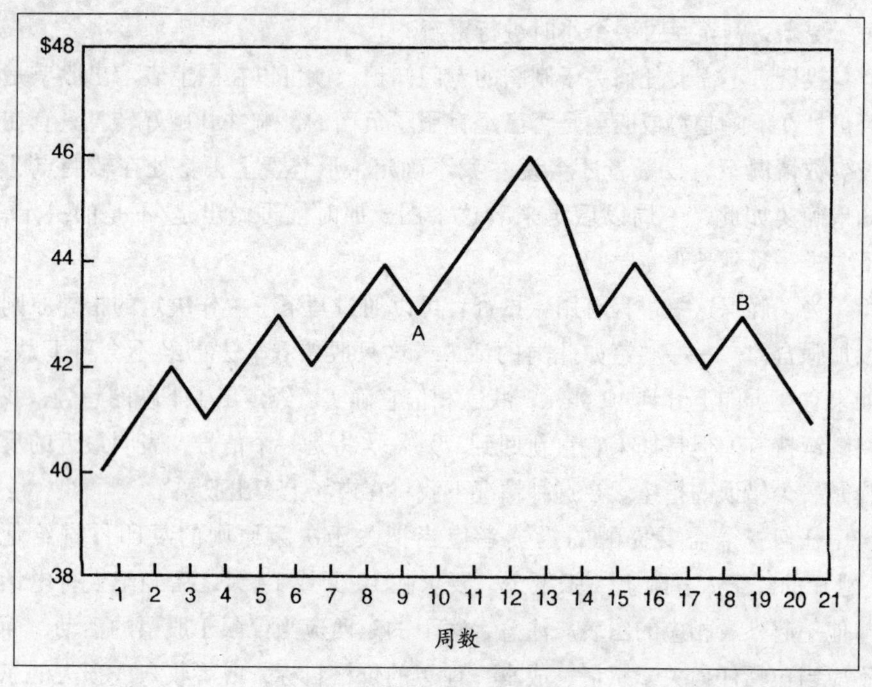

图 7－4　测试情绪的变动

投资者购买股票的价格会阻碍慎重的卖出决策。因为，买入价会影响卖出的时机和价格。所以做出好的购买决策是重要的——但这只是交易的一半。投资者也必须学会高超地退出。不好的买入决策不仅把成功获利的宝全押在卖出上，它也会干扰持有者的思考。

首先，如果投资者购买的股票不好（比如说，很便宜），他就别指望经纪人能够给他提供很多关于卖出的帮助。经纪人是根据他们所推动的交易规模获得报酬的，并且，在最近几年内，这种以交易额为基础的经纪人取酬方式处在不断增加的压力之下。在这种情况下，经纪人把自己的精力更多地投入到可能导致交易的投资建议上。因此，打电话给投资者讨论一支买得不好的股票如何卖出并不是大多数经纪人最想做的事情。

经纪人是魔鬼代言人

正如一名 CEO 最希望下属能够独立思考并且有勇气说出他们的想法，对一名投资者而言，最好的经纪人应当是那些充当魔鬼代言人的经纪人。客户需要的不是只会简单地附和他或她自己想法的应声虫。当今许多经纪人都是销售员而不是投资专业人士，所以说要找到一个好的魔鬼代言人是困难的，因为绝大多数的经纪人对个股给予极大的关注，还因为他们害怕因使投资者感到不舒服而遭到解雇。

在市场处于极端的情况下，人云亦云的经纪人最糟糕。当公众一致认定市场会有一个大的反弹或者是世界末日降临的时候，经纪人感到最大的压力，他们经常不敢对任何异议表示赞同。因此，为了增加你获得市场成功的机会，应当选择一个敢于背道而驰的经纪人。如果在市场极端情况下，你自己没有反向行动的勇气，这样的经纪人会对你有所帮助，因为当初你选择他就是因为他是一个有原则的反向投资者。

经纪人不愿意卖出当初购买决策不好的股票有两个主要原因：时机和价格。假定一个经纪人的研究部门推荐购买 XYZ 装饰品公司的股票，投资时机可能已经错过，这是因为在该股票尚处低位时经纪人给予其很少的关注，直到股票价格已发生有力的反弹，经纪人对分析员的建议才有足够的信心，或者是因为直到股票已明显上涨之后客户才相信经纪人的推荐。

股票价格已经从 30 美元涨到 40 美元，而客户在 38 美元的时候买入。设想一下如果存在以下情况，局势会如何发展？（1）研究分析人员认为股市看跌；（2）公司的基本面恶化；（3）市场的总体情况表明出局的时机已到。

我们的经纪人在客户刚刚进行交易之后，感到很难向其说明分析员的态度转变，他可能很担心投资者会怀疑其中有猫腻。经纪人也有可能相信市场是在为即将到来的价格上涨进行清盘，这在许多情况下都会发生。在任何一种情况下，经纪人都会有一种乐观的购买偏见，所以说通知投资者卖出股票对他来讲没有吸引力。

最终，我们的经纪人知道有些投资者在38美元的价位上入市，同样面对40美元的价位，相对于那些较早的以32美元入市的幸运儿和更具有决断力的客户而言，这些投资者更不愿意卖出。由于这种想法深植于经纪人的脑中，他们希望股票将会有进一步的反弹，使低价买入（较早）的购买者能够在某一价位出手，使较晚入市的客户获得更多的利润，这样一来，经纪人就能电告客户这个好消息了（更高的价格）。

当市场形势从“购买”变为“持有”甚至（很少见!）“卖出”时，客户不要指望会很快得到经纪人的通知。所以，不好的购买决策的问题之一就是投资者入市后很快就会得到新的、不令人鼓舞的建议。当然，如果购买是投资者自己的主意，问题甚至更为严重：如果经纪人电告客户要求后者卖出股票，投资者会对经纪人所推荐的卖出价格感到愤愤不平，从而拒绝执行（实际上这种情绪是由一种自我保护的意识所推动的）。

第二个问题是根据买入价格所做出的卖出决策，这种情况通常会在出现损失时发生。假定投资者在38美元的价位上入市，价格最高能够涨到40美元，而且我们的分析人员对局势的不利变化做出了正确的判断。当前的价格是37美元。不仅仅是经纪人对通知客户卖出感到为难（在价格为40美元时候，他应当通知投资者卖出），客户自己的想法也会导致更不利的结果。

一个典型的客户不会在损失一个点时卖出股票，尤其是在他刚刚获得两个点的书面利润之后。所以投资者综合了经纪人的弱点：如果两者之一想卖出股票，另一方可能并不打算这样做；任何一方可能都不会打电话。所以投资者在经济状况面临双重的危险：从时机上来说入市较晚（最近才买入），从价格上来说已经遭受了损失（购买价过高）。在购买之后很快地改变想法会让人感到很难为情，因为这样做意味着承认自己的错误。承受损失对于自尊心而言是另一个打击。显然，相对于回报较高的购买决策而言，在时机和价格上都没有把握好的购买，在做出卖出决策时会面临更多的痛苦和困难。

事实是在价格下降之前卖出股票是一个恰当的时机，然而这也是所有人卖出股票的时机，不管现在是什么时候以及不管当初进入的成本是多少。但是，人类的本性有时会使投资者在做出卖出决策时不去考虑一只股票的初始价格。并且一只表现不佳的股票持有时间越短，投资者就越不愿意改变想法将其卖出。

促使你做出决策的惟一因素应当是从现在开始，股票是否有可能下跌？如果是，就应当尽快卖出。走出持有/卖出困境的一个关键问题是："我今天是否会购买这只股票?" 许多投资者根本不会问这个问题。相反，他们把自己的命运寄托在希望、最初的价格目标、曾经达到的高价位以及诸如此类的对未来获利没有任何实际意义的因素上。

不可否认，当时机来临，购买较好的股票会使投资者更有效地兑现收益。许多的购买错误（"热炒"的新题材和垃圾股除外）不是因为购买了不好的股票，而是因为买了表现一般甚至是好的股票，只不过购买时间太晚——因为投资者倾向于跟进他人的举动。由于缺乏足够的勇气，没有市场整体的乐观作支撑，他们不愿采取行动，他们在等待确认。他们总是在某一个时期之后才准备进入股市，那时总体的市场以及个股，或两者都已经出现购买过度了。

尽管我们的注意力集中在如何成功地卖出，在本书中还有三处提到了如何帮助投资者克服他们错失购买时机（买价太高）的倾向：第 11 章关于反向投资者的思考方法，第 14 章关于情绪的危险信号，以及附录中所提供的关于常见投资错误列表。

如果投资者持有一只股票仅仅是因为对整体市场有一个积极的预期，那么就应当卖出这只股票。纵览全书，有一个实验性的问题"我今天会买吗"贯穿始终。类似的问题是如果投资者当初购买的股票比较便宜，他是否会考虑在当前价位卖出。哪怕回答只是"有可能"，他也必须意识到卖出是惟一该做的事情。

第 8 章

忘掉你的成本价格

投资成功的要诀

- 接受你的个人成本价的无关性
- 了解成本价格有可能发生作用的很少的几种情况
- 避免误用个人成本价

交易者和投资者会不知不觉地对某只股票中自己的成本价格人为添加许多主观重要性。当这种个人经历发生时，它将阻碍进一步的思考。对曾经有过的成本价格的认识会对卖出决策造成微妙的、强有力的以及危险的影响。因此，本章揭示并力求纠正这种想法。

个人成本价格的无关性

尽管听上去不舒服，但我们必须认识到的首要的现实是，任何一个投资者的购买从总体上看来都是微不足道的。在 20 世纪 90 年代中期的市场上，仅在纽约股票交易市场，每天的平均交易量就超过 3.5 亿股。纳斯达克的日交易量与此类似甚至更大。购买 300 股或 1000 股股票，对于一个个体投资者来讲，这可能是一个重要的经济事件或是一个投入自己感情的决策，而把这一举动放到华尔街的日常行为中，它就消失得无影无踪。即使如此，高价买入本身仍然是沉重的心理负担，它对于最终成功的卖出股票是有害的（应当注意到，成功的卖出并不必然意味着利润。在某些情况下，它意味着灵活地把握时机退出股市以避免损失，或者是它意味着把资本从股票市场中抽出来用于其他获利更高的方面）。

在股票的历史走势图上，一个好的卖出点是时机/价格的综合。以事后的观点来看，它往往会引起这种反应，“哇，确实是一个好的退出点!”因此，成功的卖出点的定义应当只包括在此点之后究竟发生了什么——而不是有关买入价的历史事实。

如果股票在下一周会从 50 美元狂泻到 30 美元，在 50 美元的价位上或接近 50 美元的价位上卖出对任何人来讲都是一个好的卖出点，不管这个股票的买入价是否是 52，48，75，20，或50¼。

这是一个关键点，所以它需要再次强调：卖出股票的好的价格和时机是根据卖出之后这个股票发生了怎样的变化来定义的，并且和以前的事件（购买日期和价格）没有任何关系。事后看来，好的卖出决策可以使投资者处在有利的地位上，不管他是获得微利还是获得高额回报，抑或是收支均衡，或遭受净损失。如果卖出股票使他避过了随后的下跌或是避免了货币时间价值的损失（延长的或者是相对表现非常不佳的时期，在第 12 章将对这个概念有更详细的讨论），那这就是一个好的卖出决策。

然而，最常见的是，投资者成本价的无关性在她评估其所持有的资产时并不能反映出来。她牢记在心的是她以58¼美元的价格买入 200 股克莱斯勒公司的股票，实际上，她只是拥有 200 股克莱斯勒股票。然而不幸的是每股的成本价已成为挥之不去的阴影。因此，她总是沉迷于过去的问题。当股价高于个人的成本价，她感觉自己很聪明，高人一等，并且认为自己做得很对（随着账面利润不断增加，这种感觉会越来越强烈）。但是当一只股票价格跌破成本价，投资者会感到受到侮辱、欺骗，感到羞愧，固执并有一种被剥夺感。庆祝和夸耀的想法已经消失了。

当股票价格重新回到其成本价时，这种巧合可能引发以下四种情况：

1. 如果股票从下跌中恢复过来，她（投资者）会感到解脱并且认为自己的行为有正当的理由：解脱是因为遭受损失的痛苦已经得到了缓解（当然，她忽视了金钱的时间价值）。认为自己的行为有正当理由是因为又一次能够面对镜子中的自己，并且认为自己是正确的。
2. 当价格反弹到购买价时，她会感觉很兴奋：现在行动确实要开始了。如果股票价格恰好在她个人的购买价徘徊了相当长的一段时间，则每一次的结果都有可能引发某种程度的厌烦和挫折感。然而与此同时，在她的成本价格水平上被推迟的交易有可能在她脑中强化这样一种想法，即这个价格是合理的，代表了真实的价值，并且该股票值这么多钱（或者，更危险的是，认为持有者个人值这么多钱）。然而，遗憾的是，如果日后股票价格走低，这种感情投入或关于价格的强烈感觉（由不断的强化引起）有可能会加剧投资者卖出股票的困难。由于希望达到一个特定的价格水平并且希望持有股票等待它再次达到此最佳水平，投资者有可能被她自己的想法左右。

3. 当一只股票购买后先是价格上升随后又下降到购买价时，投资者会发生相反的情绪反应。价格差别越大，投资者的反应越强烈。投资者有一种很空虚的感觉——悲伤感以及精神上的空虚和失落，任何一个人与到手的收益擦肩而过都会感受到这一点。这其中的主要反应是感到羞愧或对自己的犹豫不决和缺乏自律感到失望。但是固执仍然存在。人们会回想以前达到过的高价位并且相信这家公司的股票应当在这个价位上卖出，所以价格应当能够回到这个价位上。我们的投资者选择继续持有股票来等待反弹，即使是已经被希望和绝望冲昏了头脑也在所不惜。

4. 矛盾的是，作为一种选择，股价下跌到成本价有可能会使得投资者对损失听天由命。由于投资者没有在获利时机卖出股票，她开始感到或许自己注定要栽在这只股票上。当然，这取决于投资者投入感情的多少和脆弱程度。如今，失望的投资者通过关注早期的账面利润试图掩盖失败导致的自我批评。她可以把所有的一切归咎于运气不佳，归咎于经纪人或推荐信，归咎于整个市场，甚至归咎于“市场主力”。

因此，要特别小心成本价的心理陷阱。它所带来的最大问题是心理分界线——收益和损失之间的分界线，智慧和愚蠢之间的分界线，庆幸和懊悔之间的分界线。记住，在市场这片沙滩上，单笔交易是一个微不足道的沙粒。套用一句老话来讲，股票不知道您拥有它！

在什么情况下成本价是有作用的？

只有在四种情况下，实际支付的价格会在日后对市场产生某些显著影响。但是即使是在这些情况下，价格的重要性也是完全巧合的，而不是由个人的购买引起或和个人的购买行为无关。这四种情况的共同特征是它们都牵涉到大多数投资者认为重要的价格水平。正是由于大量投资者的参与，而不是某一个人的参与，才使得价格具有重要意义。

第一个重要的价格水平是在首轮股票发行和第二轮股票发行发生时，在这一水平上一个投资者或出于巧合或出于偶然地把该价格作为他的成本价。这一价格水平的定义牵涉到大量的股份和大量的其他的投资者。如果一支新股在市场上标价 10 美元，这个价位就成为成千上万投资者的心理底线——赢/输转折点。这样一个点后来可能被看作是“出局点和翻盘点”，或被看作下达止损订单的出发点，或是被看作是某些投资者能够双倍获利的关键点。不管公众对这个价格水平有何反应，首轮股票发行和第二轮股票发行的历史价位对未来的价格运动都有显著影响。

一个投资者可能在这一价位上买入，或者仅仅是由于巧合，在其他的时间以同样的价位买入。尽管她所支付的价格对市场确有影响，但是在这个时候这种影响与她购买的几百股股份无关。在这一价位上几百万股在许多投资者之间的分配才有意义，然而投资者从心理上认为这个价格是很重要的，并且有可能根据这一价位采取购买或卖出的行动。

能够使任何价格变得重要起来的第二个事件就是所谓的价格缺口(price gap)。市场技术专家已经写了许多关于股票历史运动情况的价格缺口的理论及其重要性。然而，我们在这里并不想评论这些观点。

简要地说，市场关于价格缺口的说法是所有缺口都会趋向消失。实际上，更准确来说，价格上涨所带来的缺口（不包括成功的收购）总是会回落并且被弥补掉。价格下降所带来的缺口是由一些强有力的负面的基本面消息引起的，因此这种缺口很难弥补。所以不要轻信错误的乐观主义，认为所有的缺口都会被弥补。这家公司很有可能难以恢复昔日风光，或者，在某些情况下，在一系列由导致价格下降的消息所引起的灾难性事件之后，公司最终消失。正如书中所说，在 1996 年 5 月 592 航班坠机悲剧之后，Valujet 的生存似乎只是在为收支平衡苦苦挣扎。只有公司的存亡才具有压倒性的影响，而不是价格是下降到 17 美元还是 13 美元。

价格缺口的关键在于：不管一个投资者是否是技术专家或他是否相信

价格缺口是重要的技术现象，活跃在市场上的大量的其他的交易者和投资者确实不可否认地持有这种观点。建立在他们的观点基础上的总体行为对市场价格的活动确实有影响。所以价格缺口本身在随后的市场行为中是十分重要的。

在缺口开始形成时，投资者购买股票是正确的。在这种情况下，市场确实认为他的价格很重要，然而其中的原因和本人无关。这就好像是某人恰好在12月25日过生日一样。

整数价位有可能是重要的价格，然而个中原因和理性的投资理论没有多少客观的联系。同样地，首轮股票发行或者说缺口水平在投资者的脑海中留下了记忆，整数价位可以成为行动的导火线。许多人回想，“如果IBM曾经回到100美元（或75美元），我肯定会购买一些”。或是，“如果股票X高达25美元，我就会在那一点卖出并获利”。在标价较低的股票中，任何一个整数价位都可以成为目标。当大量的投资者瞄准了这些目标，这些价位确实是具有重要意义，因为出价和询价都围绕着或非常接近这些价位。然而，这并不是因为任何一个投资者在那儿购买了200股股票所造成的。

最终，任何一种技术价格走势图都有可能使某一特定价位变得很重要。最高点和最低点、上升三角形的最高点、三角形的顶点和崩盘点、头肩形的颈线、出现多个最高点和多个最低点的价格等等，这些都有可能成为重要的价格。

投资者个人的购买价和这样一些重要的价格恰好重合只是一种随机的偶然。后来的市场行为会引起人们对这些特殊价格水平的关注，在投资者的脑海中更坚定了它们的重要性。然而价格的相关性来自这些价格水平在技术上的重要性，这是因为许多其他的市场参与者（某些人确实相信走势图）认为这种价格水平是重要的。

因此，仅仅因为你个人的价格水平对你而言是重要的，就认为这一价格水平对市场而言同等重要，是一种无依据的想像，投资者应当避免把自己的市场策略建立在这样的基础上。除了划分利润和损失之间的分界线（至少可以在支付佣金之前）之外，投资者的成本价格设定了某些其他的个人心理观念，这些心理观念在市场上不具备任何操作的重要性。

误用个人成本价格

这些心理观念的共同点是它们与作为起始点的——一个偶然的时机，随后就具有了主观重要性——投资者的个人成本价格联系起来。成本价格成为某些计算的基准线，而这些计算仅存在于投资者脑中。举例来说，你的目标可能是获利 5 个点，在支付佣金之前达到 15% 或 20%，或是满怀雄心壮志地想达到 50% 的回报甚至加倍。你可能会设立一个心理的或实际的止损点，把损失限制到某个事先决定的数目，用点数或百分比来表示。所有这些公式都涉及到个人的入市价格。但是市场对所有这些公式一无所知！

如果技术分析是有益的，图表本身就对与股票总体的近期或长期历史走势有关的抗升点和支撑点做出了合理的规定，但这与任何人的个人入市价都没有因果关系。

举例来讲，假定某些投资者的股票被限定在一个持续很久、定义明确的价格通道内，价格波动的范围是 39 美元到 45 美元（见图 8－1）。假定该投资者很幸运或很聪明地在 40 美元买入。这个投资者设定了一个主观的盈利上限，即高于成本价 15%（扣除佣金之前或扣除佣金之后），此人将会因为价格在 45 美元左右波动而感到受挫，这一价位离他的目标价位 46 美元只差一点。另一方面，如果他设定的是 10% 的止损点，触发点将是 36 美元——低于崩盘价 39 美元整整三个点。

在这种情况下，以个人的入市价为基础设定任何的公式都是自我失败。触发点（即投资者采取行动的价格）应当建立在图表所提供的信息基础之上，这些图表是根据现实的短期价格目标和重要的支持价位而做出的，或者触发点应建立在对长期基本面进行有效评估的措施上，而与某些偶然的个人买入价无关。

投资者不要过于机械地把止损价设定为偏离个人成本的某一个僵化的百分比，这是因为：假定你要把损失限制在 10%，在任何价格水平上卖出都会使得在同一价位上的交易出错。如果在某一特定价位上购买下跌的股

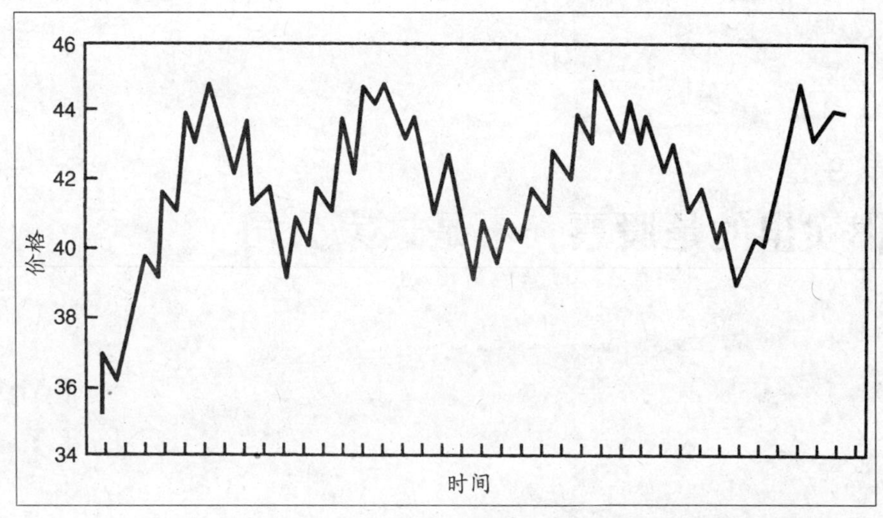

图 8 - 1　价格通道

票是正确的（表现出耐心和自律），在这一价位卖出下跌的股票一定是错的。例如，在图 8 - 1 中，由于购买时机不当，投资者在 44 美元买入股票，在 40 美元的价位上将股票保护性地卖出，就能够避免进一步的损失。

总之，建立在个人成本基础上的“记忆成为历史”综合症会对日后的卖出决策产生极其有害的作用。成本价格使投资者对随后的股票价格运动产生了一系列的心理反应，大部分的心理反应都会阻碍做出好的卖出决策，并且大部分心理反应与市场整体对股票的感觉无关。

与股票自己表现出来的价格运动和对基本面进行评估的参数相比，个人的买入价和由此引致的任何计算公式并没有什么重要意义，前者与个人的买入价彻底无关。牢记这些心理的和实际的观点要求投资者有意识地压抑自我，当第一次实施时，投资者也许会感到卑微。但实际上这种努力要比理论上更容易、更有效：忘掉你的购买价，让股票自身的价格运动决定什么时候以及什么价位应当卖出。

第 9 章

你卖出的是股票，不是这家公司

投资成功的要诀

- 把公司和股票区别开来
- 认识到价格应与变化着的评估水平相当

为了合法地成为长线持有者，一名投资者必须找到一个合适的区域，他（她）会说，没有什么比基本面更好了。当短期头寸的价格运动出人意料发生负面影响，投资者就会从关注技术转向关注基本面："这确实是一家好的公司，所以它的股票一定会反弹"。实际上，投资者对公司了解越多，与公司之间的联系越紧密，他或她就面临着越多的从交易者/卖出模式向投资者/持有模式的危险转变。投资目标的转换是一个主要的警告信号，警觉、自律的投资者必须要尽力提防这些转变。

把公司和股票区别开来

投资者持有股票而不是卖出股票的一个新的理由是由思维的混乱所引起的。正如犹豫不决的决策使得一个交易者由于拖延而成为一个投资者（吸筹者），另一种困惑也会不知不觉地蔓延：认为股票和它所属的公司是同一事物。尽管股票确实从法律上代表公司的某一部分股份，但是一家公司和它的股票还是应当被区分开来。

经常发生的情况是，当一个持有者的股票开始贬值，由于没有及时采取行动，他就把自己的身份由交易者转变为长线持有者。他错误地把股票和公司的特点以及优点联系在一起。这是一个微妙的然而却是至关重要的错误，投资者必须认真对待。当我们的交易者还没有认识到这样的混淆已经发生时，新的危险又出现了。如果对情况没有察觉，只会减少改正错误的机会。

不管发行公司实力如何雄厚，没有任何一只股票会永远保持上升趋势。即使是在大牛市期间，也并不是每一只股票的价格都上涨。在那些连续上涨一年甚至更长时间的股票之中，没有一支是以一个稳定的比率上升的，它们的价格都会不可避免地反复和回落。有些时候即使是增长最强劲的股票也会经历显著的下跌。尽管一家公司能够持续繁荣下去——比如说美国家用产品公司和可口可乐公司，它们有着长期的连续的盈利记录——其股票的短期或中期运动经常和公司的盈利状况无关，与公司的基本面没有关系。可能包括总体市场的下降趋势，集团领导更换等暂时因素，以及只是简单的对以前涨幅过大进行短期的调整。

因此，股票和它的发行公司经常是不一致的：有时公司业务繁荣而股价却下跌；有时股票价格会不合理地上升，而公司基本面却出现下滑。

当交易者购买股票之后，股价下跌，交易者通常会把股票等价于公司。当公司股价下跌时，出于对该公司的信任或对基本面的依赖，交易者会成为一名投资者。为了给自己持有股票的决策寻找一个正当理由，我们的投资者对公司的优点（有时候甚至是公司所处行业的伟大前景）有着极大的热情，而不是把注意力放在对于获利最重要的事情上：股票价格的表现。

从本质上说，这种投资身份转换的特征通常是后视镜。比如说，“他们已经报道了连续 47 个季度的销售上升和收入增长。”或者是，“你知道，他们在财富 500 强中排名第几第几。”然而，实际上，有些事情显然已经出错，因为名声和《财富》杂志排名并没有帮助股票价格上升。

股票持有者和公司之间的关系会产生更危险的影响。情感纽带（比如说受雇该公司，喜欢公司的产品，对参与公司社团有好感）都很难保持洞察力。尤其是当紧急时刻，这种忠诚的纽带通常会阻碍卖出这只股票。当股票价格上涨时，我们赞美它的技术力量或庆幸自己购买并持有这只股票是多么的聪明。股价下跌之后，我们则寻求基本面的支持来继续持有股票。

当股票持有者拥有某公司股票的事实被公之于众时，把股票和公司从概念上进行区分的困难就更复杂了。如果他周围的人知道他拥有某家公司的股票，当应当卖出股票时他就会感到陷入困境。这种心理上的矛盾是可以避免的，但是需要通过主观的努力。同时，这也是一个具有说服力的理由，说明投资者不仅应当从心理上区分开股票和它所属的公司，并且永远不要把个人的投资泄露给别人。

价格等于变化的评价水平

另一个微妙而重要的因素影响着投资者关于卖出股票或持有股票的决策——或者是，在这种情况下，把公司和股票区别开来——那就是投资者对购买时使用的一些通用术语的理解。一个经纪人和投资者有可能不经意地说，“我认为我们应当拥有某些微软的股票，”或是“通用公司确实待我们不薄”。在购买的时候带着这种个人的态度，会在潜意识里鼓励投资者把这些公司看作是自己的情感合伙人/拥有者。在一个越来越没有个性以及飞速变化的世界上，我们都想寻找归属。裁员已经使员工们抛弃了已经过时的对公司的忠诚，而作为股东不需要付出额外的忠诚，尤其是当今的国际竞争以及不断出现的新技术比以前更快地改变着这些大公司。

如果一名投资者不能清楚地区分他的个人身份和他作为股东或合伙人的身份，投资者就注定要成为一个长期的吸筹者。所以，在任何时候都应当注意，购买股票是希望其他投资者对该公司的期望值会上升，从而购买者可以通过股价上涨而获利。投资者只是一个借股价上涨而获利的人，他并不是真正购买了股份所有权，这与成为医疗或法律机构合伙人是不同的。

实际上，当你作为个人股东拥有一小部分股票时，一家公司有可能取得新的繁荣，然而你仍然有可能损失金钱。为什么？你和其他的所有者只是购买了兑现股票的权利，你可以在任何一个价格水平上卖出股票，这一价格水平实际上就是其他人（作为一个整体来讲，就是市场）对这家公司的评价水平。到明天他们也许就不那么喜欢这家公司了，原因如下：购买时机太晚（价格太高），利率上升（使所有的资产都变得不如债券、短期国库券那么吸引人），大众对该公司的产品不喜欢，公司管理人员的高薪被媒体曝光，公司名声恶化，投资热点转向其他行业，对经济萧条的恐惧等等。

其他的投资者从总体上来说对于股票的短期或中期运动趋势的判断或对或错。当大部分人对公司基本面判断错误时，而你作为个人则有可能是正确的。正如本杰明·格林汉姆在《聪明的投资者》一书中所说，市场在短期看来就像是一个投票机，但在长期看来则是一个量重器。因此，公众的行为和观点在短期或中期决定着股票的价格，这是最重要的因素，因为股票价格决定着投资者是获利还是遭受损失，以及何时获利或何时遭受损失。所以说卖出或买入股票不应当基于个人的判断，而应当学会评价其他投资者是如何看待公司的以及其他人对公司的看法会发生怎样的变化。

同样，做出一项投资决策涉及到从心理上和精神上区分事实——或是人们感觉到的和希望发生的事实——和市场（投资者观点的总和）相信将会发生的事情。公司可能持续盈利并且继续增长。但是如果投资者不喜欢该公司，不管理由是否合理，它的股价都会下跌。

为了决定现在是否是一个恰当的时机来购买股票或卖出股票，投资者应当把注意力集中在市场心理的变化上，而不是关注基本面的变化。一个投资者可能在判断基本面上是非常准确的。但是如果市场整体认为这家公司的声望和收入情况不值这么多钱，它的价格同样有可能下跌。最终，伴随着股价回升和其他投资者对该公司信心的恢复，个体投资者的投资逻辑会再一次证明是正确的。但是在过渡时期，个体投资者会因为和大众的观点作对而遭受损失。

大众的观点反映了市场的反应和感觉，这些反应和感觉转化成了购买和卖出的决策，这并不能反映关于一家公司基本面的真实情况。所以投资者应当记住，公司和它的股票应当是分开的。购买股票应当是出于这样一种想法，即由于你事先认定的任何原因，其他人将愿意为该股票支付更高的价格。购买是一场赌博，这场赌博建立在你对市场的总体感觉、公司声望，以及群众心理进行判断的基础上——上述这些都不应当被看作是公司的所有物。当投资者购买股票并且卖出股票获利时，这才是最好的股票操作方法。而持有股票并把股票作为怀旧或归属感的信物，则不是好的股票操作（见图9-1）。在一个较高点“A”持有股票实际上是在检验当股价跌到“D”时自己的坚忍程度。并且一直到价格到达“B”之前，投资者都在浪费时间，直到“B”点出现，在这一点上未来的价值将会赶上当今过分乐观的价格。

近年来，在脑海中把公司和股票严格区分开来已经变得越来越重要。

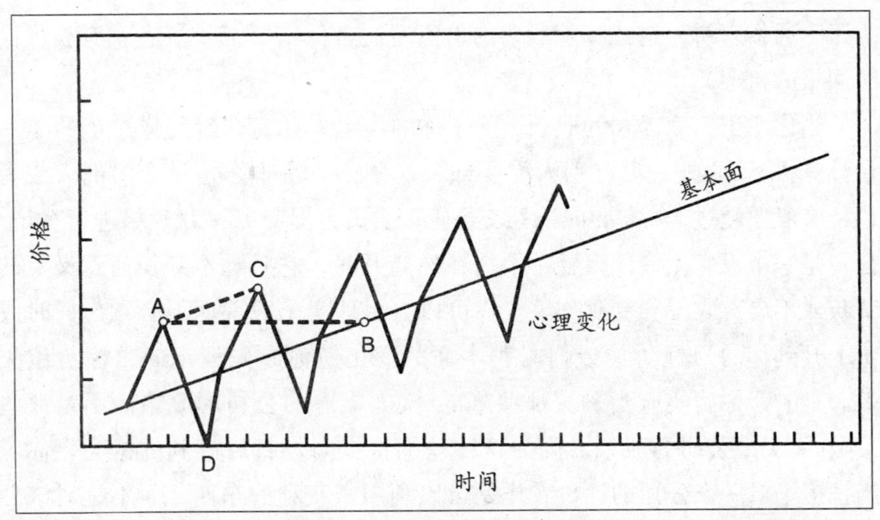

图 9－1　市场估价与长期变化

一些优秀的公司比如施乐、康柏等，有可能遭受单季的收入下滑或者经历过度的收入下降。正如我们在第 10 章中将讨论的那样，这些微小的挫折通常会导致机构大规模地卖出股票。尽管从长期的基本面情况看来，卖出股票是不合适的，但它确实反映大投资者对局势给出了更为慎重的评价。把股票和公司的基本面分开之后，如果你敏锐地把股票看作是一个公众观点的晴雨表，你就会卖出股票，毫不犹豫。如果在你脑海中没有把公司和股票区分开，你就将面临极大的困难，在区分股票和公司以及忠诚问题上犹豫不决，最终会导致你的投资行为失败。

在图 9－1 中我们可以用通常使用的价格坐标（Y 轴）来代替“评价”。除非你打算永远持有股票，这会产生接近平均值甚至低于平均值的回报，否则的话你就需要购买并且卖出股票。市场心理的变化推动股票围绕着真实的长期价值波动（如果后者能够被清楚地知道该多好!）。评价价格波动的另一种方法是把这些价格波动看作是所有投资者对一家公司的评价情况的变化。当这种评价超过了合理的对基本面的评价，价格将会最终回落来纠正暂时的错误。那些抓住现实值与评价值之间差异的投资者会获得超过平均值的利润（类似地，在购买时，如果现实值减去评价值的结果为正，通俗来讲，这意味着股票的价值暂时被低估了，投资者就有获得高额回报的机会）。

当你卖出一家公司的股票，除了你的经纪人（有时经纪人可能只是一台计算机!）之外，没有别人需要知道这些——除非你是一个内部人或者说持有股票超过5%需要向证券交易管理委员会提交13－D表格进行登记。公司是一个没有生命的事物，因为在你离开时，它感觉不到任何意义上的背叛或不忠，它不会受到伤害。你可以自由地卖出股票而不必顾虑何时股价上升到你的目标价位或何时基本面的变化使你原先设定的目标价位失效。是的，你确实应当购买那些好的/实力雄厚的公司的股票而不是那些衰败的/失败公司的股票，因为这种差别将提高你日后获利的机会。你应当把市场对一家公司的评价看作是可以利用来获利的东西，而不是对该公司一见钟情并深陷其中。

第 10 章
在机构林立的市场上采取生存战略

投资成功的要诀

- 调查当今的投资状况：这是一个机构林立的世界！
- 学会如何在机构林立的世界里生存
- 采取行动以避免落入陷阱

过去，许多市场分析员、咨询师，以及投资者都把机构投资者持有大量的股票看作是一个积极的因素。从长期的基本面角度看，这或许是正确的。然而，本章把机构大量持有股票看作是对短期价格稳定的一个严重威胁。对于任何一个股票持有者而言，价格就意味着财富，所以应当严肃地看待那些突如其来的价格风险。当一群动物受惊奔逃，最小的动物就有可能被踩在脚下——除非它们能够飞快地逃跑！

调查当今的投资状况：这是一个机构林立的世界！

在过去的40年里，尤其是1987年之后，机构对证券市场的主宰已经越来越明显。当今的互助基金引起了许多关注，但是保险公司和养老金计划仍然是主要的市场力量。正如表中所示（表10-1），这些数据是由利普（Lipper）分析服务公司提供的，由互助基金所控制并投入股票市场上的资产已经增长了35倍，从1975年12月的370亿美元增长到1995年12月的12600亿美元。在同样的20年里，在纽约股票交易市场上挂牌交易的股票价值（诚然，纽约股票市场不再是处在主宰地位的交易市场）增长了不到7倍，刚刚超过600亿美元。随着更多在战后婴儿潮时期出生的人到了进行资产积累的年龄，并且他们认识到必须通过投资来避免退休以后的财务危机，市场参与者将会增加。许多人对股票市场并没有特别的兴趣或是害怕自己来处理严肃的金钱问题。因此，机构对资产的控制以及在股票市场上的交易只会增长。

据纽约股票交易所估计，机构交易占了每日平均交易量的70%。对个体投资者而言，机构对交易所的统治既带来了问题也带来了机会。简而言之，机构的购买和卖出行为使市场变得不稳定，尤其是许多大的投资者都具有短期意识，经常会追捧价格，而不是关注长期的价值。最终，即使结果与分析员的评论有最轻微的不一致都会引发大的和迅速的价格运动。这些价格调整在下跌的时候比上升时更为剧烈，主要是因为相对于贪婪来讲，恐慌是一个更强有力的价格推动者。

表 10－1　机构重要性上升

年　份	纽约证交所股票总市值（百亿美元）	基金持有的股票总市值（百亿美元）	比　例
1975	885	37	1:25
1980	1349	49	1:23
1985	1950	124	1:16
1990	2820	263	1:11
1995	6013	1260	1:5 以下

市场环境为个体投资者提供了三个选择。首先，正如很多人那样，他们可以放弃个人的股票而把资金投入到互助基金中。当然，这种方法只会使得机构对市场的垄断更加严重。计划交易被媒体广泛曝光，被认为是 1987 年 10 月突发股灾的罪魁祸首或至少是一个推波助澜者，对于许多采取这样一种方法的人而言是一个借口。这些投资者实际上加重了这个问题，但是如果他们是一个积极的投资者并且害怕他们的投资生涯会受到威胁，谁又会去责备他们呢？

第二个选择是忽略整个问题的存在，让市场去处理一切。在这里，一个投资者承认他或她不能预测机构会在什么时候采取行动，但他或她仍然认为拥有某些高成长性的股票（大部分是由机构所持有）是必要的。选择不采取任何保护措施就相当于是决定“逆来顺受”。

第三种选择是试图打破个体投资者总是成为牺牲品的这样一个循环。它牵涉到知识、准备，以及积极的态度，而不是被动地接受短期价格所带来的损失以及由此所带来的割肉卖出。这种态度要求头脑的独立、决断力，以及对华尔街的运作保持一种有益的怀疑。这里，一个投资者对每一只股票的评价都考虑到该股票面临着将被机构投资者掠夺的命运。

市场上大的玩家对日常交易的垄断越演越烈，这使得那些直接持有股票的个体投资者选择采取行动，而不是被动地等待成为牺牲品，这是必要的。有些人不愿意做准备工作并采取必要行动（通过卖出股票!），对他们而言，放弃个人的股票转而投向互助基金要比继续待在股票市场里更好。为什么？基金不像股票那样变化无常，因此，当机构抛售股票导致剧烈的和突然的价格下跌时，基金不至于使投资者忍痛卖出股票。

如何在机构林立的世界中生存

在当今由机构所统治的市场，要想生存和发展，知识、评价以及行动是三个不可缺少的因素。关键的重要问题如下：

- 你所持有的公司股票有多少是由机构投资者持有？
- 交易量的正常水平（特别是要和机构所持有的头寸进行比较）；
- 下一次进行收入报告的时间；
- 股票最近表现如何。

在做出购买决定时，了解机构是否持有这只股票是必不可少的，因为它有助于确定价格风险。这里有三个现成的信息来源：标准普尔证券所有者股票指南，由该公司所做的个体公司报告（通常称为“投资标准”），投资价值调查。只了解华尔街上的机构持有者所拥有股票的最新水平是不够的，60%或者更高应当作为一个引起严重关注的信号。当比例上升到80%～90%之间，价格波动的风险就极大。以下是1996年中期机构在一些著名的股票中所持有的比例：

股　票	百分比（%）
雅芳公司	84
美洲银行	57
康柏	64

数字设备	69
Exxon	40
联邦快递	78
General Motors	59
Humana	62
Intel	54
Johnson & Johnson	56
Kimberly Clark	67
Louisiana Land & Exploration	80
Mesa Air Group	70
National Semiconductor	82
Oregon Steel	63
Pitney Bowes	82
Questar Corporation	74
Reynolds Metals	79
Seagate Technology	76
Toys ‘R’ Us	60
Union Pacific	69
Valero Energy	77
Whirlpool	78
Xerox	77
York International	79
Zebra Technologies	54

日常交易规模也十分重要，因为它和机构持有联系在一起。《华尔街日报》在每年一月份公布的年度股票和互助基金列表以及许多主要的城市报纸所提供的年度股票和基金列表，都会给投资者提供一个关于交易量的信息。市场每年开放 250 个交易日，因此计算每一天的平均交易量是很容易的，只要把年交易量乘以 0.004 即可。标准普尔股票指南提供了很好的近似值，因为它跟踪每月的交易量（除以 20 就可以得到一个近似值，但是投资者应当意识到这是建立在单月统计样本之上的，结果并不十分可靠）。查阅周末报纸更容易导致错误，这些报纸提供的是更小的数据样本。

那些使用计算机数据库的人能够很方便地找到想要的长期交易量信息。

机构所持有的头寸必须和平均日交易量联系起来。假定一个负面消息出现，比如一家公司没有实现分析员所估计的季度收入。假定机构持有者将卖出百分之五的股票，将有多少股票会被抛售到市场上去？日平均交易量将会增加多少倍？日交易量的数量越大，股票就越有可能在连续几天内剧烈下跌。除非是已经做过这样的计算，并且见过这种情况，否则的话你就不要持有这样的股票。这不是理论，相反的，这是非常常见的实际现象！机构的基金经理都是进行短线操作的。除非是实施反向投资，否则他们会在麻烦初现的时候就卖出股票，他们相信这些麻烦会使得股票在随后几个月内继续表现不佳——在他们看来，几个月已经是长线操作！

我们的投资者不仅要知道机构持有量和平均交易量之间的重要的比值，他或她还必须知道季度收入报告什么时候会公布。一般来讲在季度结束之后 20 天到 45 天之内是一个常见的范围，但这是不准确的！除了年度报告（需要审计，因而时间较长），季度报告通常每隔 90 天公布一次。电子信息库将会告诉你上一次季度报告的日期。为了确保准确，可以给这家公司的投资者关系办公室打电话咨询。

最后的一个关键问题是你的股票最近表现如何。十分简单，它最近的涨幅越大，坏消息出现时就会面临更大的价格风险。强烈的短期价格运动表明，市场的期望值太高，所以任何没有达到期望的东西都不会发生作用。

在牛市（比如说 1995～1996 年之间），投资者极其没有耐心并且贪婪地要求获得持续的迅速的回报。在这种情况下是不允许出现失望的，任何一个不能保持上涨势头的股票都被从交易板上扔掉换成新的、更热的题材或概念股。

有一个例子来说明机构是如何引发群体行为的，一个主要的以中西部为主的互助基金联合体这样要求其投资组合的管理经理，如果一只股票公布的季度收入偏离预计值哪怕只有 0.01 美元/股，也要立即全部卖掉。这是一个典型的先斩后奏的行为。他们的卖出行为会使得基金经理加速清盘，这些基金经理的计算机能够感觉到价格的波动。这很令人遗憾，然而却是事实，这就是个体股票投资者必须在其间进行操作的机构林立的一个世界。

以上列出的关键因素并不包括公众对预期收入的估计。原因是它所起的作用很小。不管目标如何，大规模的卖出是一种惩罚。感兴趣的读者可以找到预计的每股收益（EPS），或者是在标准普尔的投资标准，或者在许多提供电子数据库和图表服务的地方找到所需要的信息。

希望获得高额回报有可能增加风险。市场对公司任何一个预计的收入水平如果没有达到，就会导致价格急剧下降。一个个体投资者不需要知道预计值是什么，市场的价格运动将会及时揭示实际的收入是否达到了预期。因此，为可能的“失败”的结果作准备比知道预计值是多少更为重要。打比方说，你的财产将面临什么样的风暴并不重要——狂风、龙卷风、旋风都没有关系。如果你在它们的必经之路上，你就要遭受损失，因此必须防患于未然。

采取措施避免权益被践踏

正如咨询顾问所说，您所能得到的消息都是无用的，除非对它进行分析并以此来指导行动。在投资中，这句话是多么一针见血！如果你不采取补救措施，知道机构大量卖出股票会使你的财产遭受如何惨重的损失只会令你更加头疼。最坏的行动是当机构对每股收益不满而大量抛售股票时加入他们的行列。由于机构卖出股票而导致了使价格下降的巨大压力，因此，使持有者的精神压力达到顶峰。除非你在每一次交易中都密切关注自己的股票，否则的话当你看到每股收益以及价格变化的消息时为时已晚。如果你在坏消息出现之后才卖出股票，你就有可能犯一个感情冲动的错误。最好的行动是基于先前的分析来采取行动（第 26 章对如何评价坏消息的作用和严重性，以及采取怎样的持有/卖出策略作了更详细的介绍）。

投资者可以采取四种行动。在牛市，不管期望值是不是已经很高，机构都很难使股价上升。所有人都在进行交易。在这种情况下，最谨慎的做法就是在公司的季度收入发布以前，在市场的任一个价格反弹点上卖出股票。这意味着你可以退出作为旁观者来看发生了什么。对那些使用折扣经纪公司的人而言，这样做成本很低，并且带来了心灵的宁静以及资产的安全。这就好比是在预见大崩溃到来之前就退出竞争。从总体上来讲，尤其是当佣金较低时，投资者这样做利大于弊。

第二种行动是在公司将要发布收入报告的前一周给出止损订单，止损价位相当接近于现行价格。在第 23 章中我们将讨论止损的问题，所以在此不加详细讲述。

基本上，止损订单的目的是为了在机构投资者抽逃资金时避免遭受巨额损失。在此，你应当更多地去关注如何避免损失，而不是强调持有长期头寸的好处。在每股收益的消息发布之后，一个与当前价格很接近的止损订单应当可以轻易地收回，假定没有任何损失。好的止损订单应处在最近的上涨线的高点，在价格支持区域内，或略低于此。止损订单如果离现行价格太远，就起不到什么保护作用，并且有可能使你在非常接近短期最低点的价格上卖出，保护资产的目的彻底失败。

在给出止损订单时，有两条原则：（1）不要使用带有价格下限的止损订单，因为在股价急剧下跌时，价格很难把握，你的订单就没有什么用。（2）不要过于精心地算计你给出止损订单的时机：如果公司的报告是在收盘以后或开盘前发布，由于一个不好的报告会导致股价下跌，这时再给出止损订单就为时已晚，损失已经形成。因此，要在报告预计发布之前的几天内给出止损订单。

第三种方法，也就是我们在第四部分将给出的方法，是在市场上总是保留一个卖出订单。这样做会使得你能够在强势的时候退出而不是在弱势时退出。因此，在现行价格之上给出一个卖出订单是很明智的。在什么点卖出？恰好位于上升价格的上限值或以前曾经出现过的卖出障碍点。不要过于贪心，一直要等到著名的 1/8 点才卖出：如果你在股价上升的时候卖出股票，即使是卖价低于最高点 1/2，损失也很少。尽管从总体上说，卖出订单比止损订单更受投资者欢迎，在公司季度报告有可能带来每股收益的风险时期，也必须同时使用止损订单。如果你的经纪公司不允许同时使用两种订单，可以考虑使用其中一种。

处理这个季度性问题的第四种方法牵涉到期权的使用。关于期权策略，有几本很好的书曾对此作过描述，所以在此不作详细评价。你必须做好准备，开一个期权账户并提前填好所有必需的表格。即使这些从来没有用过，做好准备也无伤大雅。当价格危机已经出现，再去开期权账户就晚了！投资者有两种选择：一是买入一个价格远远低于现行市场价格的看跌期权（减去贴水费用），二是卖出一个看涨期权。

在意想不到的好消息来临时，看涨期权会让你获得某些价格贴水，同时又不必冒太大的风险。一旦季报结果已经出来了好几天，就结清看涨期权，因为时间会使其剩余的溢价贬值。除此之外，坏消息会给股票施加很大的卖出压力，使看跌期权价值上涨并且下一次价格运动就更有可能是适度的价格反弹。

总结：意识到股灾的来临

由某些机构操纵的股票的价格有时会剧烈波动，对此，本章提出了警告，并且给读者提供了一系列需要事先收集和分析的必需的信息。本章也描述了如何给出卖出订单以避免资本损失。第一次是强迫自己卖出，以后就会频繁卖出，这个过程就会变得简单并且更加自然。再次买回股票并不是什么丢脸的事情。买进卖出所支付的佣金实际上是相当合算的保险费，它可以避免投资者遭受损失。机构投资者所带来的风险是，你会感到精神上的压力，并且当股价跌到底时再卖出股票。

第三部分

如何成为一个反向投资者

第 11 章

做一个反向投资者

投资成功的要诀

- 定义反向投资方法
- 掌握反向投资方法

几乎所有的投资者都向专业人士寻求建议。他们希望学到的是所谓成功投资的“秘密”。然而，显而易见，投资成功并不是学来的，某些人具有进行理性投资的潜力，而某些人则没有，这是因为投资是一门艺术而不完全是一门科学。正如在体育运动和一些创造性的艺术领域中，某种程度的天赋是必需的。

对那些具有某种天赋的人而言，世界上最富有的人是他们最好的榜样。亿万富翁保罗·盖蒂曾经说过：

> 在其他人都卖出股票的时候，你要买入并持有，直到其他人都买入时你要卖出。这不仅仅是一个容易记住的口号。它是成功投资的本质。

因为本书是关于卖出策略的，我们把盖蒂建议略微换一下说法：“持有直到”意味着“在某时要卖出”。这句话的真谛就是要求人们要持有相反的观点。如同其他关于成功投资的描述一样，反向投资方法的道理显而易见，但操作起来却没有那么简单。这是因为，我们没有一种准确的标准来衡量什么时候市场趋势已经过头了。

但是在投资过程中，我们没有任何理由拒绝反向思维方法。个人没有能力抓住股票价格运动的最高点和最低点，然而因此忽视这一思考方法的正确性，就好比是因噎废食。

本章解释了为什么说在买入和卖出股票的时候保持反向思维是必要的。从统计数字上讲，大部分的投资者都是赔钱的。只有一小部分投资者能够从中获利。同时也有记录表明，大量的专业投资者，比如说，75% ~80%的互助基金，都没有达到标准的获利要求。专业基金经理以其跟风行为闻名，他们宁愿持有一些有可能遭受损失的流行的股票，也不愿通过一些非传统方式获利。

众所周知，即使是投资者输多赢少，他也可能成为一个成功的投资者，条件是收益能够弥补损失。因此，为了在投资中更为成功，投资者需要在大多数时候都采取少数人所采取的行动。

定义反向投资方法

尽管经济学中的零和博弈经常遭到反对，单列出来作为一个封闭系统的二级市场确实处在有限博弈状态。假定某家公司打算在今年卖掉一定数目的装饰品，获得一些利润，支付一定的税率，并且不管股价如何，每股都可获得一定的回报。这些基本面的情况当然有助于决定价格运动。

假定一只股票的价格会从一个点变化到另一个点，并且价格会发生反复，最终价格到达某一个值或重新回到起点，假定在这一过程中股票只有一定数目的交易规模，那么结果就是有些人会获利，其他人会遭受和收益相同数目的损失。整个的价差运动，以美元/每股来计，乘以发行的股票数等于所有股票持有者增加或减少的财富总和（未扣除佣金之前）。

高价买入的人将会遭受损失，高价卖出的人会获利。那些在较高价位转手倒卖的人从卖股票给他们的人手里获得收益。那些在一连串的价格运动中持有股票的人最终回到起点。他们损失了金钱的时间价值，在价格上升时未能抓住机会从中获利（他们也没有学到在高价卖出的反向投资技巧，并且可能在这一过程中对自己造成了臆想中的伤害）。

那些在较高的价格卖出股票的人获得收益，现在他们可以在较低的价位上再买入股票。那些高价购买他的股票的人目前持有的证券成本很高。虽说从基本上讲这是一个零和博弈，在这种情况下一个人的收益等于其他人在购买和卖出的交易中遭受的损失。在交易中只有一方能够获利。因此，为了成为成功的投资者，投资者应当学会比其他人更好地操作：不要跟随大众的行为。

由于人们十分强调投资交易中的买入，因此监视市场的过热程度就有许多现成的证据。如果一个投资者善于观察和打听消息，他就能够感觉到牛市即将到来的压力，这是很有用和很有价值的信息。当一个人能够感觉到什么时候市场已经失控并且脱离实际，那他（她）就正在认识到典型的反向投资信号。

掌握反向投资方法

为了成为一个成功的反向投资者，投资者需要关注以下信号。其中很多信号能够从外界发生的事件中觉察到：

- 股票市场是否是当地媒体的头号新闻？
- 电视节目或电影中是否有关于股票市场的情节或笑话？
- 人们是否在午饭时比以前更多地谈论股票？
- 经纪人是否打了更多电话说有“令人兴奋的机会”？
- 是否有许多 IPO 股票，其中许多都能够立即翻倍或获利更多？
- 公司和个人的财富是否增长，希望这种状况会持续下去的期望是否理性？
- 是否有许多的投资顾问和专栏作家对股市看涨而不是看跌？
- 互助基金兑现为资产的比率是否很低或急速下降？
- 是否曾经有很多资金流入成长型的互助基金？
- 投资者们是否经常谈论他们希望得到一个不现实的年回报率，比如说 20% 或更多？
- 人们是否只关注未来的回报而忽视和低估了风险？
- 当股价上升之后，怀疑者提出问题，看涨的人是否说“这次情况有所不同”？

这些信号是在几个月的时间内逐步形成的，因此，它们从来不会作为主要的、突然的、令人震惊的一系列信号同时出现。没有人会敲响铃声并且宣布牛市结束。实际上，当人们对牛市都不抱期望的时候，牛市就结束了。所以说，我们的准成功投资者的工作就是聪明地退出，并站在局外来看待其他人的行为。投资者想准确地抓住价格最高点（即第 4 章我们所提到的完美主义）是不可能的，所以不要再去考虑并做这种尝试。

从图表来看，几乎所有主要的市场最高点都是以一种一波三折的模式出现，而不是固定的在某一天达到某一点（第 13 章将列出短期最高点已呈颓势的某些信号，但我们现在关注的是市场总体而不是具体技巧）。失败者完全没有意识到，正是他们过分乐观的行为帮助市场创造了最高点。他们错过了在最高点上卖出股票，正如他们总是错过在最低点买入股票一样。

聪明的投资者在接近最高点的时候卖出股票，最大限度地通过价格运动，非常从容地把股票卖给那些愿意继续持有并等待最高点的未来的大傻瓜。

然而注意不要犯错误：逆潮流而动并不容易。当市场接近最高点的时候，杞人忧天是不受欢迎的。如果一名投资者较早就开始卖出（最佳时机），她会受到其他人的嘲讽，因为在很长一段时间看来她都是错了。随着股价被大大高估，她可能会后悔并且三思而行。

短期中（通常非常接近最高点），当股票看上去极具吸引力时，投资者就有可能改变主意。不过，这种冲动应当被遏制：最终的信号应该是兑现而不是购买更多股票。长期看来，反向投资才是正确的。

成功的关键是做那些不容易做的事。那些看上去很容易的事有可能是错误的。几乎毫无例外的是，当购买看上去显然极具吸引力时，投资者再买入已经晚了。当投资者在犹豫观望，甚至不敢告诉他的经纪人自己正在考虑购买这种股票时，正是最好的购买时机。当他看到这只股票待己不薄，想继续持有这种股票并爱上该股票时，他已经在市场上待的时间过长。托马斯·托斯菲尔德，佛罗里达一家经纪公司的执行人以及开放基金的基金经理，在 1993 年底对采访他的《华尔街日报》的记者如是说：

> 我们在发生战争、地震、政变、暗杀，以及股价被低估的时候买入。我们在和平、自由交易时期，以及其他好时机卖出。

用这种方法买入和卖出就是成功的秘诀，但人们总感到在操作的时候就好像是在风速100公里/每小时的条件下顶风前行。

记住，大多数人总是认为他们是正确的，即使是在他们错的时候。从长期看来，大部分人是对的，但在转折点上他们经常错失良机并且犯错误。当市场上充斥着普遍的和强有力的看涨情绪，市场很快就会到达一个最高点。成功地进行交易意味着你要逆潮流而动，这就会导致心理、经济，以及社会的压力，并不是所有人都对付得了。长期以来，人们总是团结起来寻求相互的保护。所以，当特立独行时，我们的本性会令自己感到不舒服。

如果一名投资者本质上是一个跟风者，他就缺少成功交易所必需的足够的勇气。但是如果一个投资者能够坚持反向投资的原则，即使他可能以前对利润有过分乐观的估计，但他在接近最高点的时候会获得可观的回报，足以应付随后到来的恐慌状态。

也许人们需要反向行动的最强有力的声明来自一个自称哈兹德的人写的“华尔街内部交易人的自白”：

> 股票市场是在一些必要的错误的基础上建立的。你在市场上获利建立在别人犯错误的基础上。你要活下去，其他人就必须死：股票市场需要无穷无尽的失败者来填充。

无论在市场的恐慌还是狂热状态，都要避免像其他人一样采取行动。这样一来，一名投资者就能极大地提高他或她成功的机会。伯纳德·布鲁克，在华尔街市场上取得了显著成功的人，用五个字来总结他最重要的建议：“千万别跟风!”

第 12 章

关注货币的时间价值

投资成功的要诀

- 记住 72 规则
- 注意 9.2% 这一长期回报率
- 理解为何避免损失是如此重要
- 总结失败

纵观全书，我们都希望推动读者卖出头寸，而不是持有头寸。持有股票背后是强大的惯性力量，这种惯性与其他心理因素混合在一起，经常使投资者对卖出股票感到不舒服。在这里，我们努力想结合与个人投资相关的方方面面说明卖出的重要性。其中最好的，也是最重要的一个方面是永无休止地和时间赛跑，即对时机的把握。

尽管时间在很多方面都在和投资者作对，但当金钱被投入到能够带来高额复利回报的项目中时，时间有可能成为一个强有力的盟友。然而，正是由于复利的存在，时间的价值才是巨大的，所以损失时间的成本是令人震惊的。了解自身内在的惰性对于投资者学会放弃表现不佳的投资具有重大的影响。而这种惰性通常是以耐心作为伪装面目出现的。

被引用最广泛的长期市场表现方面的研究是由 Roger Ibbotson 和 Rex Sinquefield 所做的研究。这一研究分析了半个世纪以来各种金融工具的回报。正如熟知资本市场的经纪人喜欢指点犹豫不决的客户，这个里程碑式的研究得出的结论是，在相当长的时间内，普通股票的平均收益高于其他的金融工具。普通股票平均可以获得 9.2% 的年收益，这其中既包括资本增值也包括股息收入。

与 20 世纪 60 年代后期的通货膨胀相比，或者是与 1982 ~ 1987 年股灾之前道·琼斯工业平均指数的快速增长相比，这个收益率并不高。在 1985 ~ 1995年期间，总的回报超过 16%。因此，许多分析员把这一数字向上调整到 10.5%。因为长期看来，比如说，以 2025 年的眼光来看待现在，最近的资本收益率是相当高的。

因此，9.2% 的长期回报率的假设对于我们评价合理的长期收益而言，仍然是一个有用的参考点。承受较大风险的投资者和交易者应当获得较高的回报，每年 15% 或者更多，以此作为对拥有和管理股票而付出的脑力劳动和投入的心力的补偿。如果投资者不盲目跟风，这样的回报率是可以达到的。尽管对于互助基金经理而言，如果能够平均达到这样的获利水平，那就近乎天才了。然而，在许多方面，个体投资者比管理上亿元资金的基金经理更有优势。

72 规则

许多投资者对“72 规则”很熟悉，这是一种用来决定需要多长时间才能使资本翻倍的简单方法（见表 12 - 1）。它并不是百分之百准确，但它具有操作上的现实意义。例如，最初的 1000 美元投资，年回报率 7.2%，复利计息，经过 10 年之后将变为 2004.22 美元。以下是关于 72 规则的三个公式：

- 年数乘以回报率等于 72
- 72 除以回报率等于资本翻倍所需要的年数
- 72 除以年数等于资本翻倍需要的回报率

表 12 - 1　72 规则

年　份	翻倍需要的年回报率（%）	倍　数	实际年回报率（%）
3	24	1.907	26
4	18	1.939	18.9
5	14.4	1.959	14.9
6	12	1.974	12.25
7	10.3	1.986	10.4
8	9	1.993	9.05
9	8	1.999	8
10	7.2	2.006	7.2
11	6.5	1.999	6.5
12	6	2.012	5.95
13	5.5	2.006	5.5
14	5.1	2.006	5.1

表中给出的数字到第 14 年截止，因为根据这一规则计算出来的回报率从第 14 年开始下降到低于大额定期存单利率和中期国库券利率，这种收益水平对于承担风险的投资者而言是不可接受的。

9.2% 的长期回报率

Roger Ibbotson 和 Rex Sinquefield 的研究把 9.2% 定义为资产的长期年回报率。根据 72 规则，9.2% 非常接近于 9%/8 年，所以要想使股票翻倍，8 年是一个合理的投资底线。当投资者经历过 1990 年到 1996 年的混乱时期，8 年是合理的投资底线。实际上，9.2% 的回报率，按复利计算，8 年以后将使原先的 1000 美元变为 2021.99 美元，表明预测的误差在 1.1% 以内。

假定一个投资者的预期较为保守并且愿意每年获得 9.2% 的长期回报。再来看一下表 12 - 1，假定股票停滞不动，看会有什么结果。如果股票在一年之后没有回报，要想实现 8 年以后资本翻倍的目标，在剩下的几年内平均的年回报率必须是 10.4%（表中的第 1 列向上移动到第 7 年，在所对应的第 4 列找到所需要的回报率）。

这并不令人吃惊。但是如果这只股票持续两年没有回报，在剩下的 6 年内我们的回报率必须达到 12.8%，比最初要求的 9% 高出 35%，并且比 Roger Ibbotson 和 Rex Sinquefield 的长期平均回报率要高出 33%——在随后 6 年内，股票的表现必须远远高于市场平均值，获得 22.4% 的回报率。这说明，当一个固执胆小的、不现实的、或有心理障碍的投资者耐心地并且错误地持有这只停滞的股票 2 年以后，该股票的收益水平在随后 6 年内需要大大高于平均值。

当股票的表现低于盈亏平衡点时，当最初的资产损失发生后，并且投资者耽误了止损和收回损失的最佳时机，我们来看一下（表 12 - 2）会发生多大损失。为了说明起见，假定要使资本在 8 年内翻番，需要 9.2% 的长期回报率，显然，这样一来，为了达到预期目标，股票在随后几年所需要的回报率相当高，这是因为最初遭受了损失并且浪费了大量时间。

表 12－2　资产损失

起始损失	损失发生的年份	8 年翻倍，在剩余时间里需要的复合回报率
10	1	12. 1%/yr for 7 years
	2	14. 2 for 6
	3	17. 3 for 5
	4	22. 1 for 4
20	1	14. 0%/yr for 7 years
	2	16. 5 for 6
	3	20. 1 for 5
	4	25. 7 for 4
25	1	15. 0%/yr for 7 years
	2	17. 8 for 6
	3	21. 7 for 5
	4	27. 8 for 4
33. 33	1	17. 0%/yr for 7 years
	2	20. 1 for 6
	3	24. 6 for 5
	4	31. 7 for 4
50	1	21. 9%/yr for 7 years
	2	26. 0 for 6
	3	32. 0 for 5
	4	41. 4 for 4

正如表 12－2 所示，由于在起始阶段遭受小额损失，为了实现在 8 年内翻番的目标，随后几年所需要的回报率是相当高的。如果在随后几年必须达到 15% 的高额平均回报，达到这一目标的过程就比较艰难，即使是适度的损失也不允许。

比如，15% 的回报率能够使金钱在 8 年之内翻三番。而一旦投资者在最初的 24 个月内损失了 20%，为了达到目标，在最后 6 年需要获得超过 25% 的回报。这一比率意味着较高的风险，除了最成功的投资者之外，这样的努力会成为徒劳。

为了使投资者对25%有一个感性认识，具有传奇色彩的富达麦哲伦基金从1988年夏季的熊市最低点到1995年底，也只获得了22.4%的年回报。长期令人羡慕的表现是由一个高薪的职业投资者团队所取得的（由个人明星领导），并且这一段时间内的牛市也助了他们一臂之力。长期来看，这种情况不具备可比性。

和这个例子密切相关的还有两个其他的统计数字。假定一个投资者在25岁投资1000美金，以备65岁退休，长期回报率为9.2%。如果资金在第一年停滞不动，退休金就会减少2847美元。更糟的是，即使这位年轻的投资者在第一年仅仅遭受了200美元的损失（20%），然后把钱投入到能够获得9.2%回报的基金中，他最终的退休金将减少6759美元——或者说是最初损失（200美元）的34倍。

作为一个投资者，如果你是在认真对待这场资本游戏，以求获得巨额回报，要记住，当回报不那么令人满意时，它们就是在伤害你——即使股票没有下跌。因而，除非一个人把利润也投入到股市中去，否则的话在投资中保持耐心是没有用的。不管什么时候出现了持有/卖出惰性，都要诚惶诚恐。

为什么避免损失是如此的重要？

由货币的时间价值所带来的必然结果，也是一个容易被忽视的话题，就是避免损失的重要性。参与资本市场的一个首要目标就是能够持续获利，就像银行的存款所带来的复利一样。你可以期待股市的上升和下降，但主要还是希望它能够上升。你在股票（或者是互助基金）市场上的目标应当是比没有风险的投资方式如银行或短期国库券获得更快的资本增长。在股票市场上赚大钱的秘诀不在于获得巨额收益。相反，秘密在于不损失金钱。用垒球打比方，打出四个一垒打要比打出一个本垒打加三个出局更好一些。

不要损失金钱的重要性在关于成功投资的两条古老的规则里有所体现：

规则#1：不要损失金钱。

规则#2：总是遵循规则#1。

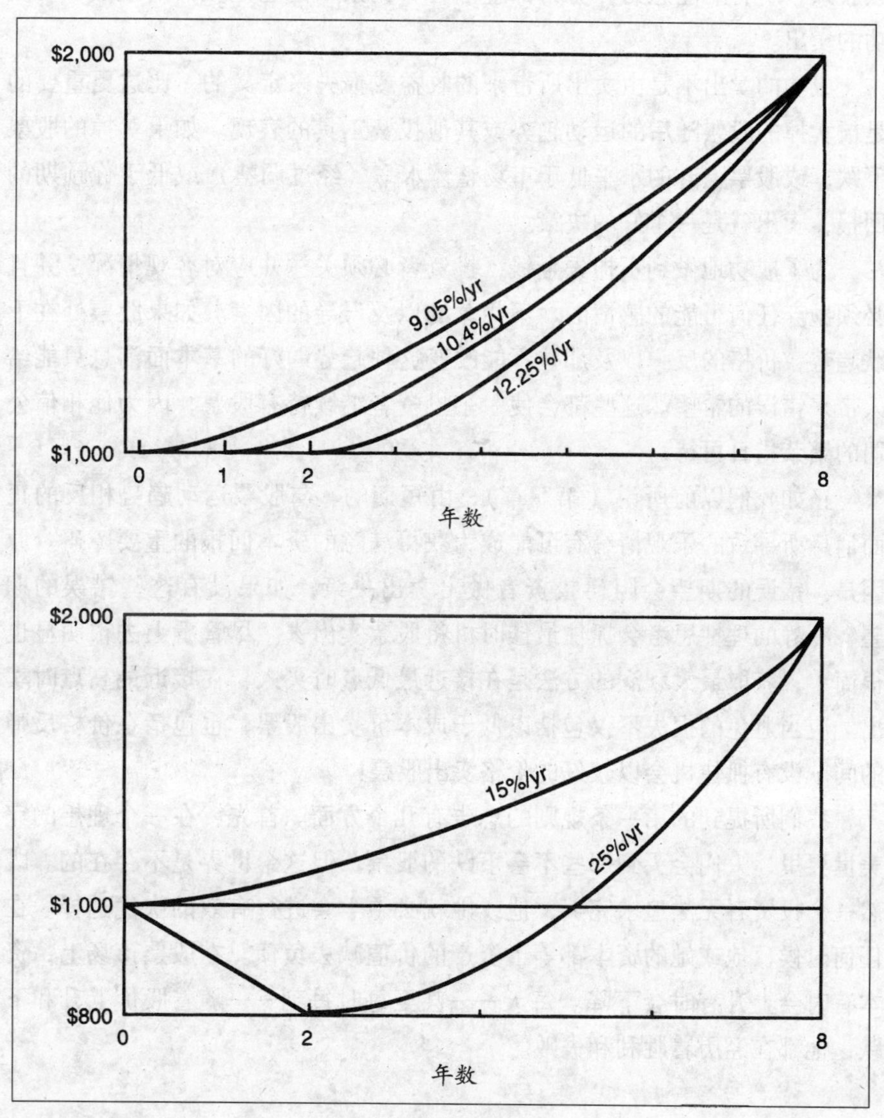

图 12－1　追赶的收益率比较

一个投资者越是注意不要损失金钱，他或她的卖出决策就越有纪律性。为了在股票市场上（或者是其他的投资工具上）获得好的回报，投资者不仅要做出正确的买入决策而且要做出正确的卖出决策。一旦拥有了一只股票，所有的注意力和努力都应当转移到余下的也是惟一的挑战——成功的卖出。

成功的卖出不是由卖出所带来的收益或损失来定义的，比这更重要的是被卖掉的股票随后的运动趋势或其他投资工具的表现。如果卖掉的股票下跌，或股票上升的水平低于市场整体水平（经过调整）或低于你预期的回报，卖出就是一个好的决策。

为了成功地做到不损失金钱，投资者必须关注并应对客观情况，并且必须抛弃任何可能的感情的、不相关的以及误导的因素。如果股票处在下跌趋势，价格的反弹以及那些不能改变这种趋势的好的基本面消息只能给人带来错误的希望。这些都会使一个投资者继续持有股票，因为他相信公司的繁荣指日可待。

正如我们以前所说（第 5 章），由短期的、与股票运动趋势相反的正面消息所导致的乐观情绪有可能成为获得满意的资本回报的重要障碍。原因是：错误的期望会阻碍投资者做出卖出决策，如果没有这些错误的期望，冷静的理性思考会抓住最佳时机将股票卖出去。尽管看上去很明显也很简单，获取最大利润的方法是在接近最低点时买入，在接近最高点时卖出。应当避免的损失不仅包括以低于成本价卖出股票，也包括在价格反弹的间歇没有抓住机会以较好的价格卖出股票！

我们所提到的第一条规则的忠告有几个方面。首先，在一个理想的完美世界里，人们会买到那些不会下跌的股票。但这个世界是不存在的。既然一个投资者无法追求完美，他或她就必须学会进行有效的次优选择。在任何时候，他或她的资本都等于资产的价值减去负债。在股票市场上，资本有时会上升有时会下降。每天——甚至每时每刻——随着股价上升和下跌，他都在经历着胜利和失败。

总结失败

如果一个投资者在 20 美元的价位上买入股票，看着它涨到 30 美元，然后继续持有直到它的价格回落到 22 美元，在此期间他所遭受的损失就如同他在 20 美元买入然后看着股票跌到 12 美元一样。在 20/30/22 的情况下投资者所遭受的账面损失和 20/12 这样一种灾难性的场面是一样的。我们的投资者对股价回落到 22 美元可能并没有感觉那么糟，因为他仍然能够获得利润，但实际上他应当感觉不妙才对。

尽管投资者不可能抓住准确的最高点和最低点，并且我们不能要求每一只股票都获得收益，从 30 ~ 22 美元所造成的损失完全是因为丧失机会造成的。我们犹豫不决的交易者错过了在 30 美元将股票出售的机会，也丧失了他用这些收益从事其他投资的机会。现在他只能在 22 美元卖出。所以，除了实际损失之外，我们也需要避免这些机会损失。

和货币的时间价值有关的另一种机会损失更为微妙。当股票从 20 美元跌到 12 美元时，投资者感到震惊。当股票从 20/30/22 运动时，他只是感到不走运，但没有感到很糟糕。他丧失的机会是，当他在 20 美元左右稳定地持有股票时他根本就没有感觉到情况不好——或者更现实一点，当股价围绕着 20 美元徘徊了很长一段时间，他并没有感到不好。然而，除非他能够通过稳定的股息收入的形式获得一个满意的即期收益或成功地运用虚值期权做了保值，否则的话他注定要遭受损失。

一只停滞不动的股票，尽管不像价格急剧下跌的股票那样具有破坏性，仍然会引起机会损失并由此导致实际的损失。首先，用来购买股票的资金原本可以存入银行，购买国库券，或短期的市政债券，既能获利又不需要在市场上冒风险。

其次，随着生活水平的提高，明天的一美元在购买力上可能会低于今天的一美元。第三，我们不幸的股票持有者正在丧失他生命中所拥有的不可再生的资源：时间。由于这些股票在 20 美元左右的水平上徘徊，投资者就失去了任何在其他股票上投资获利的机会。

最终，投资者遭受了精神上的损失：他感到气馁并且对自己的市场操作能力丧失信心。这种负面影响，即使是轻微的，也会损害他日后做出冷静的和聪明的投资决策的能力。

因此，抛开精神成本不说，由于股票在市场上表现不佳能够导致三种类型的金钱损失：实际的损失，那些在没来得及兑现就又缩水的利润，以及当股票在同一价位停止不动时，所损失的时间价值。

在现实世界里，股票价格持续波动。投资者的工作就是抓住价格波动的有利时机。投资者发现一只股票价值被低估并且购买这只股票。但是为了兑现股票并获得投资者期望的回报，投资者必须将其高价卖出以赚取差价。随后你可以再购买同一只股票。买入和卖出并不会使我们变成一个交易者、短期行为者，或者说一个坏蛋。一旦我们购买了股票，我们就必须卖出，否则的话就成为一个保留一大堆股票的吸筹者。这样的投资者不能采取任何行动，直到他们找到更多的钱——或者是他们改变想法并且学会卖出股票。

假定由于多种原因，一名投资者对某家公司的基本面前景相对乐观，这家公司的股票长期以来走势平稳。如果他极富远见并且有一点点运气，他能够估计股票的年度最高点和最低点，并且在一年内多次在接近这些价位上买入和卖出。

这样，他就比纯粹的持有股票获得的回报要多得多。因为，从长期看，价格会回落到它原先的水平。而实际上，这种方式是他在这类股票上赚钱的惟一的方法（股息收入和期权费用除外）。投资者可以利用周期性的价格波动来获利，也可以在 20 美元的价位上买入，从不卖出，或者是持有若干年以后最终还是在 20 元的价位上卖出。与前者相比，后者涉及到大量的机会成本（在第 13 章中，我们将详细讨论这种方法，建议抓住周期性的上升和下跌，而不是永久性地持有股票）。

如果投资者不能抓住所有的价格波动，也不要气馁。要抓住那些看上去合理的东西，那些和以前的模式一致的东西。如果一只在 20 美元的价位上周期波动的股票其波动范围是 15 ~ 25 美元，那么投资者在 17 美元左右买入，在 23 美元左右转让给他人是可能的。因此，不要害怕向经纪人支付一点佣金，关键是抓住获利的机会。抽身退出将会避免昂贵的机会成本，这种损失和其他类型的损失是一样的。华尔街的操作思维和在其他职业生涯中一样：时间是所有的一切！

NAIC，一家为投资者提供服务的大型教育集团提供了一个很有效的方法来衡量金钱的时间价值，NAIC 开发了一个股票选择指南，主要用于投资者在购买股票时为自己设定一系列原则性的政策。这本指南也可以用来衡量卖出的时机，高于未来预期值的价格表明，在可以预见的时期内，该股票有可能导致低于投资者所能够接受的回报（NAIC 建议它的成员购买那些在 3 ~5 年内会翻番的股票，根据 72 原则，这意味着年回报率为 14% 或更多)。

第 13 章

反思传统的购买—持有信条

投资成功的要诀

- 了解基本面的变化推动价值变化
- 认识到投资者心理推动价格变化
- 认识为何卖出具有重要意义
- 把高价格当作高风险来看待

许多投资顾问和评论人鼓吹购买并持有的金科玉律。其中最为突出的是互助基金管理公司，或许这并不令人吃惊，因为，如果股票持有者在股市上永久性地投入资金，这些公司是最大的受益者。他们建议投资者购买前景良好的股票并且长期持有。

本章认为，传统的购买并持有的信条能够使投资者获得平均收益。而人们购买有关投资的书，分析员能够保住饭碗，以及投资顾问和投资管理人员得以存在的主要原因就在于人们想使资本获得更快的增长。那些愿意接受长期平均回报的人们应当放弃直接拥有股票（股票市场有反向选择的风险并且缺乏多样性），费率较低的指数化证券投资基金应当是这些投资者的首选。

在随后的讨论中我们将提出一个相反的观点，简单说来，购买并且卖出具有极大的价值，能够获得超过平均值的收益，并且能够降低风险。

购买并持有信条在近年来被普遍接受的一个原因是因为特殊的市场环境。自 1982 年夏天的熊市以来，美国股票的价格保持持续上升，这主要是由于利率下降以及通货膨胀缓和所导致的。这一代的市场专家和年轻的投资组合管理经理还从未经历过熊市：就 1997 年而言，发生在最近的持续两年的股市下跌分别是 1977 年到 1978 年和 1973 年到 1974 年。因此，当投资者认为股市的长期运动更具参考价值时，用于支持购买并持有方法的“证据”就被扭曲了。投资并不像 1982 年以来表现得那么简单。

购买并持有论者的一个主要的观点就是断言一个人不可能准确地衡量市场时机。尽管许多计算机模型已经被开发出来并且通过测试，当人们试图用这些模型衡量市场时机时，大多数模型都表现平平。这些测试的结果并不能完全证明理论不可行。相反，这些失败应当归咎于两种可能性之一：首先，这些模型（由一些对时机衡量带有偏见的实验者建立）使用的标准不好；其次，瞬息万变的市场显然不能用任何一个僵化的和普遍的准则来衡量。投资是一门艺术而不是一门科学!

尽管个股以及总体市场的平均价格总是在过分乐观到深度绝望之间波动，相应的运动的规模却无法精确地预测。建立在以前的平均值基础上的机械模型所做出的预测注定要失败。但是人们通过观察市场上的心理状况，能够分辨出暂时的极端价格运动区域，既包括高点也包括低点（见表13－1）。这就是反向投资的本质。

表13－1　价格反转的四项指征

价格长期高于平均水平
极端的价格震荡
伴随高成交量价格加速变化
意见高度一致，忽视风险（顶部），无视机会（底部）

人们并不讳言，要想找到准确的最高点并在这一点上卖出股票，或者是找到准确的最低点并在这一点上买入股票是不可能的。但是理性的投资者，通过观察市场状况以及报纸的头条新闻并且关注价格走势图，通常能够告诉一个纯粹的学者市场何时达到狂热状态以及何时达到恐慌状态。这些区域靠近最高点和最低点。在这些时候，市场心理和基本面之间出现了极大的分歧。这些区域在事先不可能被准确地预测，然而在实际操作中它们是能够被轻易分辨出来的。

在市场出现极端趋势时采取反向行动并不能够保证投资者在最高点卖出或在最低点买入。然而，当市场普遍乐观时卖出股票所获得的回报要高于在长期趋势线的平均值卖出股票所获得的回报（抓住好的购买时机，即在市场上出现恐慌情绪时买入，使这些被称为“时机把握者”的投资者更具优势）。

基本面的变化推动价值变化

不可否认，长期看来基本面推动着股票价值。收入、股息，以及现金流组成了价值公式中的分子，由通货膨胀率所驱动的回报率（利息和折扣率）组成了分母。如果一家公司的收入和股息以每年平均 10% 的速度增长，这家公司的股票价格将会上升，在长期看来，股价上升的速度也会保持平均上升速度。

购买并长期持有股票有几个重要的假设。首先，假定一家历史上有过增长的公司会继续增长；其次，假定公司的增长率保持不变；第三，假定经济生活中只有较小的或没有利率波动并且没有周期性的衰退，这意味着价格在长期的爬升过程中只有微小波动。这些确实是大胆的假设！

建模者的固定思维是购买并持有理论在哪一点终止。公司不会仅仅因为前期收入的最小平方的趋势线指向上就会继续保持增长。它们的持续繁荣取决于优秀的管理、改进的技术，以及高超的市场技巧。它们在市场上保持领先地位只是因为一些其他的做得更好的公司还没有出现。并且，在被这些理论家所忽视的情况下，资本主义经济经历了扩张和衰退，几乎所有公司的增长和利润都要受到衰退的影响。

购买并持有模型是建立在所有公司都保持平均增长率的基础上的，是完全在事后的基础上进行计算的。在现实世界，投资者购买的是单个股票而不是一篮子股票，由于未来是未知的，这些公司和它们的股票会偏离标准的数学期望值。那些愿意获得平均回报的投资者应当转向指数化证券投资基金并且也可节省精力。

表 13 - 2 列出了 12 家被看作是高成长性的行业领导者的公司——在他们各自的辉煌时期，华尔街给予它们至高无上的地位，并且这些公司被认为是会持续增长并保持市场领先地位。有趣的是，所有这些公司提供的都是消费品或服务，从统计数字上来讲这些产品比重工业和交通部门的风险要低。并且，它们基本面的趋势线都无进一步上涨的迹象。谁敢说今天的行业领导者不会面临相同的命运？

20 世纪 80 年代最重要的行业是计算机行业。1984 年在 7 家最大的美国计算机公司中，只有一家（IBM）保持其原先地位不变，但 IBM 也经历了痛苦的转型，股价下跌了 75% 。Burroughs 和 Sperry 合并成为联合系统，该公司只能赚取微薄的利润。NCR 被 AT&T 收购，现在已经基本消失。数据设备公司遭受了重大挫折，现在转向成为了网络解决方案服务提供商。霍尼威尔的计算机业务卖给了法国的 Compagine des Machines Bull，规模空前缩水。数据控制更改了公司名字，目前只能作为一家小公司苟延残喘。

表 13－2　一度光彩照人的蓝筹股公司

Apple Computer	L. A. Gear
Borden, Inc.	Levitz Furniture
Equity Funding	New Process
Four Seasons Nursing Homes	Polaroid
Franklin Mint	Tucson Electric
Kmart	Winnebago

美国经济现在已经成为以服务业为主的经济，和 50 或 75 年前的烟囱工业有了极大的不同。道·琼斯公司的铁路平均指数换成了几家卡车公司和航空公司，现在成为了交通运输平均指数。自 1961 年以来，道·琼斯工业平均指数的 30 家成分公司已经换掉了一半。基本面趋势不再保持不变，正如投资者希望看到的一样。因此，购买并长期持有股票的建议导致了一个尖锐的问题：购买并持有什么股票？好笑的是，如果答案是投资者应当购买并持有一支好的成长性的互助基金，这些基金的年倒手率在 50%～100%之间甚至更快（绝不是购买并持有!）。底线是：基本面不是能够假定不变的东西。

投资者心理推动价格变化

从长期看，基本面推动股票价值变化，然而价格曲线既不是平滑的也不会垂直向上倾斜。即使价格曲线是平滑的，股票价格也不会像银行存款一样缓慢而坚挺地上升。股票价格随着投资者心理的变化而剧烈波动，价格反映了总体的乐观主义和悲观主义。长期的国民总收入和个人收入曲线是向上倾斜的，牛市和熊市就围绕着该曲线波动。间歇的价格波动会干扰牛市和熊市。每天和每周的价格波动使这些微小摆动产生了扩散效应。

关于股票价格的波动范围是如何剧烈，1995 年提供了一个有趣的例证。除去那些价格在 5 美元以下的股票和封闭基金，纽约股票交易所挂牌交易股票的平均价格范围是从低到高波动了 60%，每股收益增长了约 10.5%，恰好等于由 Ibbotson 所指出的普通股股票的长期平均回报率。重要的市场成分股平均获得超过 30% 的收益。因此，1995 年代表了一个时期，在这一时期牛市的作用超过了股票的基本面，同时，个股的波动范围远远大于其本身价格净变动应有的范围。那些在 1996 年坚持长期持有股票的人认定公司收入将会高达 30%，再加上价格收益，他们相信利率将会不断下调，或者是他们已经做好心理准备承受不可避免的股价下跌。市场有上升有下降，不可能保持相当于长期数学期望值的增长率。

为什么卖出是重要的？

购买并长期持有股票的人假定不管长期结果如何，他都已经做好心理准备。购买并长期持有理论也假定一个人能够成功地选择一只股票，或一组股票，这些股票的基本面将保持不变。技术的发展空前迅速，对大部分公司而言相关的竞争环境已经成为世界性的，这并不取决于公司本身是否情愿。这些事实说明对公司的选择可能不像以前那样有效，投资成功的代价是要时刻保持警惕。

对那些鼓吹购买并长期持有的人而言，需要提出的一个逻辑问题是：当你选中的公司遭受基本面和永久性损失时，如果你不想承受有可能带来的百分之百的投资损失，你打算什么时候卖出股票摆脱困境？

通常认为，长期持有者忽视了市场的上升和下降，因此拒绝那些所谓抓住市场时机的谣言，所以在狂热的市场上或是在一个经济扩张的晚期，这些持有者不会在长期趋势线之上卖出股票。从逻辑上讲，持有者将花费相当多的时间来观察并且承认，基本面已经彻底恶化以及原先处于领导地位的股票应当被卖掉。我们的长期持有者，如果他们曾经放弃他们的信念并且卖出股票，他们的卖价注定要低于先前基本面的平均趋势。他们的卖出决策将为时已晚，远远落后于许多觉察到麻烦并且敏捷退出的投资者。我们的长期持有者的卖价将低于先前的趋势，因而将实际获得低于平均值的回报（低于他们的理论期望值）。他们会使自己成功的投资最终获得一个平均的结果，但只能够实现低于平均值的收益。如果他们选择的股票太差，也许还会遭受更大的损失。

持有的反面是卖出。购买然后卖出使投资者拥有了购买并持有者所没有的灵活性。那些愿意卖出的人能够获得额外回报，而不会接受长期的平均结果。从逻辑上讲，一个投资者或许会放弃股票市场转而购买成本较低的指数化证券投资基金或者他会采取购买并且卖出的行动。那些把购买并持有作为信条的人假定他们在股票市场上不能获得平均回报，或者假定他们尝试卖出的话就会失败。

好的卖出决策是本书讨论的主题，但这也是一个较少引起关注的主题。不好的购买决策和不好的卖出决策都是追随群众心理的典型症状，好的购买和好的卖出反映了头脑和行为的独立性。

购买和卖出，和长期持有股票相反，能够抓住市场周期性变动提供的获利机会，在高于中心（平均）趋势线的价格上卖出就能够获得额外的利润。

图 13－1 提供了市场波动的一个模式化的样本，市场波动是由感情因素所推动的，先使价格连续下降到相当低的水平，接着又远远高于基本面所能够支持的价位（为简单起见，假定基本面随着时间逐步改进）。当市场处在靠近 A 点的高于趋势线的区域内，BCD 点上购买并持有的人就会面临两种资产风险：首先，他们的资产面临着随后下降的趋势，会下降到靠近 D 点的衰退区域，这就要求他们在最坏时期不要恐慌，并且在这个节骨眼上他们也不能急需资金用于教育、住房、紧急医疗等等；其次，从 A 点到 B 点的时期内，他们的资产处在一个变化缓慢的时期，在这一时期基本面将会符合 A 点当前的价格水平。尽管在靠近 A 点处有很好的卖出机会，投资者仍然保留股票等待长期回报，投资者实际上接受了比现行的基本面曲线斜率稍平缓一点的长期平均回报曲线，即从 A 点到右边基本面的结束点的曲线。这个结束点可能代表着退休或死亡，这是长期持有股票的一个理性的结局。投资者要想获得斜率等于基本面曲线斜率的回报曲线，惟一的方法就是把购买并持有转变为购买并且在接近 C 区或随后其他相关点的地方卖出股票。

然而，获得超额利润的机会并不仅仅局限于图 13－2 所示的主要循环

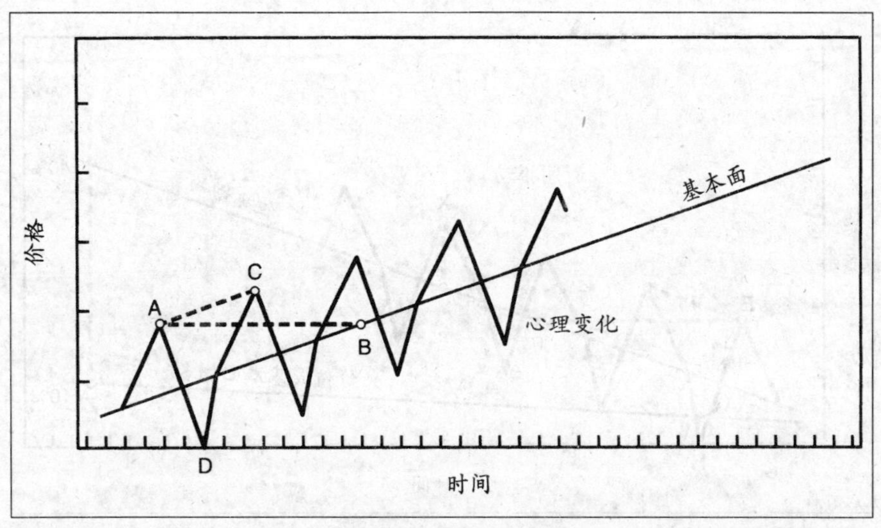

图 13－1　市场估价与长期变动

点。在图 13－2 中，由狂热情绪所推动的增长趋势或循环增长是长期基本面价格之上的主要增长曲线。这种由狂热情绪所推动的增长趋势在上升过程中（图 13－1 中从 C 点到 D 点）与基本面曲线有一个单独的交点。不仅是循环增长或狂热情绪推动的价格运动导致股价在中期内高于价值，靠近 X 点的价格波动也使得短期获利的机会大大增加。在图 13－2 中，靠近 E，F，G，H 区域代表了与图 13－1 中 A，B，C，D 所代表的长期状况类似的短期状况。

把高价格看作是高风险

现在让我们关注这样一个时间段，在这一时间段内，牛市使价格水平持续高于真实的基本价值。在图 13－3 中，位于底部的长期价值基本线和循环趋势线上如 Z 或 Y 点之间的垂直距离不仅不应当被看作是价格的上升而且应当被看作是风险的增大。因此，该图的等级标志为“风险”而不是“价格”。假定价格将会发生波动，高价格也意味着高风险。在这个图上，

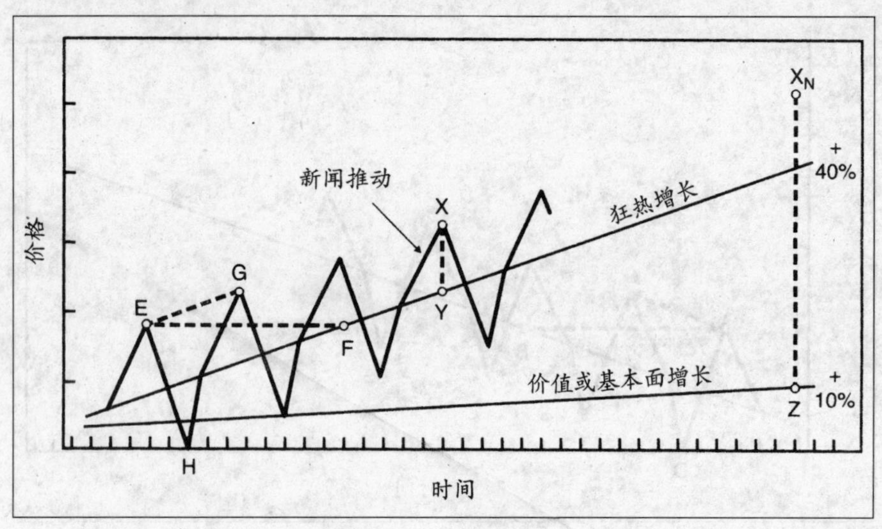

图 13－2　看待风险

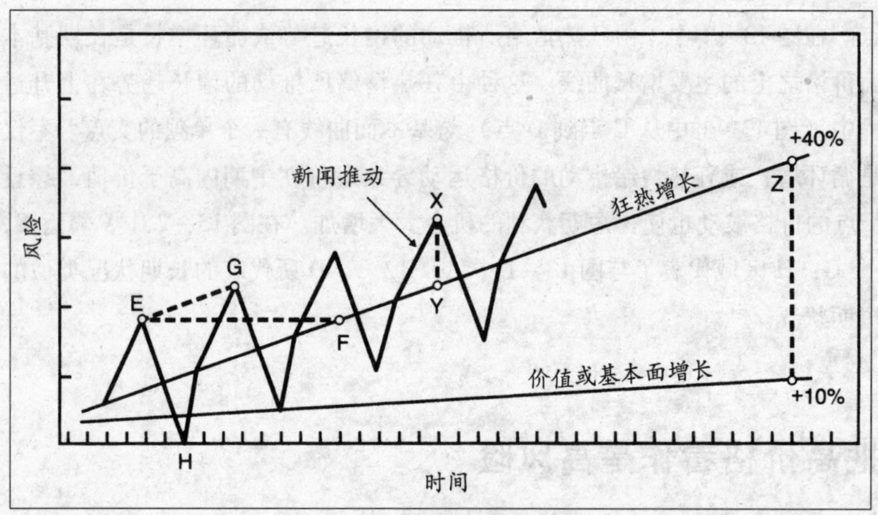

图 13－3　价格变化即风险变化

靠近点 E，G，X 的区域代表令人怀疑的风险区域，在这段时期，牛市的短期反弹推动价格（因此就有丧失收益的风险）高于牛市的价格趋势线，牛市的价格趋势线本身就已经明显高于实际价值。

当结合图 13－4 来考虑时，做出好的卖出决策的好处就更明显了。我们用来判断风险的三个图（图 13－1，图 13－2，图 13－3）背后的假设是：基本价值能够准确地做出假定。但是真实的世界并没有这么简单。以下情况都是可能发生的：你的公司也许采用了重要的新科技或者是税法的改变提高了公司收入或利率可能持续下降，从而使得公司价值上升。但是，同等重要的反方向变化也有可能发生：法庭可能判定烟草公司要对自己的产品所带来的后果负责；公司税率有可能上升；中东石油卡特尔的联盟成功有可能引发剧烈的通货膨胀；一个新的竞争者有可能超越现行业领导者的产品地位。任何一种这样的情况都能够极大地改变基本面曲线的位置。如果是向下变化，以前我们所衡量的风险就被大大低估了。因此，上升的价格带来了不可估量的隐性风险，这种差别意味着基本面与点 Y，Z 之间的垂直距离实际上低估了资产面临的风险。

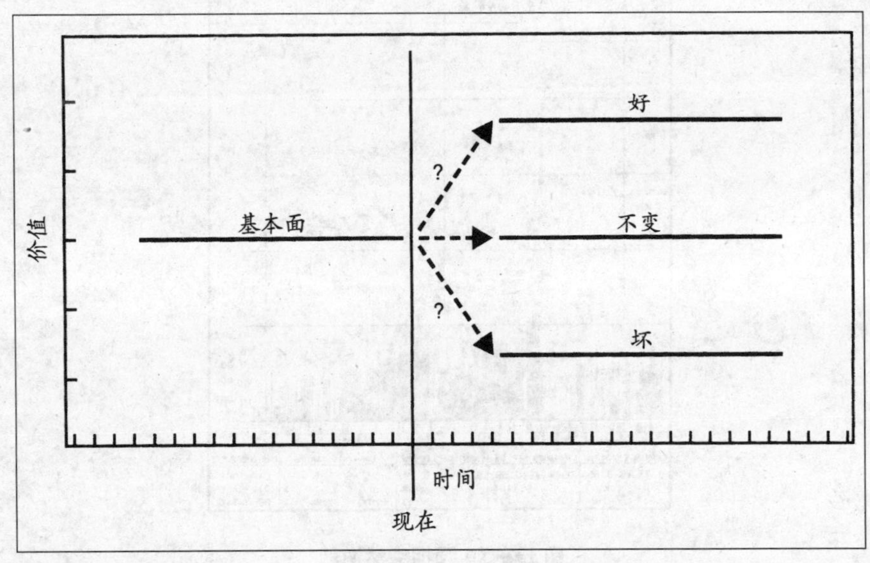

图 13－4　价值取决于基本面和折现率

随着机构在市场上的主宰地位越来越明显，并且随着它们对高收入的和具有价格推动力的股票的狂热追逐，即使是对收入有轻微的不满意（它可能没有什么特别的长期影响）也能够突然改变基本面的位置和斜率，从而导致极端令人痛苦的资产损失。随后的价格图（图 13－5）表明了这一点：该公司的季度收入在 1995 年最后一个季度仅仅增长了 31%，而上一季则增长了 42%。这意味着 31% 这是一个令人失望的结果（对那些贪婪的价格追捧者而言）。结果 38 美元的股票在一天内立即变成了 22 美元！以这种情况来看，在高于趋势价格的区域卖出股票同时也是减少风险并获得超额利润的一种方法。对于好的卖者而言，他可以获得巨大的双重回报，更好地支持他的买入卖出决策而不是被动的长期持有！

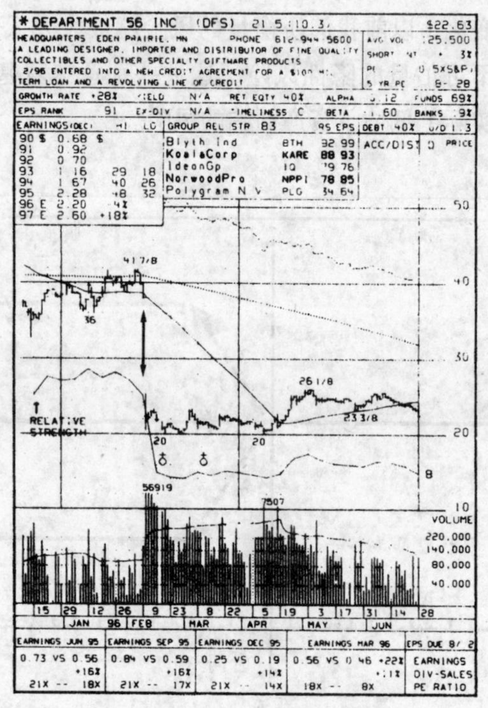

图 13－5 预期突然逆转

成功的卖出要求投资者应有原则地控制自己的感情，尤其是当其他投资者以感性代替理性的时候。本章的主要问题是，考虑到偏离价值的价格波动趋势，投资者应当卖出而不是持有股票，卖出相对于持有来讲有另外一个好处：它与人们对税收的考虑有关。

许多投资者从不卖出那些获利颇丰的股票，因为他们所获得的巨额长期收入意味着巨额的税收义务。通过周期性地卖出，支付税收，然后再次购买另外的股票或同一只股票，可以去掉了心理上的税收负担。这种心理上的税收负担对做出正确决策是不利的。IBM 就是一个典型的例子。长期以来它的股票表现甚佳，对于许多机构而言，它都是核心股。从 1985 年开始该股票收入开始恶化。在 1986 年和 1987 年股票已是在 160 美元以上进行交易。许多投资者被多年来所获得的 10 倍以上的收益限制住了。在股价为 160 美元的时候，他们由于要缴税而不愿卖出股票。在 1990 到 1991 年的 120 美元和 1992 年的 90 美元价位上也是这样。他们的长期回报所必须交付的税收是他们心理上的税收负担，也许当股票下降到 1993 年的 40 美元以下才不会有这个问题。到那时，随着收入出现赤字并且二次削减股息，税收的威胁才显得不那么突出，所以投资者能够卖出股票（在最低点）。从精神上和智力上都做好准备在任何时候卖出任何股票，将会使得投资者从税收的禁锢中解放出来。

总结一下，本章以一种典型的反向投资者的方法向长期购买并持有的陈规滥调进行了挑战。我们注意到这种方法背后的许多假设都有严重问题，我们把价格的上升看作是风险。我们把初始市场的人气状况看作是能够被准确觉察到的一种事物，并且看作是能够在价格运行图上直观地观察到的一种事物。我们看到掌握市场时机不是取代被动持有股票的惟一的选择。利用价格的周期性波动与市场的消极情绪是非常有利的，并且这是一种能够减少风险的方法，尽管有可能不能准确预测这些事件发生的时间。本章同样阐释了长期持有者的心理税收负担问题。如果读者还是倾向于持有股票，那么在上一章中我们已经指出了这种形式的另一个重要的弱点：货币的时间价值。长期持有并不是最优的选择。

第 14 章

避免决策过程情绪化

投资成功的要诀

- 认识总体的警示信号
- 了解你个人的警示信号

在绝大多数投资中，焦虑是可以避免的。当在股票市场投入的感情越来越多时，投资者可以通过限制买卖成交量的规模来避免焦虑。许多投资者没有做到这一点是因为，当市场跌到最低点，他们在焦虑中卖出股票——而不是在市场最高点卖出股票，当时他们的乐观情绪应当被看作是值得忧虑的信号。

举例来说，沾沾自喜和自以为是带来的后果表明，即将做出的购买决策极有可能是不合理的。沾沾自喜包括以下类似行为：不合时宜的庆祝，自我祝贺，吹牛，或是事先就开始数钱——所有这些都会使容易受骗的投资者在市场中投入更多的金钱，而这恰恰是他们应当卖出股票的时机。

为了成为成功的投资者，你必须学会逆市场风向而动，以一个反向投资者的眼光来观察和思考。风力越强，你的意志就要越坚定——因为此时追随大众行为的诱惑是最大的。从定义上说，市场最低点是在一种恐慌、悲观甚至混乱的气氛中产生的。当投资者最乐观的时候，就会形成市场最高点；当所有新入市的购买者都已经进入市场，而所有老的市场参与者已经耗尽了他们的购买力，市场的均衡必然向下倾斜，因为没有新的购买者投入资金作进一步购买。

过分乐观导致了市场最高点的出现。当投资者被市场的乐观情绪所感染，他的行为必然会背叛自己的感情：他必须卖出股票。一旦投资者觉察到了市场即将到达最高点的重要的心理信号，他绝不能为自己的迟钝寻找借口，也不能告诫自己再等待股价上升 1/8 点，或去追捧当前的热门股票，或者被周围人的兴奋情绪感染而冲昏头脑。

认识总体的警示信号

当市场到达最高点时，每一个投资者都有自己独特的心理反应模式。

由于这些反应是可以想像到的，并且它们可以作为告诉投资者应当采取行动的信号，所以我们有必要对它们进行详细的描述，以分辨出那些最常见的个人信号并将其归类。这些信号可能包括：

- 自我庆祝——通常在投资者购买了一支表现非常好的股票（或几只表现甚佳的股票）或没有带来损失的不良股票时，会逐渐发生这种心理反应。这种情况表明，投资者应当卖出股票获利，因为此时市场已经持续相当长的时间表现良好，并接近最高点。
- 自以为是——当投资者的投资组合中有一个特别的胜利或者说连续取得几次令人兴奋的胜利，投资者就会产生这种情绪。心理学家把这称为自负，意思是相信自己具有超人的能力和不可摧毁的能力。当一个投资者开始感觉到她已经学会了永远成功的秘诀，这就是一个紧急的卖出信号。
- 强烈的自信——当一个人偷偷地品味自己的胜利时，即使是自我克制的人也会抑制不住强烈的自信，他看到所有的事情最近都进行得相当顺利，有自制力的人通常不会认识到他的这种感觉是一个危险（卖出）的信号，因为这种感觉是适度的——但这种感觉是适度的并不等于它就不重要。如果，你天生就是一个在感情上较为克制的人，在市场达到最高点之前，你不会体验到异常的兴奋感，因为你的感觉也是适度的。

自以为是和其他相关的心理反应都是危险的信号，对于一个投资者而言，它们最终会产生两个行为上的问题，并且这两个问题是相反的：一是在市场上过分活跃（在狂热的市场气氛中由过分自信所推动）；二是由于自满（认为一切事情进展得非常顺利）所导致的行动迟钝。

在市场上过分活跃的一个例子是某一个投资者在市场上升之后把所有的积蓄都投入到这个无底洞中。1995 年市场增长 35% 之后，在 1996 年 1 ~5月，巨额的资金突然流入了互助基金，这可以被看作是一个典型的群体行为的例子。其他的例子有人们在牛市后期开立第一个保证金账户并将其限额用尽，或是在那些没有典型特征的高风险/高回报的证券组合中进行投机。成千上万的投资者的这种过分大胆的行为最终形成了一个典型的过热的市场。事后我们把这种市场阶段称为市场高位阶段。

过分大胆积极的交易行为要求投资者有一种过分自信的感觉，而只有那些在最近一段时期内有着成功投资史的人才会有这种感觉。某些投资者增加持有的头寸数量、开立附加的经纪账户（以购买更多的热门股票或预期的好股票）、提高在市场上的交易频率并承担更大的风险，或者是对他们的成功非常满意，并且提高自己的目标，固执地持有股票等待更高的回报。在每一种情况下，投资者都在做错误的事情：在应当卖出的时候不是购买就是持有。因此，投资者要把这些冲动的任何一个初始信号作为强有力的警示信号，并且卖出股票。

对许多投资者而言，仅有感觉或预感并不能说明卖出的时机已到，他们等待的是市场上公开的行动。试图控制和克服自己感觉的投资者应当认真地研究和股票市场有关的过去和当前的表现，以此作为一个准则来判断什么是真实的信号。

并不是任何一个投资者都会表现出典型的过分自信的行为特征，从本质上而言，我们不能说一种行为比其他行为更正确或更错误或是更合理的信号。关键是要找出哪一种适用你做出判断，当这些行为出现时采取卖出措施。

这种定义和判断的过程可能会导致另一个问题——当人们观察自己行为的时候，他们迫切需要警觉和做好准备采取行动（比如说，卖出股票）。这是因为，一旦一个投资者认识到什么是导致麻烦的个人信号，他或她就开始有意识地压抑自己的行为。否认游戏将要结束会导致不理性的行为。当投资者已经意识到这一点，就必须采取更敏感的措施来控制自己的行为，即使是这种行为最终证明无效。

了解你个人的警示信号

应当被看作是危险信号的一般行为既包括谨慎的行为也包括大胆的行

为。不管你个人的相关行为是怎样的，你都必须了解这些行为，在你自己与他人进行比较的时候，不要主观上判断或认为自己是正确的。有七种行为是典型的信号：

- 不动声色地向别人透露你的投资成功。
- 在市场研究上花费更多的时间。
- 公开吹嘘优胜股或连续上涨的股票。
- 以不寻常的方式进行庆祝。
- 比以前更经常地计算金钱的得失。
- 投入更多资金（包括使用保证金）。
- 炒作新发行的股票。

这些信号是按照严重程度递增的顺序列出的。如果一个投资者并没有以上行为，他没有必要去关注为什么会没有这种行为。大多数人的行为与此有或多或少的联系。

在心理反应和采取行动的分界线上，最克制的行为是私下里承认自己的成功。当然，这不是冲入一个同事的办公室宣布 XYZ 股票刚刚跃升 6 个点，本人获得 50% 的收益。投资者只是想让其他人知道市场上“发生了什么事”。当别人提到他在最近的交易和投资中的失败或成功以及在价格反弹中丧失的获利机会时，他可能并不是在虚伪地做作。如果这不是投资者通常所愿意透露的信息，那他这样做就像是提到事情进展如何一样自然或亲切。关键在于，对那些通常不愿意向他人透露个人的经济状况（或其他私人事情）的投资者而言，打破惯例是值得注意的，并且应当被当作是一个信号。

将更多的时间用于研究市场、设计体系、光顾互联网的聊天室和金融数据库、研究公司状况，或阅读咨询报告都可以被看作是一个信号。尽管正式的研究是对令投资者兴奋的交易信号给予关注，这种情况只有在市场已经持续上涨了很长一段时期才会发生，在市场下跌和衰退时期不会出现这种情况。总体而言，咨询机构的报告订购数往往在市场最高点或刚刚过去最高点时达到顶峰。同样，交易规模和有志从事经纪人业务和专业基金管理的人数也在此时达到顶峰。

如果一个投资者比平时更关注股市，那这种迹象就应当引起注意。这时，投资者应当把精力放在那些应当卖出兑现的股票上，而不是放在那些新近购买的股票上。但是要记住：经纪人一般不会对投资者的投资热情泼冷水，投资者购买股票越多，经纪人的交易量就越大。

在所有的心理反应中，一个公开的行为是吹嘘自己的交易成功。这通常意味着故意告诉别人令人兴奋的投资结果和在外人在场时谈论自己的投资行为，当投资者采取这样的行动时，这就是一个卖出的信号。

记住，各种形式的吹嘘和自夸不是发生在失败、损失和价格下跌之后，而是发生在一次或多次成功之后。反向的观点预计一系列上升之后必然会下跌。一系列高于正常值的平均表现说明，牛市已经有一段时间了。因此，投资者应当认为此时市场已非常接近最高点。

伯纳德·布鲁奇因成功地避免了 1929 年 10 月的股灾而名声大振，这是因为，他把其他人过多谈论股票这一现象作为自己在当年夏天或秋天就应当卖出股票的一个信号。为什么？他注意到出租车驾驶员和卖报纸的小贩都在讨论他们的市场收获并相互提供投资建议（1996 年出版的由一个十几岁的“魔力男孩”所写的关于股市投资建议的书是否也应当是一个类似的警示信号?）。布鲁奇准确地得出结论，认为市场上充斥着太多的乐观情绪。当股票市场经常出现在国家媒体的封面故事中，甚至当地的非经济类媒体也在报道股票市场时，市场将会如何发展？布鲁奇给出了一个典型的反向投资者的观察结论。

更公开的行为是庆祝市场的成功。尽管几乎所有人都会以出去吃晚饭来庆祝提薪和升职，典型的庆祝行为的变化应当被看作是采取行动的信号。其中一个例子就是请全办公室的人一起出去吃饭，而不是只与配偶和最好的朋友一起去吃饭。当人们想大规模地庆祝自己的胜利时，投资者应当毫不犹豫地将某些股票兑现。

当市场形势的发展极其顺利并且获利良多，一个投资者开始算计自己损益的时候，最终的市场最高点马上就会到来。从本质上讲，当市场整体和个人的财富下降时或市场形势萎靡不振时，人们没有心情去计算自己的损益。但是如果市场已经持续上涨一段时间或投资者已经连续获得了几次交易的成功，那么投资者心中就会产生计算损益的愿望。

这并不是说投资者不应当总结一下自己做过的事情。投资者可以用历史图表的形式对自己的损益做定期的盘点。一个很简单的方法是把股票都标上代名，这样一来月度发布的经纪公司的报告中就包含了计算机化的估价。一定要及时注意到所有的现金流入流出以使账目保持平衡。

关键是要注意到不要过分地算计钱，因为这种算计从来不会发生在市场的最低点。通常应当每隔三个月到六个月进行一次估值。实际上，某些投资者甚至把急切地想算计自己的得失或频繁计算得失的意图都看作是个人的危险信号。投资者应根据自己一贯的行为模式进行调整，如果你一般每月估值一次，现在开始每周估值一次，那就是你的一个危险信号。

另一个更危险的信号是，在市场显著上升之后，投资者决意或有强烈的欲望想在自己的资本账户（或互助基金投资组合）中进一步投入资金，这是因为投资者错误地认为牛市已经出现，不增加头寸是愚蠢的行为。或者是这时他有可能觉察到许多具有吸引力的新的观点——认为价格将持续上涨——所以他不会卖出所持有的任何股票去购买其他股票。实际上，他就好像是一个糖果店中的孩子：他想要所有的东西。可以预见的结果是，就像小孩子狂吃糖果引起腹痛一样，当市场上的进食狂潮（买入、持有而不卖出）结束后，成人也会因消化不良而感到腹痛。

除了在账户中进一步增加投入资金之外，另外一种换汤不换药的做法是卖出股票以获得购买其他股票的资金。这种模式发生在如下情况：市场已经显著上升，这增强了投资者的兴奋情绪并引发了许多新的具有吸引力的投资热点，特别是在没有多余的资金投入账户中时，投资者经常也会采取这种做法。因此，为了满足自己购买新题材的强烈需求，一个投资者会结清一个或多个现行的头寸，这不是因为股票自身的特点适合卖出，而是因为投资者想获得资金以获取更多的回报。

这种换股行为说明，对于在具体操作中的失败是不应当有任何的借口的。在市场持续上升之后，如果一个投资者考虑增加他的头寸，但最终却只是卖出某些股票来购买其他的股票，这种做法所带来的结果实际上是一样的。

从理论上讲，正如我们在第 17 章将详细讨论的一样，每一只股票的卖出时机都应当建立在它自身的基础上。随着市场循环逐渐成熟，随着股票不断达到和超过目标价位，一个多样化的投资组合应当逐步清算了结。除非投资者确实发现真正的与市场循环趋势相反的股票，并做出买入决策，否则的话他在市场上卖出股票应当是一个高位出货的信号，而不应被看作是持币待购的信号。

如果投资者有迫切的需求来卖出现存头寸以获得资金购买新股或公开出售的证券，一个谨慎的投资者也应当对此表示怀疑。在市场上升后期，某些投资者甚至放弃了 IPO 股票，把资金投入风险更大（收入价格比较高，高科技）的股票上，这也是一个类似的表现信号。该投资者极有可能已经被过热的市场氛围冲昏了头脑，只看到周围有众多表现良好的股票并且听到周围有许多朋友都在吹嘘自己的成功。

通常，在这种情况下，投资者不会从经纪人那儿得到任何鼓励他们卖出的建议。经纪人也处在市场大潮的中心而且思想上极其被动。他们所经受的训练，与交易佣金有关的取酬机制，以及不能向客户泼冷水的想法都促使他们在牛市已经结束时也不要谈论任何关于卖出时机的问题。这意味着投资者应当逆潮流而动并且在抓住时机卖出的时候会感到孤立无援。在这些时候他会得到经纪人提供的许多不可靠的买入建议，投资者拒绝再投入更多筹码是很困难的。

所有这些现象都表明市场已经过热并且很快就会从高位下跌。投资者应当留意到这些信号并且卖出股票。在这种时候卖出可能是孤独的，但是在转折点上，大部分人通常是错的而反向投资者通常是对的，坚信这一点就会为你带来回报。因此，当想要在股市上投入更多金钱时或者当你所列出的“我应当购买”的股票名单很长时，你反而应当卖出股票。

一些有良心的经纪人坚守自己的道德准则，当他们认为应当卖出股票的时候他们不会去迎合客户的兴奋心理。投资者应当从这种人身上得到帮助，要求你的经纪人在过分自信的行为出现时就给你一个响亮的警告。如果你的经纪人拒绝这种安排，并且认为形势这次“有所不同”，或是告诉你没有必要这样做是因为市场没有任何风险，投资者应当把这作为一个强有力或紧急的卖出（或者更换经纪人）信号。经纪人也是人，除了观察自己的行为之外，你可以观察他们的行为，来获得卖出时机已经成熟的心理信号。

第 15 章
理性地调整卖出目标

投资成功的要诀

- 设立一个带有三个关键因素的价格目标
- 合理地向下调整预期

许多投资者不可避免地怀疑市场是否是公正的，本章说明，股票市场是我行我素的，不管投资者希望发生什么或投资者认为应当发生什么，股票市场是按照自己的规律发展的。

例如，当投资者设立了一个他认为合理的价格目标，即他希望达到的价位，这个价位就会逐渐偏离他最初认为能够达到的目标。然而，任何一个投资者希望达到的价位并不具有重要的相关性，因此，投资者应避免设定具体的、固化的目标价位。

如果形势发展有所改变，投资者应当勇于放弃原先的价格观点。在投资过程中要保持灵活和切合实际，而不是不切实际地乐观或固执。不愿或不能改变想法的投资者——要想在一个变化的世界上保持正确——注定要失败。

当设定价格目标时，有两种可能会使投资者陷入困境：

- 最初的想法，包括卖出股票的目标价位，可能从一开始就是错的。
- 想法在最初是正确的，但随着事情的发展变化，原先的观点有可能过时并变得不符合现实。

在这两种情况下，最初的想法可能是过分乐观或不必要的悲观，因此，投资者应重新评估市场环境，找出为了做出正确评价而必须进行调整的理由。当投资者分析环境的时候，不要有选择地来看待当前局势——不要只看到那些支持原先观点的因素。如果投资者只想证明最初的想法是正确的，这要比毫无价值更糟，因为这样做忽视了提高警惕性，从而使人误入歧途。在投资者进行无谓的思考的时候，妄自尊大的情绪却得到了滋长（自认为正确或自我安慰）。

带有三个关键因素的价格目标

不管是最初设立的价格目标还是后来经过调整的价格目标都应当包含三个因素。没有包含这些因素就意味着购买和持有的决策没有经过认真的考虑，投资者持有的这些股票将最终成为一堆废纸。

当投资者购买了一只股票，他应当在脑中设定一个卖出的目标。如果投资者购买股票仅仅是因为该股票表现良好或该股票代表了一家大公司，那么这就是麻烦的开始。因为这种想法意味着投资者没有清楚的退出路径，即没有卖出的原则。

一个合理的卖出目标包含三部分的组合：价格，题材，时间范围。为了便于提醒自己，投资者可以简单地记为 PST（英文单词首字母的组合）。投资者购买股票的计划书中有可能出现这样的字眼，比如，XYZ 股票应当在 39 美元的价位上进行交易，由于一种新产品（或是市场拓展或利润增加或削减成本等等）将使每股获利 2.6 美元，市盈率会达到 15。这些收益将在 15 个月后发生，所以股票应当在那时以 39 美元卖出。

如果缺少了任何一个因素，股票题材过于松散，持有期变得无限长，都会引起财务状况的波动和不切实际的想法并有可能最终导致损失。如果没有可供炒作的题材，投资者的想法无非是追逐当前的市场大势。如果市场有可供炒作的题材（比如说，“一项伟大的研发计划”），但没有最终实现的清楚的日期和目标，这个真实的题材最终会沦为对公司声望的赞叹。一家生物科技公司应当在可预测的日期内使某种特殊药物通过鉴定。如果做不到，投资者购买的只是渺茫的希望或笼罩在公司头顶的光环。如果说题材明确并且有一定的时间范围，它也必须能够量化，只能从总体上看出市场对一种新药的通过或一项关键专利的获得感到兴奋是不够的。当前（买入）价格可能已经使这些未来的兴奋打折了，即买入价有可能过高，使日后股票升值空间变小。

投资者必须有可靠的数据来描绘未来的投资环境：收入将会达到 X，市盈率将达到 Y，或分析员预计市价将达到 Z 美元，并且认为公司销售额将上升若干倍，这代表了该公司现实的可达到的市场目标。如果投资者没有一个具体的卖出目标，他就会只顾庆祝好消息而忽视了股票价格的上升势头已经到了应当卖出的时候。

成功的投资要求准确地把握变化。仅仅认为当前的状况会延伸到未来是一种懒惰的想法，不断变化的世界将会证明，这种想法是大错特错了。市场，也就是投资大众，正在为能够预见的未来付出代价（以当前的价格）！你的购买以及你的价格目标，应当建立在与众不同的基础上。

当我们回过头来再次考虑一个价格目标时，应当注意不要贪心并成为这只股票的拉拉队长。只有以前没有预计到的新的或积极的消息才能够提高你的目标价格。如果好消息——一种新产品、刚赢得的合同、强有力的每股收益、较高的股息收入，或者甚至是一个收购计划——和以前购买股票的理由有关，投资者应当只关注如下事实：有一部分预计到的事情（即你所购股票的题材）正在发生或已经过去，股票可能已经达到了目标价位。注意，已经发生的利好消息不会再次发生了。

如果确实有好消息发生，保持冷静是很重要的，不能因为一切事情都进展得非常顺利就让兴奋压倒了判断。那些把利好因素进行双重计算的投资者实际上是自我欺骗。对价格目标进行再次评估既包括积极的因素也包括消极的因素，它们应当按照如下原则来进行分析：（1）正如第 8 章所说，您所支付的价格无关紧要；（2）尽管现实原因会导致投资者降低自己的目标价格，但不要让这些变化来降低止损订单的价位。

通常说来，使用止损订单并不是一个好的主意，除非你是用卖出订单来避免机构大量持股的股票所可能导致的损失。在第 23 章中，我们详细说明了这种与众不同的观点。但是如果已经给出了卖出订单，就不应当收回订单或降低卖出股票的价位，否则订单就会失效。它们有可能变得比失效还要糟糕，因为当投资者检查其资产投资时，他会做一系列假设，所有的假设都有可能是没有经过思考或是错误的。某些购买假设如下：

- 消息来源准确而客观。
- 从基本面上讲，将会发生一些特别好的事情。
- 这一事件的影响足以使价格显著上升。

- 没有预计到该事件会在这一价格上发生。
- 利率将会保持在某一水平，并朝着有利的方向变化，从而会支持未来的股市大盘。
- 市场心理，不管基本面如何，将保持在某一水平。
- 预计的价格并没有超出合理的范围，比如收入或市盈率。
- 该行业的主要发展和经济生活中相关部门的发展将会支持预期的价格。
- 政治或地理因素和预期的一样。
- 预期的事件将如期发生。
- 投资者关注一些重要的因素，这些因素将激起他的热情或使他认为该股票的价值没有被低估。
- 投资者没有被轻易误导。
- 世界将会继续如此。
- 在这一过程中不会有任何正面的和负面的意外因素。

修正预期

正如前面所说，在做出购买决策时，投资者应考虑到所有的因素，但这些因素不可能保持不变。因此，在开始时投资者可以设定一个合理的卖出目标，但应当知道任何目标都需要进行及时的调整，因为世界是处在变化中的。假定变化即将发生，投资者应当采取措施调整自己的目标，否则的话就是在白日做梦，为自己的惰性找借口。

例如，假定一名投资者对某家公司很感兴趣，该公司也许是一家制药公司，其收入不断增长并且产品占据了老年病处方药的主导地位。而在当今社会，老年人是一个不断增长的人口群体。股市的总体走势近来有些疲软，因此，作为一名反向投资者，该投资者预见到一个好的机会，即在低价位买入基本面良好的股票。

她检查了几种收入预测的来源并且认为，根据现实的市盈率，该股票在 18 个月后应当能够在 38 美元的价位上卖出，尽管这只股票当前的价位只有 28 美元。于是她购买了该股票，把 38 美元作为卖出目标（实际上，她应当准备在低于这一目标价位的价格上卖出，所以对利润水平不需要进行绝对完美的分析）。

以上列出的所有因素都有可能发生意想不到的或逐步的变化，所以我们的投资者必须时刻准备调整价格目标以便于兑现。以下是一些可能出差错的事情：

- 非处方药中的产品填塞物可能伤害这家公司或在大众心中投下心理阴影。在另一行业，一场空难会使人们对所有的小航班或打折航班的安全性表示怀疑。
- 由于产品的检测和研发成本，管理层可能暗示收入将会发生波动，而以前普遍认为该公司的收入水平是稳定的。
- 分析师和投资组合管理经理可能对销售增长和收入水平的微小变动都不能容忍，尤其是针对高科技或市盈率较高的股票而言。
- 美元价值可能波动，从而影响汇率，使以外币计算的成本和收入发生变化。
- 一场罢工有可能影响生产或原材料的供给。
- 联邦政府削减赤字的压力有可能加剧，从而压缩医疗支付或提高利率。
- 带来新产品和新技术的竞争对手可能出现。
- 基因替代产品取得市场突破的速度比人们预计的要快。
- 税法和反托拉斯法可能阻碍收购的过程，使某一行业的股票丧失吸引力。
- 公司可能遭到起诉：竞争者诉其违反专利保护法，政府诉其检测过程不过关，或是行业诉其违反反托拉斯法。
- 市场可能变得投机，放弃传统的成长性股票，转而追逐短期概念股；市场可能周期性地强调成长股或其他股票；市场偏好在小盘股和大盘股之间变化不定。
- 税法和投资群体年龄的增长使股息收入比股票增长更具吸引力。
- 对保证金的规范管理有可能加强（尽管多年以来还从未发生过类似

事情)。

- 基金经理有可能认为其他行业更令人感兴趣。
- 通过进一步了解,投资者会发现经纪公司的分析师已经预测到了某些将会发生的利好消息,这意味着股票上涨的幅度将比想像的要小,因为股票价格中已经包含了这些利好消息。
- 可能发生某种意外情况。

同样,市场上也有一些意想不到的好事发生,因此会提高目标价格:

- 管理层可能宣布开发出一种意料之外的但极具潜力的新药(在不同的行业中,有可能是其他类型新产品)。
- 主要的杂志可能把该股票列为在下一年首选的十只股票之一,或是列为某位明星级的投资组合管理专家的首选,从而提高该股票的知名度和价格。
- 政府有可能通过或实施对研发和海外生产更有利的税法。
- 经济预测趋于乐观,暗示着股票价格将比预想的经历更持久的增长。
- 市场上会有适度的关于衰退的说法,从而降低利率并使投资者转向一些保护性行业,比如药品、食品、超市以及公用事业。
- 白官易主或国会人员更迭,意味着政府将会加大在公众健康上的投入或简化规范管理。
- 人们可能会发现某一种药品在治疗另外一种主要疾病上有积极的疗效。
- 公司有可能在研制治疗艾滋病和癌症的药品方面取得突破。
- 公司可能宣布一项旨在增加股东权益的重组计划。
- 一个著名的公司兼并或收购者(以兼并或收购手法打击竞争对手的人或组织)可能控制了该股票或者控制了同行业中另一家公司的股票。
- 可能发生收购和股份回购。
- 由于可靠的理由,公司收入可能高于预期值。

- 外汇汇率可能发生有利的波动。
- 带来积极后果的意外情况可能发生。

从投资战术上讲，只有能够带来重大变化的新的因素才能推翻先前设立的对股票价格的合理预测。由于公司季度收入良好，股票在近期跃升两个点并不意味着投资者的长期目标价格就可以提高 2 美元。如果确实出现了重要的新信息，投资者的预期则应当向上或向下进行调整。假定，在前面我们提到的例子中，最初的价格判断是 38 美元，并且卖出股票兑现的目标价位是 35 美元。假定随着时间推移其他的因素没有发生变化（不太可能），或者是各种因素变化的结果相互抵消，使目标价位保持不变。

这名投资者十分幸运，目前股票价格是 33.50 美元，这主要是因为总体市场有所增长。突然，一家大型的欧洲或日本企业集团对另一家制药公司进行投标，这带来了新一轮增长的可能性。出价可能已经达到了历史最高点，但是市场却认为竞价才刚刚开始。该股票的持有者就会暂停在 35 美元的价位上卖出股票，因为他认为所有药品类的股票价格都会上涨。

相反，我们也可以假定有人对该公司恶意竞价。目前出价是 40 美元，由于市场希望会有更高的出价，股价会上升到 41 美元。该投资者认为 40 美元已经超过了基本面所能支持的价位，他的判断可能相当准确。但是如果该公司谨慎而值得信任的管理层建议股东不要匆忙采取行动，要等待公司的反应使股价进一步上升。我们的持有者应当暂停行动，并且在下一次利好消息出现时卖出股票。投资者必须保持灵活但又要绝对的理智，要对新事物做出现实的反应，但不要被热情冲昏了头脑。在进行思考的时候，“我现在会购买吗?”这个问题总是很有用的。

现在我们来看一下一些负面消息。经济学家们所说的外部性，比如说局部战争和新的世界范围内的石油禁运，都会干扰经济增长和推动通货膨胀急剧上升。此时不管某些公司是否具有吸引力，它们是否有最新的激动人心的产品，还是它们当前的相对价值是否被低估，债券和股票都会一落千丈。读者可回头看一下图 13－4。

在这种突然发生变化的情况下，由收入增加所带来的市盈率通常会下降，使投资者目标价位降低。股票价值仍然被低估，只不过当前价格和未来的目标价格更低。事先投资者预计的达到最初目标的时间范围被延长了，因为通货膨胀带来的后果需要很长时间才能平息下去。目标价位必须降低，并且股票很可能会被立即卖出，而不管当前的账面损益是多少。原先的目标价位已经成为不相关的历史陈迹。

案例分析

一些其他的主要因素，甚至和公司并没有直接关系，也会使目标价位下降。比如说，其他的高科技或成长性行业中的公司例如计算机和软件公司（听上去是不是有点像1996年早期的说法?）开始公布令人失望的盈利水平。因此，即使是股票的基本面并没有发生变化，许多成长型股票的辉煌日子也会结束。而这些股票通常会带来高额回报。

因此，分析师们降低了对每股盈利的预测，投资者则对自己所能容忍的风险水平进行调整。看到机构投资者的态度发生了重要的变化，你必须认定——不管对错——这种新观点和看法将需要一段时间才能结束。它所带来的结果是成长性制药公司的股价下跌并且市场对这些公司比以前更不看好。

在这种情况下，投资者的收入预测有可能仍然是完全正确的，但是预期的实际的或相对的市盈率可能过高。这种心理上的伤害需要一段很长时间才能复原。在众多公司中，我们的投资者在关注一家公司的长期或大势走向，当市场在放量之后下跌90点时，这家公司宣布了利好消息。好的基本面消息所带来的结果会被消极的心理影响一扫而光。因此，为了弥补投资者在感情上受到的伤害，投资者的预期必须向下调整，否则投资者实际上是在持有股票，等待实现一个不现实的目标。

这里有一个真实的例子来说明修正目标的必要性。1989年底，一名投资者以17美元到18美元购买了长岛照明公司的股票。按照该公司与纽约州政府的协议，长岛照明公司废弃了成本高昂的肖汉姆核动力工厂，以此来交换连续几年的股息增长。接下来该公司公开承诺股息收入在1989年、1990年和1991年将分别达到1美元、1.5美元和2美元。最初的股价下降趋势发生在 1990 年底，即使股息收入不可能进一步增长，股票仍然能够在当前收入增长为 8% 的基础上卖出，即在 25 美元的价位上卖出。这一价位意味着投资者在 17 ~ 19 美元的价位上购买了该股票并持有 24 个月之后，能够获得极其诱人的总体回报。

尽管股息收入的增长不如预期的迅速，加上海湾战争这一意外事件使利率下降加快。到 1991 年底，它的股息达到 1. 7 美元，收入增长率下降到 6. 1%，而不是预计的 8%，这使得投资者的目标有所提高，到了 26. 25 美元。该股票在 1993 年实际涨到了 29 美元以上。

但是在这一年，管理层大幅度降低了股息增长的速度，股息收入仅从 1. 7 美元提高到 1. 78 美元。由于利率水平出乎意料的低，因此投资者的目标价位提高，投资者没有注意到另外一个不利的股息收入信号已经出现，在出乎意料的低利率水平上，他们应当接受 26. 25 美元的目标价位（经过修正的目标）。股票价格曾经超过目标价位三个点并没有什么可遗憾的，因为另一个不利的基本面信号已经出现。如果投资者没有在目标价位上卖出股票（事先在市场上给出卖出订单），1993 年的股息增长的减缓应当成为一个卖出股票的信号，实际上它代表了价格预期的急剧下降。这种情况既包括向上的预期调整（由于利率比预期的要低），也包括向下的卖出目标的调整（由于出现不利的股息增长的信号）。

我们这儿也有例子来说明高科技股的目标价位的变化。莲花公司在 1993 年盈利水平下滑，这是由投入到 Lotus notes 的生产成本造成的。但它的盈利水平很快有所反弹，在 1994 年预计每股达到 2. 2 美元。如果投资者预期的一个合理的市盈率是 20 倍的话，以软件公司的增长为基础，价格目标应当是 44 美元。但是，随着有谣言传说 IBM 有意收购莲花，这一目标价位应当暂停。

IBM 的决策应当成为卖出股票的触发点：如果蓝色巨人走开，意味着它不想支付高于 44 美元的费用，那投资者对它的判断还能有什么怀疑？投资者应当在市场上卖出股票。如果 IBM 决定支付每股 66 美元，这也是一个需要立即卖出股票的信号。为什么还要继续观望等待可能的麻烦出现呢？比如说意想不到的司法部门的调查，令人失望的季度盈利水平或许会使 IBM 重新考虑它的决策，或者其他的东西？夜长梦多，先下手为强！

令人好奇的是，IBM 另外的一个决策也是改变价格目标的理由：决定不收购苹果电脑公司。苹果公司失去了它的创始人，史蒂夫·乔伯斯。其市场开拓进展缓慢，市场份额下滑。投资者的价格目标开始下降，直到太阳微系统公司和 IBM 公司有意收购苹果公司为止。正如事情的发展一样，这两家公司都错过了机会。在高科技行业中，当两家处于领导地位的公司拒绝收购某家公司时，调整后的目标应当立即变为“在市场上卖出”。苹果公司的股票下滑了一半，从 40 美元跌到 20 美元。

投资者从一开始就必须设定卖出价格的目标，否则的话就没有注意的焦点和原则。但这些目标不能定死，因为环境是在不断变化的。投资者必须努力控制自我的情绪，这样一来，改变原先的价格目标就不是一个心理问题。投资者的头脑应保持灵活，要把那些重要的因素加入到评估公式中，对最初的价格目标进行加减修正。

及时地从身边擦身而过的和琐碎的事情中找出真正重要的事情是非常重要的，尽管这样做并不简单。至关重要的一点是拒绝感情冲动，并在群众的心理狂热期已过的时候采取行动。市场会朝着令人疯狂的高位前进，也会朝着令人恐慌的低位移动，因此投资者在这种极端情况下必须调整目标和风险的承受水平。无论何时，他必须清醒认识到保持客观态度的重要性，注意不要由持有者变成鼓吹者。我们再次强调，投资者应当问自己一个关键问题：“如果我还未拥有这只股票，我是否会在现在的价位上买入?”如果回答不是肯定的，那么就应该马上卖出股票兑现。

投资者没有必要对任何一只股票忠贞不渝。股票是没有生命的事物，不会感觉到被伤害的痛苦。你可以改变主意并且卖出。如果你错了，你可以再买回股票。你的佣金费用越低，你这样做的成本就越小，哪怕后来确实改变了主意并且再次购回股票。要保持你的价格目标兼具灵活性与现实性。市场总是会按照自己的方式运行，而不管你的看法如何。没有必要去钻牛角尖!

第 16 章

自律练习

投资成功的要诀

- 让期权交易教你投资戒律
- 学习期权新手指南

经验是无可替代的。在现实世界里（投资和其他事情上），需要随时做出决定，经验是对理论的加强和补充。在投资者做出持有股票或卖出股票的决策时，实践是一个伟大的老师和教导员。实际上，总体上来讲，持有股票的决策不是有意识做出的，通常它是一种无意识的行为。不做出持有决策的目的是为了减轻投资者在做出卖出决策和实施卖出决策时的压力。

让期权交易教你投资戒律

本章提供练习，帮助投资者学习在有意识地做出卖出决策时必须遵循的准则。在这一练习过程中，笔者建议投资者购买期权——更具体点，短期期权。我们精心挑选并在此安排这种练习，是因为这种体验具有任何书面上的实验所不具备的教育和心理价值。

一个在理论上牵涉到期权的虚拟场景并不能让投资者体会到真实的市场交易中所必需的迫切感和投资准则。因为在这样一个模拟的场景下，并不牵涉到金钱的投入，也不牵涉到感情的投入——包括克服贪婪、恐惧，以及自负的感情投入。虚拟的账面收益是不真实的，所以它们不足以使投资者犯错误。

同样，我们没有办法人为地制造一种真实的紧迫感。在卖出过程中，一个微妙的但经常会导致投资者失败的方面就是缺乏强迫投资者退出的机制：市场在明天又会开盘，所以这场游戏就会继续下去，如果投资者不在今天采取措施结束游戏，这种游戏会持续到他采取措施为止。如果他从不采取行动，他就成为一个吸筹者，而不是一个投资者。

期权的独特之处使其成为投资者学习投资戒律的理想选择：它们的有

效期是有限的。任何一份期权都有结束点：本月第三个周六的前一天下午。因此，这就存在时间期限的问题。期权持有者必须卖出或交割，否则的话就会损失所有的价值（如果客户没有注意到期权到期的通知或者是投资者的账户中有足够的钱用来支付双重交易的佣金，某些经纪公司就会代客户交割期权）。

尽管这种交割可能带来损失（有办法使损失最小），投资者应当把这种费用看作是为了学习如何在真实的环境中做出卖出决策所必须支付的费用。

假定投资者购买的都是买入期权，因为人们通常对股市看涨，并且如果投资者在这方面是个新手，理解这种期权比卖出期权要简单一些。

为了把这种练习可能带来的经济损失降至最低，投资者可以购买即将到期的期权——两周是一个理想的期限。然后，选择一支交易价格为 5 美元倍数的股票，这一价格是期权的协定价格。最后，选择一支相对稳定并且股息收入较好的股票。以上三个准则——较短的期限，接近期权的协定价格，股价的内在稳定性——使投资者所需投入的金钱较少。

电话公司和电子设备公司的股票是很好的例子。选择一家年股利收入日益增长的公司，以免不慎落入圈套。同样，要确保股票在有效期内支付股息，避免在公司公布其季度收入的时候购买股票（比如说，在季度结束的下一个月）。

为了说明方便起见，假定在 9 月 1 号，投资者购买了 10 份 XYZ 电子服务公司的买入期权，协议价格是 25 美元，到期日为 9 月 16 日。假定股票在 25.25 美元的价位上进行交易。

10 份买入期权合同使投资者有权购买 1000 股股票，375 美元佣金。因此，这是一个必须积极参与的游戏。第一目标就是赚钱。次要的目标是尽量减少损失。在任何一种情况下，在玩游戏的过程当中学习是最重要的。把时间当作敌人——以及有用的激励物。

期权新手指南

对于期权新手，以下是关于购买期权的概述：一份买入期权就是一份合同，该合同允许其持有者在一个特定的日期或到期日之前，以某一特定价格（称为协议价格）购买100股相关股票。

在这种情况下，每一份买入期权都使投资者有权在9月16日到期日之前以25美元的价位购买100股XYZ电子公司的股票。过了这个日期，如果期权没有进行交割，它的价值就变为零并且失效。它可以在到期日之前的任何时候卖出，因此就把这种权利（以及时间压力）转交给新的购买者。如果股票是在协议价格之上进行交易，比如说在25¼美元交易，期权就有其内在的价值：它现在就可以交割，交割时的股票价位将在25美元以上。期权本身就是这种差价。但是期权在其内在价值之上进行交易是因为它们没有到期。它具有时间价值，尽管在本例中时间价值只有很小的投机价值。因此，3/8是一个现实的价位。

在购买日和到期日之间，1/8的时间价值贴水有可能消失，期权以其内在价值进行交易。但是这种贴水价值的消失通常发生在较晚的时候——时机太晚以至于投资者可以牺牲这些贴水值去购买其他期权，因为那些期权还有足够的时间成为一个有用的教师。

我们的目标是在这种交易中获得尽可能多的收益，并且感觉到在所有的持有还是卖出选择中的紧迫感和决断力。正如前面所说，没有人强迫资产投资者做出卖出决策。如果他到今天一直持有股票，他明天还可以考虑这个问题。如果他明天还持有股票，还有以后的交易日可以选择。对于股票而言，没有最终的交易截止期限。

但是，期权就完全不同了。到期日不可避免的要来临，你必须做出决策。玩这种期权游戏会极大地增强一个人拥有一只股票时的所有感觉，随着到期日的临近，紧迫感越来越强（见图16－1)。

如果一名投资者购买了一个两周的期权合同，扣除两个周末，第一天过后，他就可能丧失10%的获利机会。到只剩四天的情况下，他每天将损失25%的时间价值。还剩两天的情况下每天损失50%，你必须今天就采取行动或者接受明天的审判，那将是最终的结果。

通常，当投资者拥有股票的时候，当股票上涨时，他感觉良好，他想获得更多收益并且害怕账面收益消失。当股票下跌时，他感到悲伤并且害怕价格会进一步下跌，导致更多损失。但是因为这是一只股票，他可以延

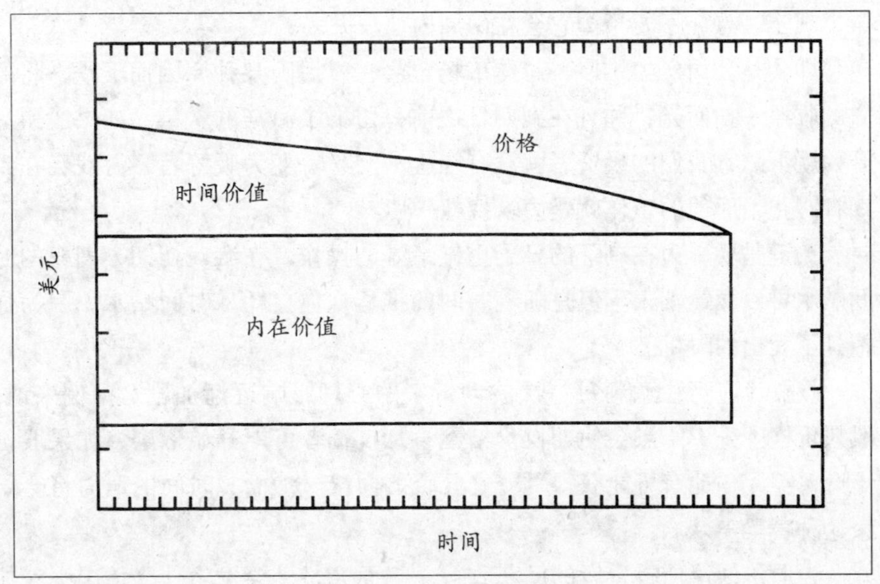

图 16－1　期权价值

长时间限制，听天由命。在任何情况下，他都没有必须卖出股票的压力。而恰恰相反，期权合同将在某一个已知的时间段内失效。因此，必须选择在某一特定的时间执行期权。

这种压力令人感觉不愉快。通常，时间的推移对期权持有者造成了压力，因此他会在卖出时机上犯错误，而这些错误通常不会出现在他卖出股票的时候。通过做这种练习，投资者可以学习如何做出卖出决策，并且认识到这样作并不是想像的那样恐怖和不安。他有了这种体验，在下次卖出的时候就不会感到很困难。但是最重要的是，时间的压力迫使他做出决策而不是拖延。

每天股票都会波动一个百分比。除非市场上发生了意外事件（也许是由利率预期引起的），否则的话股票波动幅度不会太大。这种相对稳定性是有用的：因为股价的相对稳定，股票不可能在一天或两天内变动太多。因此，离到期日还有几天的时候，投资者会意识到股价进一步变化的可能性很小。这将有助于帮助他做出决策是继续持有还是卖出。如果股票一开始就上升，投资者也没有理由让贪婪冲昏头脑：这只是一支表现平稳的股票，现实一点，不要指望它会在两周内上涨太多。

即使是公司实力雄厚，总体市场也会在以后因某种原因而下跌，将原先的收益一扫而光，并且在到期日之前只留下了渺茫的希望。如果股票一开始就下跌，我们的投资者就没有福气从交易者变为吸筹者，游戏会在到期日终止，而他的工作就是力求挽救一切。

关键是要尽力在剩下的日子里做最好的操作。在游戏初期，期权的时间贴水可以卖给别人。但是随着时间的推移，你会耗尽时间贴水，因为你拖延了卖出的时机。

投资者应当注意到每一次波动带来的心理影响逐渐加剧。举例来说，股票价格上升 1/4 点会使期权价格翻番。投资者可能开始琢磨，如果股价上升 1 美元，他有可能获得百分之几百的回报。然而，时间的压力将会结束这种黄粱美梦。

当股价回落使投资者的已获收益一扫而光，又会发生什么情况呢？如果他拥有这些股票，他可能就不会如此紧张，因为他能够连续几个月甚至几年持有股票，无论是出于希望还是固执。如果他拥有股票，1/4 点的上升并不会令他感到太高兴，因为他知道这只股票通常是稳定的，也许在一个星期之后在一次正常的波动中价格就会回落。投资者拥有股票而不是期权，是在表明一种可能的长期关系，他不想仅仅因为股价上涨了1/4点就结束这种持有关系。

但是如果是持有期权，他会处在一种追加保证金的境地，在这种情况下他必须支付第二次佣金，以期在两周后获得最好的价格。他应当承受风险还是现在就兑现？如果说他现在兑现股票来结束风险和压力，股价在一周后上升到 26 美元但回落到25¼美元又怎样呢？他那时的感觉如何？

在第一周内，不管股票如何上升、下降，或保持稳定，如果他仍然使用期权，他就会完全忘记了“谢天谢地今天是周五”这句话的意思。周五这一截止日期将会成为高悬在他头顶上的达摩斯宝剑，迫使他做出决策。如果他继续持有，每天没有变化或部分损失使他获得潜在收益的时间越来越少。他开始对每一次波动中的 1/4 和 1/8 进行关注，把这当作是对他的赌注不利的偌大的百分比——事实上确实是这样。时间期限使他没有机会放松，因为一个错误就会导致所有的一切付之东流。如果期权可能达到

1/16，或者说他可以在1/16点卖出，但没有买入价，所以他不能失去自己所有的筹码。

不要期望所有的决策都十全十美。除非他在两周期限的最后卖出，当最后的铃声敲响之前，股票和期权仍然有时间高于退出水平。这就是市场的运作之道。因此，投资者应当学会接受这一结果，当作是不可避免的。不要指望能打败市场获得它所提供的所有收益（由于众所周知的原因）。学会做出选择，然后继续前进。这种决断力的训练可能会花费几百美元，这个学费是很值的。在未来你会拥有若干股票，你所学到的决断力会为你节省成千上万美元。你必须学会卖出，在不确定性面前接受最终的结果。期权交易是一个有价值的老师！

第 17 章

把卖出股票和购买新的股票区分开来

投资成功的要诀

- 认识转换的群体领导
- 认识到同时买进和卖出的变换
- 保持卖出股票检查表

有几个原因使得投资者不应当卖出股票募集资金去购买另外一只股票。卖出股票只是为了获得资金去购买新股经常是一个双重的错误：卖出时机选择不当，购买的股票本身不好或购买时机不好。根据一个股票的相对表现矩阵，我们可以发现，失败的可能性（未进行发生频率的加权）和成功的可能性之比超过了2:1（见图 17-1）。

卖出股票 \ 替换性购买	上升多	平行	上升少或降	平平	降
升	好	佣金成本	不好	不好	不好
平	好	佣金成本	不好	佣金成本	不好
降	好	佣金成本	不好	好	佣金成本

图 17-1　转移购买的相对评估

从总体上来说，如果投资者在任何时候只买进不卖出或只卖出不买进的话，成功的可能性更大。成功地同时进行买进和卖出要求投资者具备以下条件之一：（1）投资者能够准确地察觉市场上人气的转换；（2）投资者能够获得内幕消息；（3）纯粹是瞎猫碰上死耗子的运气。聪明的投资者不会去碰运气的。当运气来临时，你可以接受它但你绝不能指望它，这使得我们要考虑理性的群体领导。

转换的群体领导

股票市场上的重要运动会推动大多数股票向着一个总体的方向运动——或上升或下降。实际上，市场专家和技术专家使用一种被称作“扩散指数”（见第18章）的工具来判断一项运动过程是否结束。根据定义，在我们所研究的时间范围内，如果大多数股票不再向上运动，那么就达到了市场的高位，即市场最高点。

因为大多数股票在绝大部分时间内是沿着同一方向运动，如果一个投资者或交易者买进一只股票的同时卖出另一只股票，那么从数学上来看，成功的概率对他是很小的，除非是被卖出的股票具有基本面问题和技术问题，或者是达到了技术上的价格目标。如果市场处在上升阶段，随机抽查表明，目前持有的股票和即将购买的股票都会继续上升。相反，如果在投资者采取行动之后，股市开始整体下滑，那投资者目前持有的股票和即将购买的股票会同时下跌。

当然也有例外情况，比如说数学概率发挥作用的时候。但是这种成败的概率是存在的，并且随时间的推移，投资者采取成功概率较大的行动比采取成功概率较小的行动结果更好。绝大多数专家的建议包括投资者应避开那些成功概率为负的情况，并且抓住那些成功概率较高的机会。

正如前面所说，投资者在一种例外情况下可以同时卖出和买进股票，这种情况涉及到对群体转换的准确把握。在市场上升期间，并非所有股票的反弹步调都保持一致。在牛市上，尽管总体的趋势是上升的，某些个股或整体的行业股会保持领先地位，而其他的股票有可能滞后并停止不动。这就出现了领先者转换的问题。当前的领先者停止不动时，原先的落后者就后来居上。

在市场循环的最低点，那些有勇气买入股票的投资者把注意力集中在蓝筹股上。在市场高位，当乐观情绪持续了几个周或几个月，投机热潮席卷一切，垃圾股或小盘股极其活跃并取得了市场主导地位。这是一个很宽泛的、或宏观的关于主导地位转换的描述。以行业为导向的转换也会发生。在任何一个特定的时候，处在主导地位的集团都在某种程度上依赖该行业最近的表现，并因此更具吸引力。与 20 世纪 80 年代中期相比，这种方式近年来变得更为明显，因为基金经理使用了计算机来更全面、更及时、更密切地监控市场的运动。

另外一个影响市场主导地位转换的因素是国家的（或世界的）舆论环境。某一行业集团处在领先地位而其他集团处在落后地位，这取决于在媒体上占统治地位的新闻舆论。举例来讲，如果通货膨胀很低，公众就会预期较低的利率。对利率较为敏感的行业集团就会获得领先地位，包括银行、储蓄和贷款、保险公司，以及公用事业单位。房地产和汽车制造业的股票也会上升，因为低的利率将会鼓励消费者购买。

如果美元贬值或国际汇率下降，基础工业的股票将会上升，因为进出口将会发生有利的变化。钢铁、机械和化学工业股会表现良好。在一个持续了很久的上升期内，一个行业集团处在领先地位几周或几个月后，会被另外一个集团所代替。

在这种情况下，只有当投资者觉察到市场上处在主导地位的股票发生了转换并且准确把握了这种变化发生的时机，同时进行买进和卖出股票才有意义。要做到这一点是很困难的，除非投资者能够成功地做到这一点，否则的话，他获胜的概率很低。最有可能发生的情况是买进和卖出的股票同时涨跌。

因此，除非一只股票相对另外一只股票发生了很大的变动，否则投资者不要同时买进和卖出股票。扼要重复一下，如果绝大多数股票都在下跌或看上去将要下跌，卖出股票以后应推迟再投资（作一个局外人并且不在高位购买股票会给一个投资者带来看不见的收益。这些收益虽然不像买了一只好股票所带来的看得见的收益那样令人兴奋，但它也在使资本增值）。当股票正在上涨或看上去将要上涨时，在这种情况下最好不要卖出，追加资金甚至动用保证金购买股票会增加收益。这些选择只会发生在反向投资者身上。

注意同时买卖转换

在同时买进和卖出过程中，有一种危险的心理。如果投资者购买了一只股票，并且已经满仓，他就有可能开始沉浸在牛市来临的美梦中而失去理智。假定他的投资是满仓操作，为了购买新的股票他必须卖出股票（筹集资金），市场本身可能已经上涨。投资者在市场低点时由于恐慌通常不会使自己的投资满仓。

随着市场进一步上涨，尤其是持续几年或数月的上涨，投资者开始看到更多的热点题材并且感觉到一些上升势头强劲的股票正在与他们擦身而过。市场游戏看上去变得简单了，胜利的天平似乎在向自己倾斜。

当这种情况继续发展，尽管投资者也想抓住更多的股票并想得到牛市所能够提供的一切好处，但她似乎应当继续持有她已经拥有的股票。如果她感觉到自己已经陷入某种俗套，就应当把它当作一个警告信号，她实际上是在游戏的后期加入而不是逆潮流而动。

在本书的其他部分我们曾建议投资者保留一个笔记本，在笔记本上记录市场的运动、股票的走势、关于市场的个人感觉、个人的盈利/损失，以及个人的注意力的焦点。如果这些记录和以前的市场运动相符，这个个人笔记本就可以成为针对市场心理来校准个人习惯和行为模式的一个有用的方法。当然，我们的目标是找出什么时候好的感觉已经过分以及什么时候沮丧和害怕的情绪表明了市场最低点的到来。追踪市场阶段的一个简单方法就是在市场下跌的日子里用红笔记录，在市场上涨的日子里绿笔记录，在市场徘徊不前的日子里用黑色笔或蓝色笔记录。

当市场普遍上涨时，人们倾向于更仔细地研究市场和个股的机会。这是人之常情。迅速扩张的热情能够说明为什么牛市是随着交易量的不断增长而出现的。因此，如果一个投资者受到乐观情绪的感染，他会考虑做些适当的购买。当投资者已经满仓，他的注意力却集中在认真研究如何去购买下一只股票上，这就说明存在问题。

在市场上涨的中期到晚期阶段，投资者应当认真地检查他的每一只股票，找出哪一只股票应当继续持有，哪一只股票应当卖出。如果他的投资已经满仓并且没有找出应当卖出的股票，他对卖出就没有给予足够的关注。如果他已经满仓，并且继续花费精力寻找新的可供购买的股票，那他也忽视了卖出的准则。投资已满仓而在考虑进一步购买的投资者实际上是在错误地思考问题！因此，投资者应当以潜在的反向投资的逻辑对那些看上去很自然、很容易做到的事保持警觉。

因此，为了筹集资金购买新的股票而被迫卖出股票反映出的是一种时机不当或过分乐观的购买。投资者察觉到这种投资陷阱的保险的办法是关注想法的变化和最近的短期市场走势。对购买新的股票是不是感到真正的兴奋？购买股票是否比其他的事情更有把握？你害怕的是丧失及时跟进的重要机会，而不是可能导致损失的风险？（害怕错过收益就是贪婪。购买时并不感到害怕，比如说遭受损失，通常是指在一个高涨的市场的后期才买入。）

如果你对上面所提出的任意两个问题的回答是肯定的，那么就应当推迟购买，因为在当前的游戏中为时已晚。在这种情况下，同时买进和卖出中买入的时机是不当的，这是应当卖出的时机，但现在就进行再投资为时过早。再投资可以稍晚一些，最好的购买时机就是没有兴奋感的时候——当人们怀疑市场是否有能力再次回升的时候。投资者应逆潮流而动，做那些让你感觉不舒服的事情。

现在我们来看一下这个同时买进和卖出过程的卖出方面，为什么卖出股票会是一个错误的决定，或者卖出怎样成为一个错误的决定？正如前面所说，如果一个投资者把注意力放在购买上，对卖出不加理会，他此时必须把注意力转到卖出上，至少要给予卖出与购买相同的考虑时间。被迫做出的卖出决策通常都不好，因为它们可能是在仓促之间做出的决定。每一个卖出决策都应当根据它独自的特点和时机来决定。

让我们想像一下漫无目的的人最喜欢的卡通漫画：一个蒙着眼的投资者站在桌子一边掷飞镖，并且购买他投中的任何一只股票。与此相类似，由于想要购买新的股票而强迫自己卖出股票是同样愚蠢的。实际上，我们投资者是在扔飞镖，不是根据价格而是根据日期。他随意地选择卖出时机，根本不考虑卖出的原因和当前的价格。他强迫自己卖出不是为了获利或改变所持有股票的前景，他只是为了一个毫不相干的因素：需要资金购买新的股票。结果很有可能是这样的：为了获得资金去购买新股而做出的卖出决策是在所有的选择中最差的。厌烦再加上最近的短期挫折，不去更理性的思考，比如说，基本价值和价格运动的潜力，主宰了快速决策的过程。

不管一只股票是否上涨、下跌，或横盘不动，最好的卖出时机是当价格在持续的波动过程中到达周期性的高位时。如果一个投资者由于感到挫折和厌烦而卖出股票，极有可能该股票最近的表现不令人满意。因此，它的价格更有可能接近最低点而不是周期性的高点。因遭受挫折而做出的卖出决策可能最终是失败的。

卖出股票的检查表

如果一个投资者需要卖出股票获得资金购买新的股票，他应当认识到他可能面临一个严肃的问题，他应当实施自我约束（某些分析师不同意这种说法，除非该投资者有大量的投资组合）。在任何时候对总的投资价值进行评估同样有用：对当前持有的所有股票做一个彻底的理性的盘点，对每一只股票，都记下如下问题的答案：

- 什么是现实的价格目标，在多长时间内达到（以及这种做法是否是正确的，从现在算起的年收益是多少）？
- 股票价值现在是否被低估，价格合理，或价值被高估？
- 这只股票为什么不受市场欢迎，为什么不符合群体领导的模式？
- 这是一支稳定的股票还是容易发生变化的股票，如果市场低走，这意味着什么？
- 如果投资者对股票实际可以进行三个月的观察，这只股票在可以继续持有的股票中排位如何？
- 在投资组合中，这只股票代表的经济部门或行业是否比例过大？
- 我今天是否会再次购买这只股票？如果是，为什么？

对这些答案进行比较就可以找出哪些是最应该卖出的股票，哪些是应当继续持有的股票。这是自我控制发挥作用的诸多情形之一，在这种情况下，投资者先退一步，深思一下，在纸上写下一些公正的判断，这会对任何一个投资者都有好处。

第 18 章

使用个人的扩散指数

投资成功的要诀

- 了解上涨/下跌的指标
- 使用市场扩散指数

本章为读者提供了量化的指标，可以用来作为卖出的信号。本章引进了一个有用的指标“个人扩散指数”，个人扩散指数属于技术指标，更是衡量过度购买/过度卖出的振荡器。本章前一部分对这些指标做了概述，接下来我们揭示了如何使这种分析个性化。

判断上升/下降趋势的指标

衡量过度购买/过度卖出的最简单的指标是 10 个交易日的上涨总额减去下跌总额。这个市场统计数据是通过每天的上涨额减去下跌额（通常是在一个交易市场上，比如纽约股票交易市场），然后将 10 天的数字加总，得到一个范围在正的几千到负的几千之间的数字。尽管精确的、随时间变动的购买 - 卖出信号取决于市场的心理水平，这个指标仍然是在两个交易日内衡量卖出（购买）时机的一个有效方法。投资者可以很方便地看出低位到高位的范围在哪里。

过度购买/过度卖出指标是一个短期的衡量标准，它仅在某种限度上有用。某些市场分析员使用的每周多空指标也是如此。与此相反，许多市场技术专家把所谓的“累积上升/下降曲线”看作是衡量市场变化方向的一个更有效的指标。这个指标的计算方法和 10 个交易日的指标计算方法极为相似，不同的是累计总额是从投资者进行市场操作的日期开始算起的，而过度购买/过度卖出指标只是 10 个交易日的累计。不管数据是从哪一天开始收集的，投资者当前使用的指标在形式上与此是一致的，但是净交易量的变化给未来带来了许多的不确定性。总额的绝对值并不重要，需要关注的是价格的相对运动趋势。

技术专家用累计上涨/下跌的数字来判断市场行为的变化。他们把这些指标绘成图形，将其与一些流行的市场指标进行比较，指出这些曲线形状的差别，比如与道琼斯工业平均指数相比。由于累计上涨/下跌总额是一个更宽泛（包括所研究的交易市场上的所有股票）的指标，比起范围较窄的指数如30只股票的平均值，它能够更合理的反映市场运动的方向。

技术专家寻找的是当两条曲线运动方向不同时所对应的时间点。当累计上升/下降曲线走势平缓或向下倾斜而市场"平均值"仍然向上倾斜时——或者是当上升/下降曲线走低而道·琼斯指数保持平缓，正如在1989年底，即10月的小股灾发生之前，市场出现的典型情况一样。以上两种情况都是卖出的信号。这背后的理论基础是，多个股票比某几只股票的数学平均值更能反映真实状况，因为某几只股票的平均值可能会因受到其中一只或两只个股表现的影响而失真。举例来讲，在道·琼斯的30只成分股中，几只高价的石油股，或是高价的IBM股或3M公司的股票，会拉升其他股票的价格。

市场扩散指数

建立在上涨和下跌数据的基础上的另一个有效的指数就是市场扩散指数。市场扩散指数的建立方法有所不同。由于这种差别，它倾向于反映更突出的变化。令人吃惊的是，它似乎不需要通过图表来获取数据，这可能是因为计算机存取数据的方法所导致的。

绝大多数图表都集中在短期的数据上，使计算机的程序能够处理收盘价格（以及最高价，最低价和交易规模），许多图表会收录那些日价格波动最大或周价格变化最大的股票。市场扩散指数反映的日期比一天或一个周要长得多，因此，它给出的是一个宏观的信号。

在20世纪60年代和70年代，以波士顿为基础的一家咨询公司（目前已经不存在了）出版了一份股票市场咨询报告周刊。该周刊的编辑对行业价格运动趋势以及主要的技术指标进行了广泛的研究。周刊的基调是保守的并且是注重长期导向的。它所使用的一些指标主要用来判断重要的长期市场趋势，而不适用于每天或每周的判断。对若干年来的数据进行测试之

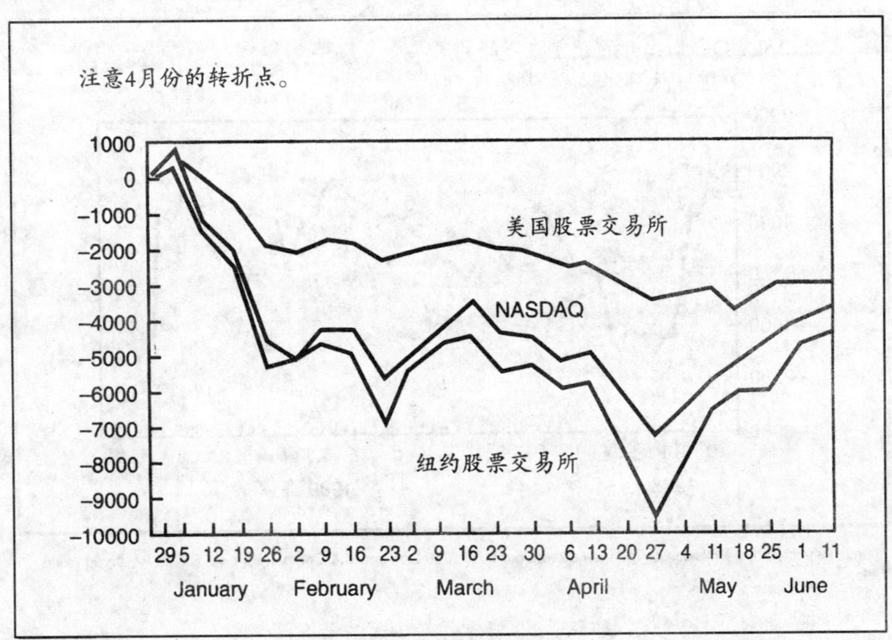

Source: Reprinted by permission of *The Wall Street Journal* © 1989 Dow Jones & Company, Inc. All Rights Reserved World Wide.

图 18－1　更多的股票

后，编辑发现用来描绘长期市场扩散指数的最有意义的时间段是 9 个月。

这个指数的编制需要花费一定时间，但是与先前我们提到的对上涨/下跌指标的研究相比，它在数学上的要求没有那么严格。分析员只是简单地把每只股票和它自身在先前一个固定时间的价值进行比较（对股份转移进行调整）。10 月 10 日与 1 月 10 日相比较，10 月 17 日和 1 月 17 日进行比较，依此类推。股票价格的上升值在图中以没有经过加总或累积的百分比来表示。每一段日期的计算都仅仅是一种简单描述。

我们得出的市场扩散指数在形状上多少有点像总体市场水平曲线的数学一阶导数。在市场达到最高点之前，扩散指数已经过了最高点，并且开始下降。当扩散指数下降到极为重要的 50% 的水平上，时间与总体市场达到最高点的时间极其接近。扩散指数下降到接近 50% 的水平上意味着下降趋势已经结束并且卖出已经为时已晚，因为市场已经接近最低点。

长期扩散指数记录的是这样一种趋势：随着牛市逐渐成熟，市场上继

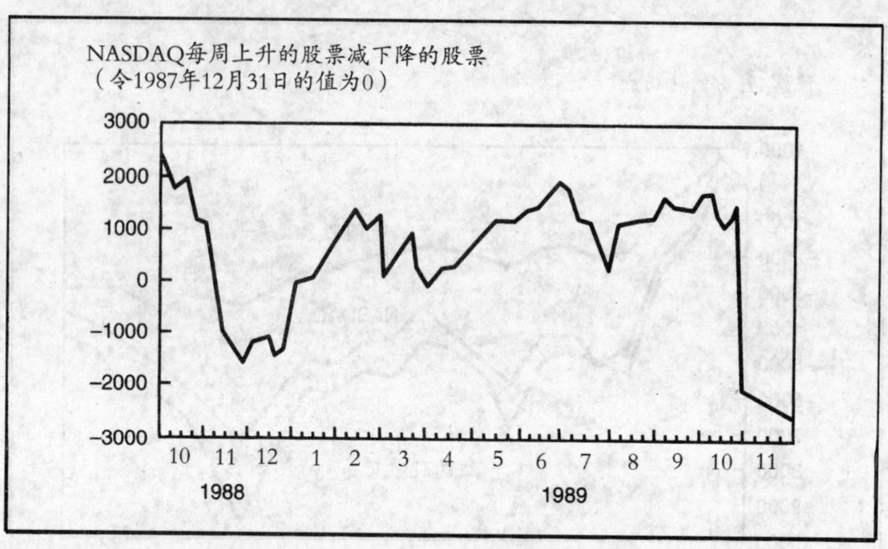

Source: Reprinted by permission of *The Wall Street Journal* © 1989 Dow Jones & Company, Inc. All Rights Reserved World Wide.

图 18－2　样本数较少时的情况

续上涨的股票不断减少。在数月内连创新高的股票越来越少。更多的股票看上去是在巩固自己的地位（但事后看来它们实际上正在接近卖出的最高点）（见表 18－1）。

如果在牛市的后期，呈净上升趋势的股票所占的比例下降，这意味着长线获利或在已有头寸中增加收益的可能性已经减少，尽管总体市场的平均值尚未达到周期的顶点。

当你考虑是继续持有还是卖出时，有一点必须了解清楚。扩散指数的紧迫性以及留意到它的警示信号的重要性是更为重要的一点，这是因为另外一个原因：恰恰是在上涨阶段的后期，投资者更加兴奋并且想要入市（或在市场上投入更多资金，甚至不惜动用保证金）的愿望最为强烈。这时正好是成功的天平从持有向卖出倾斜的时候，因为，尽管有一些股票还在上升，从总体上说，保持上涨势头的股票越来越少。扩散指数会告诉我们这一切。

遗憾的是，当前流行的图表中都没有记录这个指标。然而，这一领域中出现的大量的网上技术分析是不可靠的，所以做一些探索是有价值的。

表18－1 道琼斯成分股扩散指数

代码	95年3月	4月	5月	6月	7月	8月	9月	10月	11月	12月	96年1月	2月	3月	4月	5月	6月
AA	41.50	44.88	46.50	50.13	57.00	57.13	52.88	51.00	58.50	52.88	55.50	56.88	62.63	62.38	61.63	57.38
ALD	39.25	39.63	40.38	44.50	46.75	44.38	44.13	42.50	47.38	47.50	49.88	55.63	59.13	58.00	54.75	57.13
ALD相对于9个月前的变化										+	+	+	+	+	+	+
AXP	34.88	34.75	35.50	35.25	38.50	40.38	44.38	40.63	42.50	41.38	46.00	45.88	49.38	48.50	45.75	44.63
T	51.75	50.75	50.75	53.00	52.75	56.63	65.75	64.00	65.88	64.75	66.88	63.63	61.13	61.25	62.38	62.00
BA	53.75	55.00	58.88	62.63	67.00	63.75	68.25	65.50	72.88	78.38	77.50	81.13	86.63	82.13	85.25	87.13
BS	16.13	14.13	14.75	16.25	15.75	14.63	14.13	13.13	14.00	13.88	15.13	13.75	13.13	13.63	12.75	11.88
BS相对于9个月前的变化										–	+	–	–	–	–	–
CAT	55.50	58.50	60.25	64.25	70.38	67.13	56.88	56.75	61.38	58.75	64.38	66.75	68.00	64.13	65.63	67.75
CHV	48.00	47.38	49.13	46.38	49.38	48.38	48.75	46.75	49.38	52.38	51.88	55.63	56.13	58.00	59.75	59.00
KO	28.19	29.06	30.81	31.88	32.81	32.13	34.50	35.94	37.88	37.13	37.69	40.38	41.38	40.75	46.00	49.00
DIS	53.50	55.38	55.50	55.50	58.63	56.25	57.38	57.63	60.13	58.88	64.25	65.50	63.88	62.00	60.75	62.88
DD	60.50	65.88	67.88	68.75	67.00	65.38	68.75	62.38	66.50	69.88	76.75	76.50	83.00	80.25	79.75	79.13
EK	53.25	57.50	60.38	60.63	57.63	57.75	59.25	62.63	68.25	67.00	73.38	71.50	71.00	76.50	74.38	77.75
XON	66.63	69.50	71.38	70.63	72.50	68.75	72.25	76.38	77.38	80.50	80.25	79.50	81.50	85.00	84.75	86.88
GE	54.00	56.00	58.00	56.38	59.00	58.88	63.75	63.25	67.13	72.00	76.75	75.50	77.88	77.25	82.75	86.75
GM	44.00	45.13	48.00	46.88	48.75	47.13	46.88	43.75	48.50	52.88	52.63	51.25	53.25	54.25	55.13	52.38

代码	95年3月	4月	5月	6月	7月	8月	9月	10月	11月	12月	96年1月	2月	3月	4月	5月	6月
GT	36.75	38.00	42.13	41.13	43.38	40.00	39.38	38.00	42.38	45.38	47.88	47.38	51.00	52.13	50.50	48.00
IBM	82.13	94.63	93.00	96.00	108.88	103.38	94.50	97.25	96.63	91.38	108.50	122.63	111.25	107.75	106.75	99.00
IP	37.50	38.50	39.31	42.88	42.25	40.94	42.00	37.00	38.25	37.88	40.75	35.75	39.50	39.88	39.88	36.88
JPM	61.00	65.63	70.88	70.13	73.25	72.88	77.38	77.13	78.50	80.25	81.25	81.88	83.00	84.13	86.88	84.63
MCD	34.13	35.00	37.75	39.13	38.63	36.50	38.25	41.00	44.63	45.13	50.25	50.00	48.00	47.88	48.13	46.75
MRK	42.63	42.88	47.00	49.13	51.63	49.88	56.00	57.25	61.88	65.63	70.13	66.25	62.25	60.50	64.63	64.63
MMM	58.13	59.63	60.00	57.38	56.63	54.63	56.38	56.88	65.38	66.38	64.50	65.13	64.63	65.75	68.25	69.00
MO	65.38	67.75	72.88	74.38	71.63	74.63	83.50	84.25	87.75	90.25	92.75	99.00	87.75	90.13	99.38	104.00
PG	66.25	69.88	71.88	71.88	68.88	69.38	77.00	81.00	86.50	83.00	84.00	82.00	84.75	84.50	87.88	90.63
S	26.91	27.35	28.49	30.00	32.63	32.38	36.88	34.00	39.38	39.00	41.50	45.38	48.75	50.00	50.88	48.63
TX	66.63	68.38	68.50	65.63	66.38	64.75	64.50	68.13	73.88	78.50	80.88	79.75	85.75	85.50	83.75	83.88
UK	30.63	32.13	29.13	33.50	34.75	35.50	39.75	37.88	39.63	37.50	42.13	45.00	49.63	45.50	43.13	39.75
UTX	69.13	73.13	75.88	78.13	84.00	83.38	88.38	88.75	93.75	94.88	102.63	107.38	112.25	110.50	109.38	115.00
WX	14.13	15.00	14.50	14.63	13.63	13.63	15.00	14.13	16.88	16.38	20.75	18.50	19.38	18.88	18.38	18.88
Z	18.50	16.00	15.38	15.13	15.63	13.38	15.75	14.63	15.00	13.00	11.25	12.00	15.63	19.13	20.50	22.50
扩散指数：相对于9个月前的百分比										93	97	90	93	87	90	87

如果一个投资者愿意投入时间，他（她）掌握扩散指数就相对容易些。投资者可以使用诸如 William O'Neil &Co 的每日图表（参见本书最后列出的参考表），或是在当地图书馆中（也许你的经纪人乐于提供一份用过的复印件）查阅标准普尔公司的月度股票指南手册，或是使用《巴朗》或《华尔街日报》列出的价格，并把它们贴在记录本或使用电子制表软件录入计算机。

图表检查法是一种较快的方法，因为它只需要快速浏览进行选择。只有很少的一些股票是以 9 个月以前的价位水平进行交易的，因此一个投资者只需要密切关注极少数股票。选择一个总体样本（比如，涵盖所有行业的 50 或 100 个主要公司），并且对它们进行月度追踪，将最新价格与 9 个月以前的价格进行比较（对股份置换进行调整），画出股票总成交量上升的百分比。保守人士可能想把价格未发生变化的股票打五折，并把这些加入到总成交量中。不管使用哪种方法，都要坚持不懈，才会使你的图表有价值。

有些学生进一步缩小了总体样本的范围，以此来减少使用扩散指数所必需的工作量。比如，可以跟踪 30 只道 · 琼斯工业指数的成分股。道 · 琼斯工业指数的 30 只成分股变动较小（在 35 年内，只有 15 只发生了变化，所以长期看来还是保持稳定的）。把这些股票的上升总成交量进行加总，然后除以 30，并以此为结果画出曲线。

由于一只道 · 琼斯成分股所导致的变化相当于结果的 3.33%，因此投资者应当将未发生变化的股票作价 50%，以此对结果进行修正。一旦你的股票点数达到了一个相当高的百分比，就开始接近最高点了，在接近最高点的过程中，继续上涨的股票数量越来越少。当扩散指数由高位的 90% 或更高下降到 50%，股票的运动趋势就发生了重要变化，卖出的时机已到。

另一个不需订阅图表就能达到同样目的的方法是分散投资（它应当保持一致，只有当兼并或杠杆收购或其他类似行为时才会发生变化）。投资者应每月结算一次，将最新的价格与 9 个月以前的价格进行比较，并且对每一只上涨的股票都打分。上涨总成交量除以样本总数，在图上画出所得的百分比。如果投资者想在市场上获得客观而广泛的样本，一个很好的方法就是追踪一系列富达选股基金，就如同是把它们当作个股。记住一条：

每年10月必须进行调整，因为在此时年资本收益的分配减少了基金每股净值。

另一个便利的信息来源是当地报纸的周末版。如果投资者使用的是这样一种信息来源，那数据就应当追溯到39个周以前或是把周五的价格作为最接近月末的价格。这种方法要比图表检查法花费时间更长，所以当股票价格发生下降时，投资者应当注意对股票进行调整。

市场扩散指数所提供的信号如下：

- 波动幅度达到90%，这是一个早期的卖出的警告信号：不要再做进一步的购买，应当考虑卖出股票并兑现。
- 从90%下降到50%：这是一个最终的卖出信号——已经达到了市场最高点。立即采取行动，也不要为自己寻找任何借口持有股票。
- 波动幅度小于10%：不要卖出，因为时机已经太晚了。一个重要的恐慌性的市场最低点正在形成。(尽管有恐慌情绪，但在此时却可以考虑购买！)

投资者应当注意，市场扩散法作为一个卖出的信号要比作为购买工具好得多，这是因为尽管某些个股已经显示出疲软现象，但总体市场的最高点是逐步形成了，市场最低点是暴力性的。在最低点上，一个振荡器类型的指数，比如说上涨/下跌指数或扩散指数从数字上看来市场已经过分卖出，但是最终以及通常最猛烈的下跌会在其后几天或几个周以后发生，这会导致更低的价格。因此，作为一种购买的指标，扩散指数不是一个精确的工具——当市场上出现严重的恐慌心理时，其他的技术指标也是不精确的。

建立一个扩散指数是一项高度个人化的工作。投资者不仅可以选择总体样本，并且也可以对自己实际拥有的股票进行核算。作为一项指标，该指数是初级的并且从统计上来讲是不够完美的，因为样本规模很小并且本身是会随着时间而发生变化的，因为投资者的投资组合可以发生变化。然而，如果投资者按照以下方式进行操作，这仍不失为一个有用的办法（见表18－2）。

表 18－2　5 种股票的个人扩散指数

股价（成本）	95 年 12 月	96 年 1 月	2 月	3 月	4 月	5 月	96 年 6 月
AXP（45）	41.38	46.00	45.88	49.38	48.50	45.75	44.63
升/降	−	+	+	+	+	+	−
IBM（105）	91.38	108.50	122.63	111.25	107.75	106.75	99.00
升/降	−	+	+	+	+	+	−
KO（35）	37.13	37.69	40.38	41.38	40.75	46.00	49.00
升/降	+	+	+	+	+	+	+
XON（82）	80.50	80.25	79.50	81.50	85.00	84.75	86.88
升/降	−	−	−	+	+	+	+
Z（15）	13.00	11.25	12.00	15.63	19.13	20.50	22.50
升/降	−	−	−	+	+	+	+
总上升数	1	3	3	4	5	5	3
上升幅度	20	60	60	80	100	100	60
个人卖出信号为 1996 年 4 月 30 日，当上升幅度为 100% 时。							

在你的笔记本中保留一张活页纸，在上面记下你所持有的每只股票的周期性的收盘价。为了建立个人的扩散指数，投资者应当使用每月最后一个周五的收盘价或者最接近于月末的价格，而不是当月最后一天的价格。这使得投资者有机会进行实时的数据记录并且可以进行进一步研究。记下每只股票当前的报价，并将其与上一个周期的价格进行比较。

在个人的投资组合中，投资者应当使用 3 个月的时间范围而不是 9 个月的时间范围。这有两个原因：（1）在 9 月期内，投资组合的周转能够显著地减少样本中的股票数目；（2）较短的时间范围更为敏感。当重要的市场变化发生时，这个指标应当能够告诉人们很快将会发生什么。

投资者也应当考虑以下指导原则：如果在个人的投资组合中，在三个月周期内，所有的股票都是赢家，那投资者就应当卖出某些股票。这意味着市场已经达到了强势或是投资者已经头脑发热（有可能被整体的趋势冲昏了头脑），而这种状况不会长久。因为市场平均每年只会发生几次重要的变化，3 个月的时间周期有可能帮助投资者抓住一次完整的波动。

投资者也应当注意，有必要为投资组合中的一只或两只股票作一些心理上的调整。例如，在 10 只股票中，其中一只股票几个月以前曾经有过一次不好的波动，但是投资者仍然持有它。如果这家公司确实出了一些问题，并且投资者依然坚持己见，他就必须对扩散指数进行宽大处理，因为指数中包含了这只股票，而现实中他不可能期望获得百分之百的参考值(通常的卖出信号)，因为这只拖后腿的股票依然保留在投资组合中。

最后一条投资者应当记住的原则：一定要保证在固定的时间间隔内关注所有当前股票的价格表现，而不是关注这些股票自购买日起的价格表现。显然，一只成功的、长期成长型的股票总是会使后者的参考值变大。因此，投资者应当追踪的是发生变化的中期股票，并且以 3 个月作为时间周期进行比较。

我们再强调一点，当市场上所有的股票都是赢家时，投资者不仅必须卖出某些股票，而市场扩散指数下跌到 50% 也是一个严肃的卖出信号。这意味着市场本身已经发生了形势的逆转，丧失了进一步上涨的动力，也有可能是你个人对股票表现和走势的判断或感觉已经脱离了当前的市场口味。在投资中应当把反向投资作为一项美德。当一个投资者感觉最有信心的时候，恰恰是他应当反向操作卖出股票的时候。当投资者应当做出相反的卖出决策时，扩散指数是一项有用的数学工具。

正如我们在本章中所说，个人扩散指数，不仅是个人持有股票的一个有用的信号并且为投资组合提供了一个良好的风险控制工具。

第 19 章

克服贪婪：不要去追逐最后的1/8点

投资成功的要诀

- 学会走开
- 警惕匆忙的卖出决策
- 清楚仓促的思考导致仓促的卖出

投资者，尤其是交易者，经常经受不住诱惑去寻找一些实际上不可能的东西：不管是在微观还是宏观层次上，都要寻求在某一个价格点上传奇性的“额外的1/8点”。

在微观层次上，理性的投资者意识到在最高点——不管是短期波动的最高点还是中长期牛市运动的最高点——卖出一只股票获利的可能性是很大的。例如，一只蓝筹、低β值（对某有价证券或某给定回报率的股票与市场整体回报率相比的敏感度测量的β参数越高，说明该股票的易变性越强）的普通股在12月的期限内，有可能在一个30美元到50美元的范围内进行交易。类似的例子有固特异轮胎，JC Penney 和 Union Carbide 公司。

基本的数学计算可以表明，20个点的价格范围就包含了161个1/8点（包括额外的1/8点），所以投资者在最高点卖出股票能够获得额外的1/8点的随机比率是160:1。从技术专家的角度来看，在牛市上，交易量先于价格到达最高点。因此，在交易量的基础上，在最高点进行交易的股票数将少于在次高点进行交易的股票数。所以他们认为160:1的比率是太低了。

即使是一名投资者出于令人不可思议的技术动机而整天关注报价机，他想获得最高的1/8点仍然需要极大的运气。既然他已如此聪明，什么样的事情会出差错呢？

实际上，他的时机计算可能完美无缺，但他的经纪人可能直到几分钟以后才能给出反馈。或者是，这些股票是在当日以及当年的最高点进行交易，他给出的卖出订单是在低于最高点1/8的价格上进行操作，而某些人的买入订单则是在最高价上给出的，时机有可能仅仅相差几秒钟。

比较一下这两个交易者的感觉：一个是在最高点买入，另一个仅仅是因为在低于最高点1/8卖出而感觉糟透了！或者说一个卖出者多少抓住了当日的最高点。但是第二天美元对日元的比价上升并且美联储主席发表了华尔街愿意听到的讲话。结果交易使市场的道·琼斯工业平均指数上升40

点，昨天的最高价已经是明日黄花。很显然，以任何一个客观的标准来看，在最高点卖出股票的可能性相当小。

尽管获胜的比例很小，还是有相当多的投资者和交易者陷入了这样一个陷阱，他们试图获得最终的1/8点，其动机或是出于自大，或是对财富的狂热崇拜，或是不受约束地对“胜利”的渴求。这些人想获得所有的一切。但是追逐最后的1/8点的代价是非常高的。或者，追逐最后的1/8点会成为一个不采取任何行动的借口。

学会走开

“最后的1/8点”的表述具有误导性也过分精确。在传统产业中它意味着获得更多的利润，或者说它意味着徘徊了太长的时间。不管怎样，当理性思考或事先设定的价格目标认为卖出时机已到时，上述“最后的1/8点”就意味着投资者已经变得贪婪起来。

当卖出时机已到，打电话告诉经纪人要卖出股票，对于投资者而言是一个艰难而又痛苦的心理过程（不要等着你的经纪人给你打电话，除非你的运气足够好，能够找到一位优秀的传统股票经纪人，并和他建立相互信赖的关系）。即使是投资者有很好的约束力，能够感觉到什么时候应该给经纪人打电话，他也有可能把好的卖出决策和较差的操作结合起来。任何事实、预感和心理反应都会使他给出一个限价卖出订单，并且价格仅仅略高于市场价。目标价格的底线应当在较早的时候给出并且应当远高于当前的市场价格，而不是当投资者感到眼花缭乱或贪婪的时候才给出目标价格的底线。

投资者也许会想，毕竟，股票的上升势头已经达到了52个周以来的最高点，为什么不顺其自然让上升的惯性带来一点额外的收益？只需要耐心就可以做到这一点。确实，有时在当天或第二天股票的上升势头和自然的波动会推动股价进一步上升。

无疑，这种想法是过分乐观的。在接近最高点的时候卖出股票是一项很困难的操作，这个操作过程需要极强的约束力、反向投资者的智慧、对特定股票以及整体市场的良好感觉，以及好运气。

当股票价格已经超过了投资者的目标，特别是当新的市场/公司/行业的发展使得目标价格下降，最谨慎的做法就是给出卖出订单。一个更为明智的做法是在购买股票的时候就给出撤销前有效式订单。这种做法将转移在随后突然出现的精神负担。读者可以复习第15章，看一下相关的内容。

当投资者知道自己已经出局，他就可以把注意力转到其他的买入或卖出决策上，而消除等待或忧虑的干扰。他会感到自己面临的整体市场下降的危险较小，因为他已经清空了自己的头寸。

当一只股票接近价格顶点时，如果一个投资者试图扩大胜利战果，他就面临着一个很严重的错过机会的风险。一旦一只股票停止上涨并且开始下跌，卖出股票的困难程度空前加大。放弃已经到手的收益要比放弃尚未实现的账面利润更为痛苦。正如经验丰富的观察家指出的那样，在股价上涨的过程中卖出股票比在股价下降的过程中卖出要更简单一些。

通常，一个投资者会记住在一次成功的股票价格回升过程中的每一个最高点。向着新的价格顶点推进的每一步都为未来的操作设置了新的心理底线。投资者把这种水平看作是一种支撑并且相信市场高位是有可能再次达到的。

实际上，如果持续的高价位已经到来（投资者在一段时间内将不会知道这个事实，只有在事后他才会知道），他为“再多一点”所付出的努力和希望从一开始就注定要失败。随着股票价格下跌，他的心理状况一落千丈，这使得他的决策能力进一步下降。因此，当事先设定的价格目标达到时，最好的办法就是在市场上卖出股票然后离开市场（或者是，给出撤销前有效式订单）。

当投资者已经做出决定并且已经离开了市场，他应当保持旁观，除非有特殊的理由来继续关注已经被卖掉的股票，否则的话投资者在股票卖出以后就不要再关注该股票的价位波动。不要指望获得最后的1/8点，或一个点甚至两个点。在卖出后不要后悔也不要回头，应当继续前行。如果你的股票已经达到了它的卖出目标，那些在高价买入的人——即使是他们现在获得小额利润——是大傻瓜而且他们到现在也没有意识到这一点。不要为他们得到额外的1/8点而感到烦恼，因为从现实看来，股票将会进一步上升的局势并不明显，这种自寻烦恼的做法不仅是无用的而且是自寻烦恼。

警惕匆忙地卖出

具有讽刺意义的是，投资者持有股票等待众所周知的额外的1/8点收益，这一错误轻率的另一面却是在最应当卖出兑现的时候等待而坐失良机。一旦做出了卖出决策，退出就没有必要匆忙。这是一个微观的操作性问题，许多投资者只是简单地给出卖出订单便匆忙离开。从心理上来讲，投资者已经承受了做出卖出决策的压力，他就想得到最终的解脱，因为只有结局才能最终结束这种体验。

当一项交易是在稳定上升的市场环境中进行，放弃一份市场订单并且在短期内做出合理的努力有可能获得较好的结果，这种做法并不一定会使持有者面临股价下降的威胁。在这里，我们的目标是当股票卖出的时候获得更多的收益（通过专业的微观的操作技巧）。在限定的环境中，这样做的办法是放慢步子并且获得市场提供的一切回报而不是坚持立即获得回报（万岁，看我所获得的收益！）和卖出股票所带来的解脱。

上述建议最适用于投资者在基本目标达成的时候卖出股票，而当投资者卖出股票是为了从技术上规避风险时，上述建议的效果并不是很好。然而，我们必须强调，如果卖出股票是为了一些更为紧急的策略上的原因，比如说，为了避免由重大的利空消息和总体市场的下跌而导致股价下降，放慢步子并不是正确的选择。但是，如果一个投资者卖出股票是因为这只股票已经达到了他的目标价位，他为什么要匆忙卖出呢？假定他的研究表明，当一只股票的市盈率达到市场市盈率的 120%，即账面价值的两倍，每股现金流的 8 倍，或者是 2% 的股息收入时，该股票可能已经到达了价格的最高点。

某些特定的目标是不可能由其他持有者来分享的。所以，当股票达到我们假想的卖出者的特定的基本目标时，市场上很可能不会有意想不到的大量的卖出订单。

我们的投资者也不是一个像 Gabelli，Zweig 或 Garzrelli 那样了不起的市场权威，这些市场权威的公开的目标和众所周知的行为都会成为报纸的头条新闻并且推动股票市场。投资者应当牢记在心，正如市场不会停下来关注某一个投资者的购买一样，它对任何一个投资者的基本的目标价位也不会予以特殊的关注。

如果你的卖出决策是建立在基本面措施上的，排除了意想不到的坏消息或整体市场下滑的坏运气，那你就不要急于卖出股票。不要让自我意识统治你的卖出策略。如果市场允许，你就可以多花费一点时间，但永远不要指望会有完美的退出。投资者应当牢记在心，在最高点（在一年内，一次市场运动内，或甚至是近期）卖出股票的概率非常低。完美地退出几乎是不可能的，所以不要试图寻求完美的退出或因为错过了退出时机而折磨自己。

仓促思考，仓促卖出

对于那些匆忙决策并匆忙卖出的投资者而言，他们通常都有几种微妙的心理负担。并不是每一次卖出都会带来利润，并且有一些交易在事后会让人感到后悔（而所有的购买决策都是在乐观的状态下做出的）。

如果卖出的理由是以下六个借口中的一个或多个，投资者就有“匆忙卖出”的倾向：

- 卖出是为了筹集资金购买新的股票（注意在第 16 章中给出的警示）。
- 希望结束一种令人不满意的经历。
- 卖出主要是因为遭受挫折和对现状表示厌烦。
- 习惯于立即获得回报。
- 希望从压力和不确定性中得到解脱。
- 对变化的市场期望施加错误的（外界施加的）紧迫感。

当一名投资者认为卖出的时机已到，他早期的行为模式和经验会有意或无意地浮现出来。除非投资者能够清醒地认识到并且控制这种想法，否则的话，早期的行为模式和经验就决定了他（她）对当前卖出的感觉并会影响当前的行为。对于由基本面所推动的非紧急性卖出，这一点尤为重要，特别是假定卖出的收益不可能在同一天得到。

另一方面，某些由基本面所推动的卖出决策——即使是非紧急性的——是由于对前景的重新评估和降低期望值所导致的：

- 公司没有达到你以前所设想的销售增长速度。
- 利率上升或上涨幅度超过你的期望值。
- 总体市场感觉似乎已经到了顶点，这意味着有必要在近期内卖出一些股票。
- 这些股票看来正经历着群体的转换，表明你所希望的市盈率将不会达到。

通常，对期望值进行修正并不是一个意想不到的灾难，但这与投资者最初对股票所抱的希望相比，也是令人失望的。因此，投资者会急于卖出这些表现略有不佳的投资（以避免失望），而实际上并没有可靠的理由来做出如此匆忙的决策。

由于遭受挫折和厌烦而卖出股票也会有相似的结果。比如，当 Dullsville 股票没有达到期望值时，投资者可能在该股票上悬而不决，而不是持有上升的 Whiz - Bang Spiffy 公司的股票。直到此时投资者才认识到他已经浪费了自己金钱的时间价值同时他的停滞不动的头寸并没有好到哪儿去。

但是这一缕迟到的曙光并不意味着最聪明的退出方法是立即给出卖出订单。如果没有理由怀疑股票将会在短期内出现变化，那么投资者至少可以在退市时比入市时争取更好的结果。最好的行动就是控制自己的欲望，以免一时冲动想避开这种挫折，投资者应当更缓慢地采取好的策略。

为什么人们总是在不必要的时候做出愚蠢的卖出决策？其中一个微妙原因是美国人在 20 世纪的本性使然。这是一个要求立即回报的计算机时代。在过去的 15 年里，速度这一概念已经发生了极大的变化。在 70 年代中期计算机就能够在几分钟内解决大问题，而现在如果电子数据表需要多花几秒钟的时间来重新计算，我们就会变得不耐烦。由于在日常生活中形成了这种想法，当卖出时机已到时，美国人从潜意识里希望能够快速卖出。但是如果没有合理的基本面和技术面做支撑，他们就为自己的非理性、习惯性的不耐烦付出损失金钱的代价。

当一名投资者最终决定卖出某只股票，由以前的经验所带来的令人感觉不舒服的氛围就起作用了。他感觉，即使是潜意识的，通过迅速卖出他至少可以在交易的一个方面保持主动。他可能本能地给出市场订单，而没有任何好的理由。投资者通过熟悉这种无意识的、根深蒂固的倾向，他就能够有意识地采取措施来控制它并且通常可以获得更多的回报。

在这种情况下一个投资者所能做的就是放慢步子。股票具有波动的天性——在一周内，一天内，或者前一天与后一天之间。如果基本面和市场心理没有恶化，一般说来，相对于上一次随机定价的交易或当前的出价，投资者通过耐心以及给出一个聪明的限价订单而不是市场卖出订单，可以做得更好。

收益的分配，以及微小的变动，从统计上来说是随着时间的平方根发生变化的。因此，一般说来，一支典型的在一周内波动三个点的股票有可能波动幅度高于40%，或是每天波动1.85美元，或$\left[3\times\frac{1}{\sqrt{5\ (天)}}\right]$。我们随便选择一个价格，比如说昨天的收盘价和早晨的开盘价，这只股票的波动幅度就有可能达到5/8点或更高。这就使得给出一个立即执行的市场卖出订单多少有点短视，假定市场是在徘徊不前。

投资者应当注意到在市场的长期运动中，价格平均等于每天的小额净收益——而不是小额净损失。因此，平均说来，如果市场上没有重大的坏消息并且如果不是处在熊市状态，等待可以使人们获得更多的收益。投资者应当学会利用股票自身的波动，而不是忽视这种波动。对随机设定的当前市场，1/4，1/2或一个点的增长都是令人满意的。在许多情况下，退出策略的改进至少可以弥补投资者的佣金成本。

第 20 章

当你感觉良好的时候卖出股票

投资成功的要诀

- 评估股票将以多快的速度上升，以及将会持续多长时间
- 问自己还会有什么利好会发生在这只股票身上
- 如果好消息并没有推动股市，知道下一步该怎么办

每只股票都有自己特定的行为模式。这些行为模式可能是由以下原因引发的：消息、整体市场的心理和技术状况、机构投资者对某只股票的追捧热情和恐惧，或者是同一行业中其他股票的运动状况。对投资者而言，幸运的是某些时候股票运作的方式确实提供了退出的信号。

本章集中讨论一只股票上升的速度有多快以及能够持续多长时间。这些信息应当对投资者有所帮助，这些投资者认为上涨的股票是如此的令人喜爱，以致对该股票一见钟情并在长时间里对它忠贞不渝。

天下没有不散的宴席——或者是辉煌会逐渐暗淡——最成功的投资者是这样一些人：他们能够在市场大众认识到市场方向已经发生逆转之前就抽身而退。

一只股票能以多快的速度上升，能够持续多长时间？

当一只股票成为股市上的热门后，对它本身而言这是一个卖出信号。投资者应当想办法得到一系列的图表，包括每日表格也包括长期表格。我们再次强调，技术分析并不是目的，投资者应当研究广泛的波浪状的运动。

举例来讲，一只成长型的股票比如百事可乐公司、麦当劳、高露洁棕榄，或者是食品销售商赛斯科，远期看来，这些持续成功的公司每年的收益增长约15%。长期看来，当然，一只股票价格不可能比收入和股息的增长速率更快。股价要获得更多的增长需要提高市盈率，但是当利率下降和衰退以及熊市期间，这些变化都有可能被抵消。一个长期投资的、购买并持有的投资者的合理预期是：股票价格的增长将随着长期的收入趋势而变动。

但是股票——即使是那些著名的成长型公司的股票——也不会日复一日或月复一月地保持一个稳定的适度的增长（一只价格为 50 美元的成长型股票，增长率为 13%，每年的净增长为 6.50 美元，相当于每周增长1/8点。但实际上任何一只股票的波动范围都不会这么小）。价格在波浪形的运动中上升和下降，上升和下降的幅度远远超过了公司的基本增长率。在这一过程中，股票的波动范围从“远远超前”或价格被高估到过度卖出。如果只有一名投资者有远见，他（她）在理论上应当能够抓住每一次的最高点和最低点并因此快速致富。

现实表明，我们不可能抓住每一次波动的最高点和最低点，因为在这一过程中失败是不可避免的，希望在操作上获得百分之百的完美只会导致自我失败的挫折和吃后悔药。然而，当股票价格围绕其长期增长率进行波动的时候，抓住这种波浪形的运动却是有可能的，正如第 13 章所示。在这些运动中，除最高点和最低点之外，投资者有机会获得高于平均值的回报以及从投资中得到锻炼。

看一下随后附上的高露洁棕榄公司和赛斯科公司的价格走势图（图 20－1）。尽管这两家公司的收入相当稳定，保持在每年约 15%（因此，长期看来它们的股票走势是这种稳定增长状况的反映），但是股票价格还是会发生较大和较小的波浪状的向上运动，增长的速率要快得多（经过修正）。即使在 12 个月的周期内，股票有可能按理增长 15%，投资者也能够轻易地找出三到四个快速的价格运动，增长率从 10% 到 15% 不等，只花了几周的时间就达到了目标。从长期看来，这些运动所表现出的增长是基本面所不能支持的，但是它们却给敏锐的投资者提供了获取高额利润的机会。交易者试图在短期内抓住大多数波动。但是长线投资者也应当把这种运动看作是不能持久的并且把它们作为兑现的良机。投资者总是可以稍后再进入股市（见图 20－2）。回想一下在第 13 章中，我们给出了频繁兑现（较高的回报和较低的风险）的数学和心理原因。而在第 10 章中，我们警告，当机构投资者突然抽逃资金的时候，投资者面临着丧失全部账面利润的高风险！所有这些因素都说明，投资者应当抓住短期的、剧烈的、主要的价格上涨，而不是让资本进行周期性的修正和长期的停滞不动。

由于这不是关于技术分析的研究，所以没有必要对每只股票每年发生

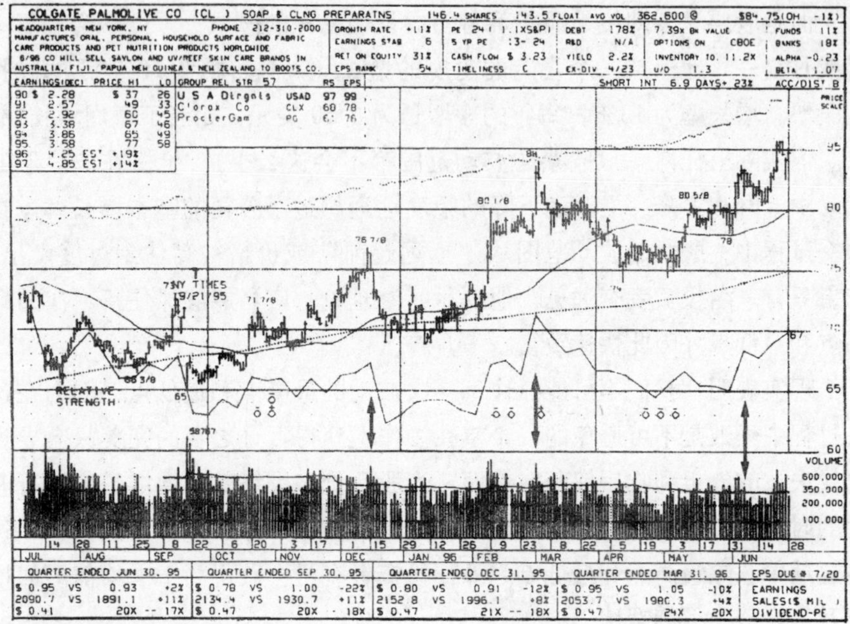

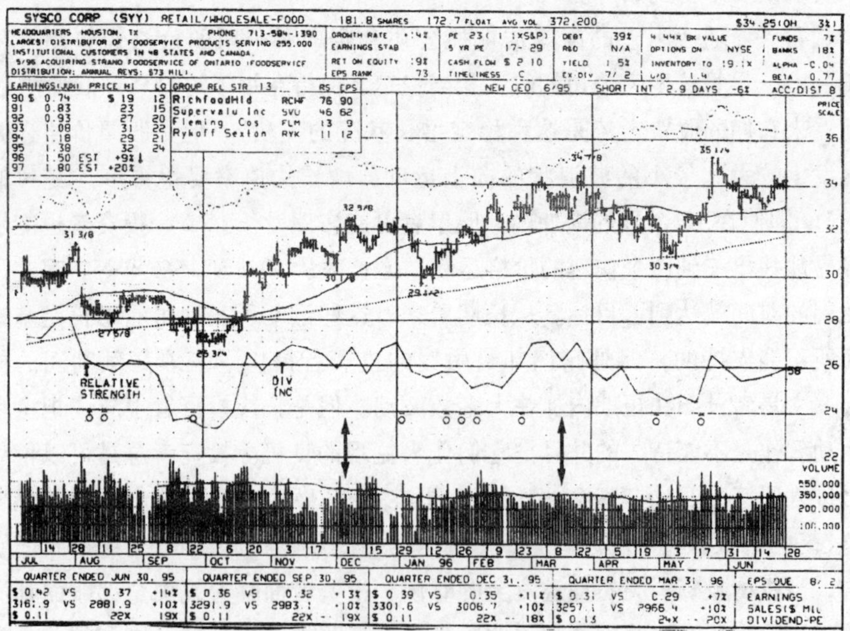

Courtesy of *Daily Graphs and Long Term Values;* P.O. Box 66919; Los Angeles, California 90066–0919.

图 20－1　高露洁与 Sysco 走势图

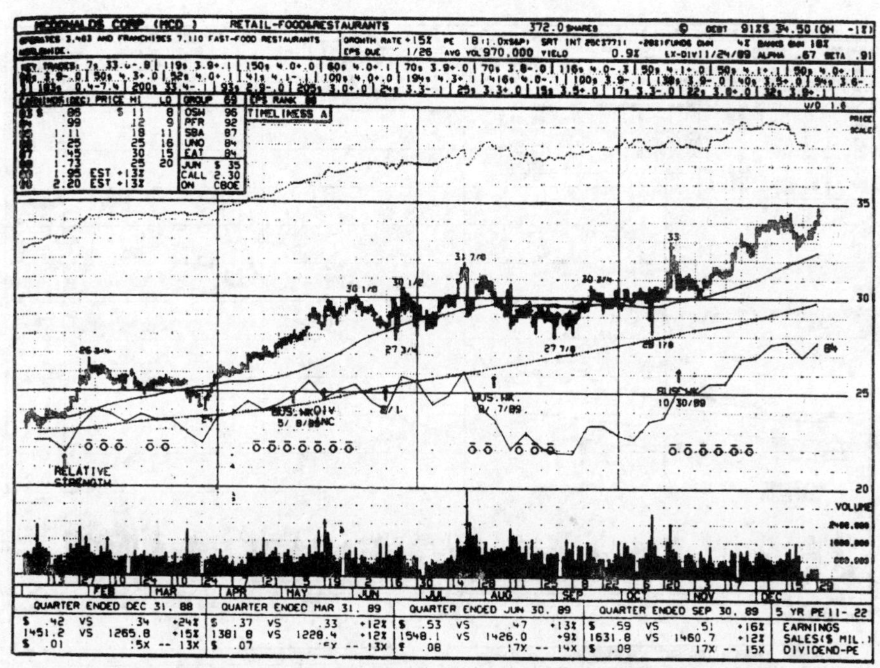

Courtesy of *Daily Graphs and Long Term Values;* P.O. Box 66919; Los Angeles, California 90066–0919.

图 20－2　麦当劳走势图

运动的次数或预期的平均增长率进行量化。对于每只股票而言，这些参数都是不同的，并且它们有可能随着时间而发生变化。我们在这里描述了短期的股票上涨运动的现象，是因为它提供了一个很好的机会来做出恰当的卖出。实际上，当股票看上去不能更好的时候，就存在一些最好的卖出时机（见图 20－3）。

在股票经历了短期的强势增长之后，投资者极有可能爱上这家公司，主要是因为这家公司所表现出来的长期特性。但是，假定一名分析师刚刚在其建议中预测在 12 个月内股票将增长 25%，其主要的推动力是基本面利好和市场对这家公司的优势日益欣赏。如果该股票在不到一个月时间内增长了 15% 之后，投资者接到了经纪人的电话，他应当告诉经纪人不要追捧强势股。他应当拒绝这种诱惑，不去购买那些感觉最明显并且最舒服的股票（看一下它的表现如何）。相反，正确的选择应当是在下一次反应中

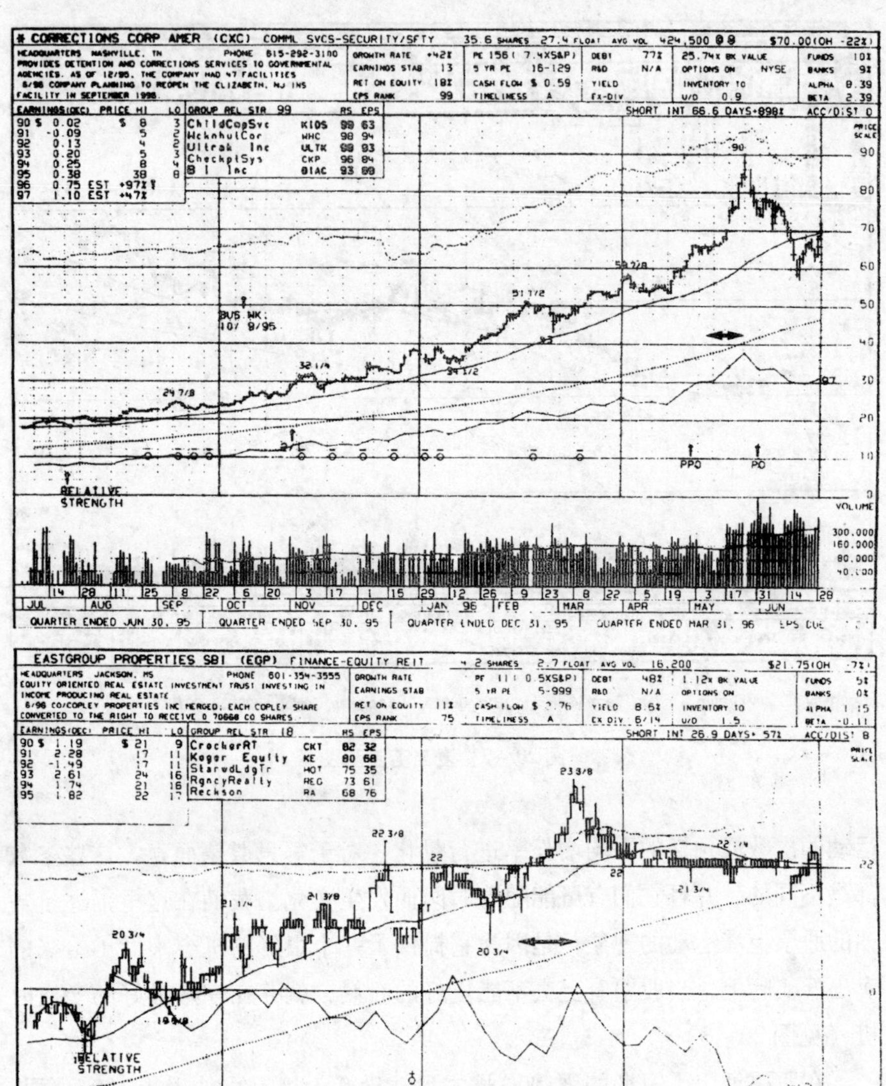

图 20-3 不可持续的快速上升

ENRON OIL & GAS CO (EOG) OIL&GAS-U S EXPLO&PROD
RELATIVE STRENGTH
VOLUME
PRICE SCALE

FIRST AMER FINL CORP (FAF) INSURANCE-PROP/CAS/TITL
RELATIVE STRENGTH
DIV INC
VOLUME

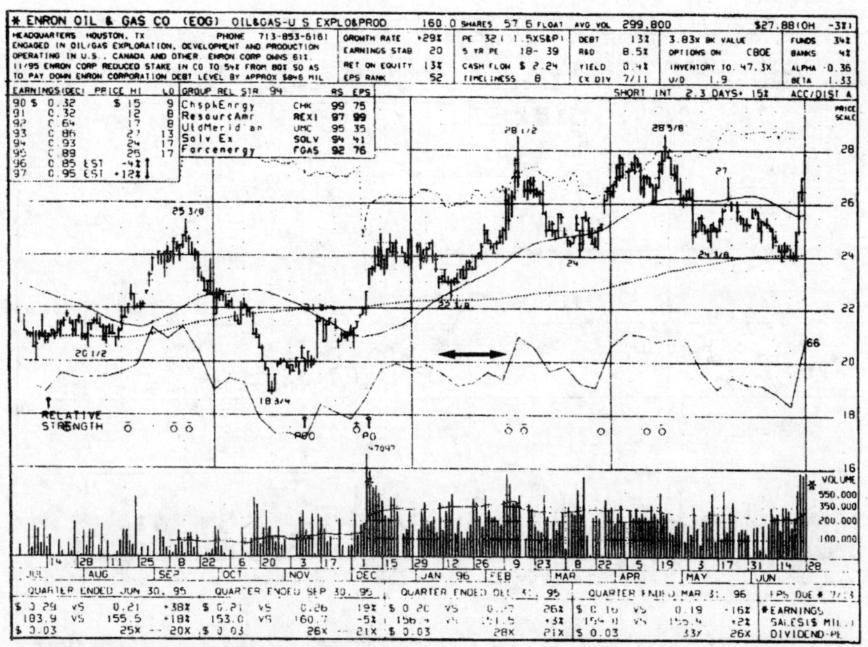

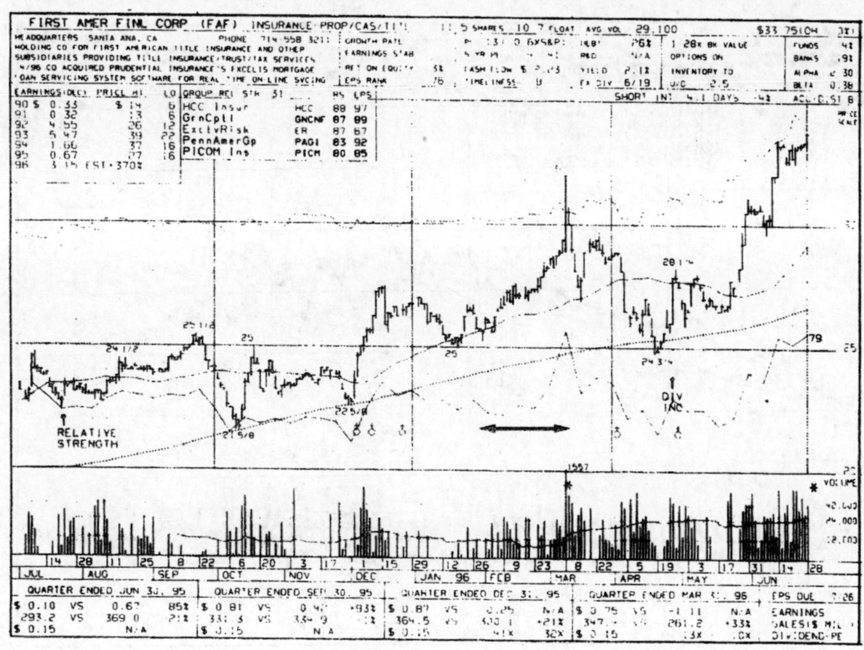

图 20 - 3　（续）

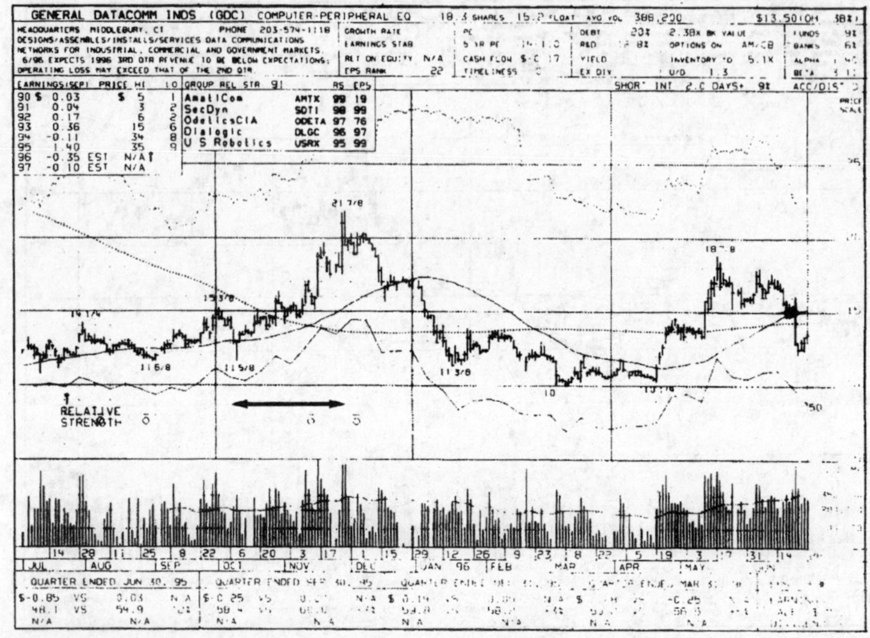

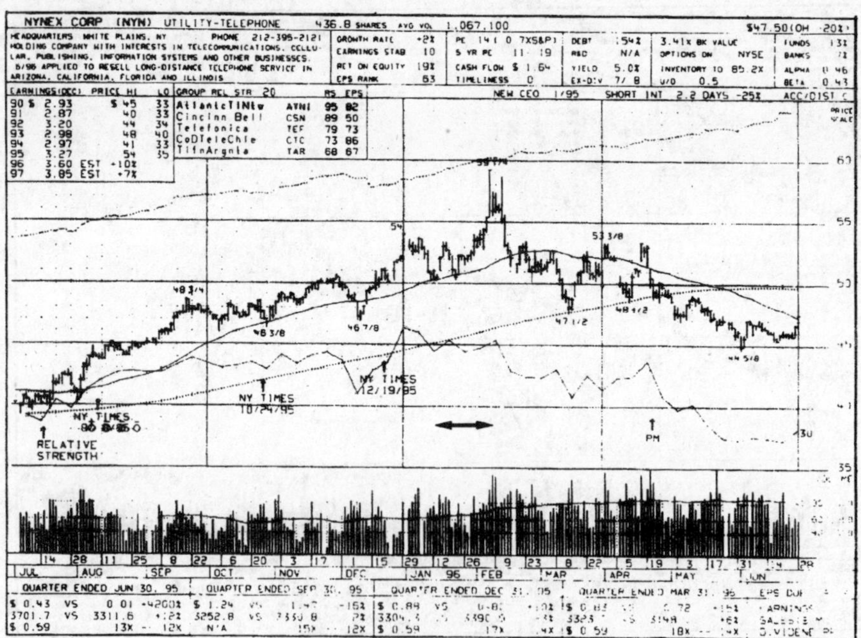

GENERAL DATACOMM INDS (GDC) COMPUTER-PERIPHERAL EQ
AmatiCom AMTX 99 19
SecDyn SDTI 98 99
OdeticsCIA ODETA 97 76
Dialogic DLGC 96 97
U S Robotics USRX 95 99
21 7/8
18 7/8
15 3/8
14 1/4
11 5/8
11 3/8
10
RELATIVE STRENGTH
JUL AUG SEP OCT NOV DEC JAN 96 FEB MAR APR MAY JUN

NYNEX CORP (NYN) UTILITY-TELEPHONE
AtlanticTINtw ATNI 95 82
Cincinn Bell CSN 89 50
Telefonica TEF 79 73
CoDTeleChle CTC 73 86
TlfnArgnia TAR 68 67
NEW CEO 1/95
54
53 3/8
48 3/4
46 3/8
46 7/8
47 1/2
44 5/8
NY TIMES 12/19/95
NY TIMES 10/24/95
RELATIVE STRENGTH
PM
JUL AUG SEP OCT NOV DEC JAN 96 FEB MAR APR MAY JUN

图 20-3 （续）

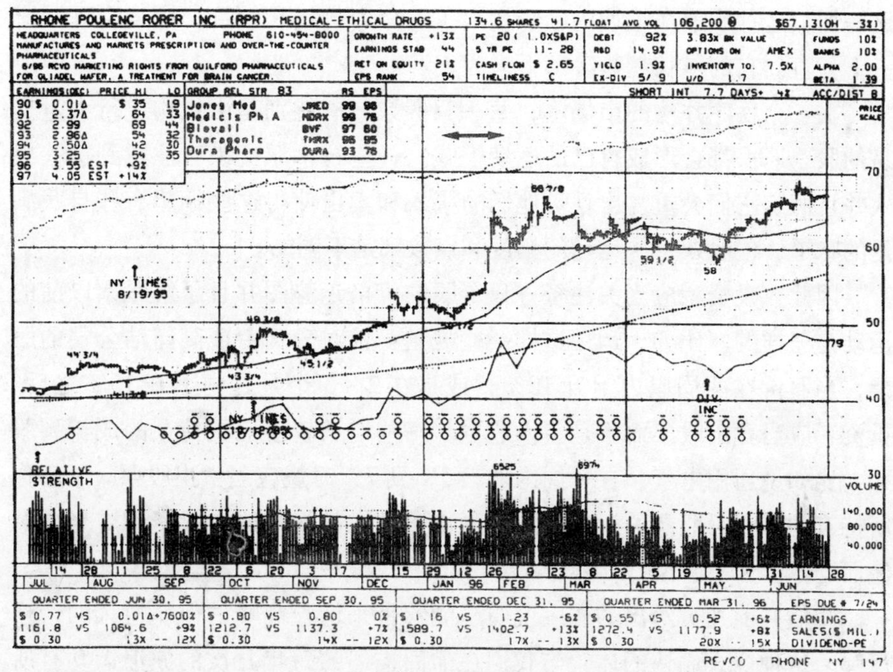

Courtesy of *Daily Graphs and Long Term Values*; P.O. Box 66919; Los Angeles, California 90066–0919.

图 20－3　（结束）

买低或给出低于当前价格的撤销前有效式订单。这需要投资者和经纪人都具有耐心，但在长期看来这样做受益匪浅。

当你已经拥有的股票大幅度上涨时，这条原则也是适用的。当有谣言说公司面临着收购，股票价格就会发生投机性的运动，在这种情况下股价在一周内就有可能上升几个百分点，投资者脑海中开始琢磨令人兴奋的但是不现实的年资本增长率。每周增长 3% 就意味着每年增长 156%！但是每只股票以及它的运动都是独一无二的。总体市场在每一次运动中对每只股票都有不同的影响。因此，没有通用的公式或有意义的一般措施可以使用。

判断短期增长幅度是否已经到头的一个方法是：如果你的股票已经增长了整整一年，增长速度在一或两个月内相当于其基本面所能支持的增长率，那就需要让它暂停一下。站在一个旁观者的角度用现实的眼光来看待这一切，这种股票在短期内已经超出了它分内的增长幅度，应当合理回避一下，直到它的增长趋势冷却下来为止。

在一个秩序井然的市场上，每一只股票——特别是由机构进行大量交易的股票——都会形成自己的运动模式。一些技术派交易者注意到这些模式并且假定它们会重复出现。他们的买入和卖出使得这些期望有些自我满足的味道，但股票每次运动的幅度和点数都是不同的。

因此，投资者应当关注每一只个股的价格走势图并且了解股票以前的运动是怎样的。比如，运用这样一些规则：针对麦当劳或高露洁公司的股票，当股价在两周以内上升 10%，或是在 2～3 个月之内上升 15% 之后，投资者应当卖出股票而不是买入股票。一些增长较慢但更持久的成长型股票，比如说通用电气，在一周内增长 5% 到 7% 时就应当卖出股票。了解你所持有的每一只股票的运动模式，当快速的增长发生时，投资者应当逆潮流而动。

我们在前几页给出的图表说明了能够带来增长高峰的但非持久的价格反弹。这种令人愉快的体验与我们在前面描述的每年几次的波浪运动有所不同。这里的模式是，一个持久的渐进的增长之后，是一条急速增长的曲线。这些运动的顶点通常发生在交易量很大的时候，实际上，通常伴随着不可能持久的疯狂的交易。有些时候空头的利润被迫缩减，这显然增加了多头的压力。

这种模式通常发生在以下情况：当一种概念已经流行一段时间并且所有人最终都相信了这一概念之后。例子包括监狱的隐私权、互联网/通讯的热潮、制药业的合并潮以及石油价格所导致的通货膨胀。

在这样一些感情因素占主导的情况下，投资者通常不能预测到准确的最高点，正如人们不能准确地说出在形势发生逆转之前恐慌情绪会持续多久一样。但是，有两条线索是有用的：（1）在价格上涨日交易量下降；（2）当人们发现证券组合经理在他们最近的以及最热门的股票中尽力锁定利润时，整体市场的混乱（也许经济数据引起了人们对联邦储备将会紧缩银根的恐慌）有可能出现。如果一只股票已经把你推进到狂热的浪潮，变得贪婪的诱惑是非常大的。当你暗想“再多等一天”或者是“再多一点就够了”，你应当立即卖出股票。

在一些少见的情况下，对于怎样知道什么时候（不是什么水平）价格增长将会结束，市场本身就是一本实用的教科书。图 20－4，绿树财务公司和哈玛纳公司的走势图表明了这一点。这两只股票都被加入到标准普尔 500 指数中。1995 年 12 月 1 日，哈玛纳被加入，1996 年 3 月，绿树财务公司被加入。个体投资者以及已经放弃战胜市场的机构投资者在指数基金中投入了数以亿计的美金。当一只新成分加入到标准普尔 500 中，所有的互助基金都必须购买。从技术上讲，它们应当在该股票成为新成分的前夜以收盘价进行购买。

最终形成的购买订单是非常惊人的，并且由于标准普尔在消息披露中揭示了这些变化，购买时机可以提前几天就准确地知道。在我们所说的例子中，指定交易日交易量都到达了 800 万股。图表表明，至少暂时的重要的价格最高点恰好与交易量暴增重合。为什么这种类型的事件会导致市场出现最高点，这个问题实际上相当于是问什么能够导致购买订单的高度集中。答案不外乎意料之外的收购声明。在这种情况下惟一理性的举动就是在收盘价卖出股票或在第二天以开盘价卖出股票。实际上，在这种情况下准确地预测卖出的时机（不考虑所获得的实际利润）对投资者将来做出卖出决策是有好处的。

下一步还会有什么好事发生在这只股票上？

一旦一只股票不再活跃上涨，它从不会平静地停留在新的高度。在这种情况下投资者应当退出股市，不要让自己的资产面临亏损风险。在价格开始下跌之后，恶劣的情绪和悲观的想法就会笼罩投资者，避免让自己的思想受折磨。

评价形势进展的另一个重要线索在于基本面的发展情况。同样，在技术上一只股票能够达到史无前例的强势地位，公司的消息就会是持续的利好消息。当这种情况发生时，这至少是一个应当引起严重关注的信号。也许，这是一个卖出股票兑现的直接信号。这种观察不仅仅是传统的在谣言时买入以及在有消息落定时卖出的延伸。一只股票从基本面上来讲已经没

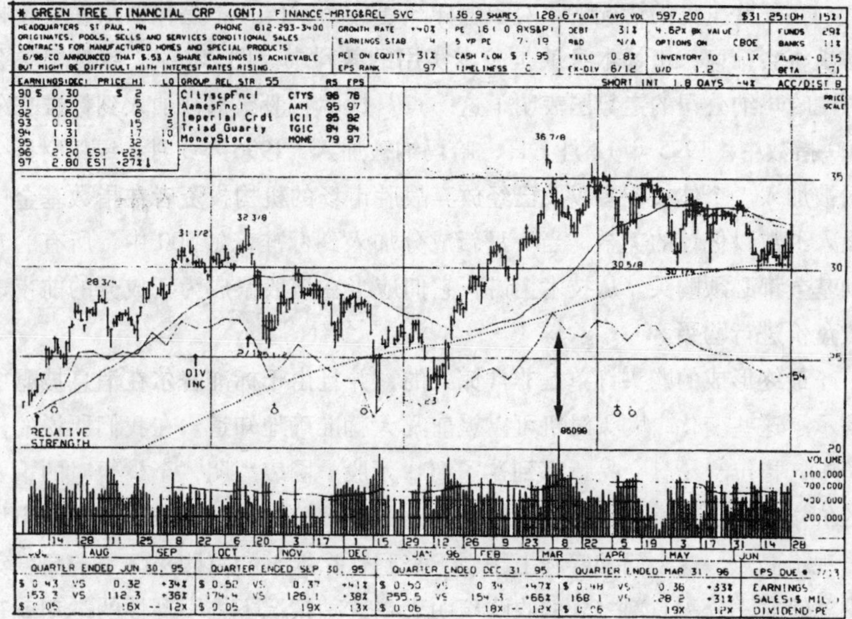

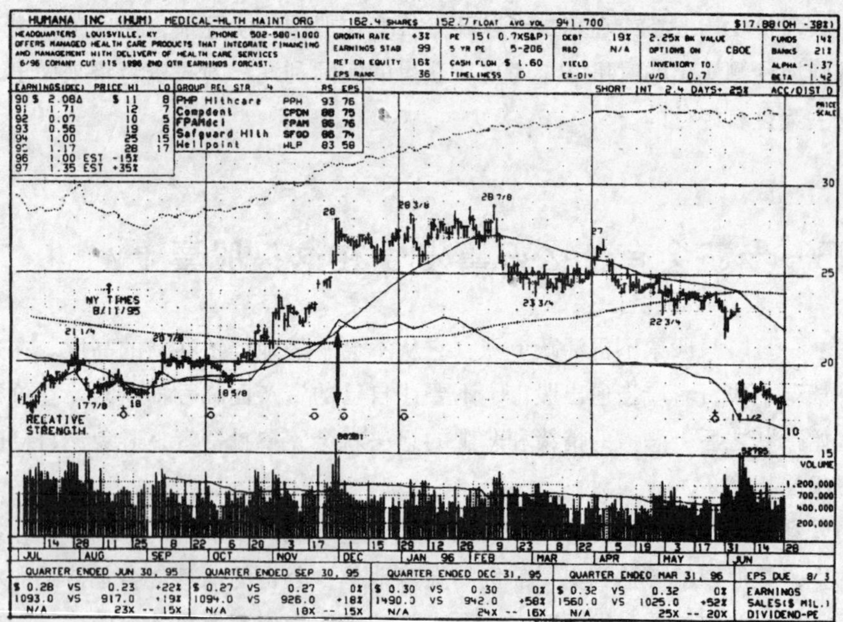

Courtesy of *Daily Graphs and Long Term Values;* P.O. Box 66919; Los Angeles, California 90066–0919.

图 20－4　新股加入 S&P 500 指数

有上升潜力。在这种情况下，投资者理所当然地希望所有的事情都会继续向好的方面发展下去，所以利好消息不会进一步推动股价。所有的好消息都已经被预计到了，并且所有感兴趣的“投资者”都已经进入市场中。事实上已经没有购买者或者说没有购买的理由，股票只会下跌。

我们再一次强调，这种评价方法是一种艺术而不是一门科学。点数值不能分配给诸如股息增加、配股、赢得合同、收益增加、重要的新技术、分析师的一致推荐以及获得专利等事情。投资者应当观察一系列的情况并从中得出对形势的判断。根据这种粗略的评估方法，投资者可以大约估计出形势在何时会发生逆转。

当感情因素在市场上占主导地位时，试图在最高点卖出股票是非常危险的。在市场发生钉状运动的过程中，投资者应当接受这样一个现实，即错过市场最高点是必然的。对于自己在股市上所获得的胜利投资者应当感到满意，并且从每一次的体验中他都可以学到一些东西。

下面我们来看一只股票，这只股票的运动表明了上涨的可能性和利好消息对股票所起作用之间的界限。位于美国西南部的一家微电子公司有良好的产品和出色的管理团队，这使得企业的平均管理费用较低。伴随着大额订单的签署和结束，公司的季度收入有明显的波动，所以股票的波动范围较大。

随后的情况表明大的进展正在酝酿之中：公司正在为自己的产品线开发一个极其重要的新市场并且开始盯住一些重要的潜在客户。销售周期是可以预测的，因为这牵涉到买家所做出的重要的公司决策。但是悬而未决的和谣传的交易，跨越一系列新兴的消费品行业，在市场上极其活跃。

该股票的交易价低于每股 2 美元。当管理层在季度报告中对公司所获得的重要订单作了简短暗示，股票价格上升，超过 3 美元/股。即将发生的交易中包括一家首屈一指的银行、两家重要的石油公司、一个主要的外国政府代理机构、一家处在领先地位的零售商以及一家一流的地区银行。

有两个未来的订单都超过了公司有史以来的最高年收入水平。公司的好名声对销售有一种溢出效应。可以预见的是，经纪人和投资者将开始询问一名跟踪这只股票的分析师，这只股票究竟能涨多高。他们得到的回答是，当公告宣布时市场的状况将会告诉人们这一切。假定整体市场的情况尚佳，这两个最重要的订单中的任何一个，如果真的能够被该公司获得，都足以使股票在一夜之间上升一个点。这种情况下，投资者等待公司宣布所赢得的合同数目，然后获得高额利润而抽身退出。

某些受过训练从基本面角度考虑问题的经纪人会关心公司的收入流以及多高的市盈率是恰当的。出乎意料的是，分析师的回答是这些无关紧要。一旦公司真的获得了这些重要合同，兴奋的高峰期就已经过去了。最热门的消息也已经过时。关键的问题是要找出什么时候消息已经热得不能再热。判断公司的前景就是将公司以前获得的合同和当前的超重量级合同进行对比。收入也会随之上升，但实际的每股收益的预期绝不会超过赢得合同而带来的兴奋感的影响。正如以前一样，收入是不可能重复发生的。因此，当实际收益公布时，市场将不会支持很高的市盈率。这就是一个典型的“情况到底会变得多好?”的例子。

和分析师一样，一名投资者在事前对该股票所带来的兴奋的高峰期并没有什么感觉。但在利好消息公布后，带来了令人鼓舞的刺激作用，他确实会感到消息不可能更激动人心了。在这一点上，价格可能已经到达了某一个价位，在该价位上价格不可能进一步上涨了。因此，投资者事先不可能设立一个价格目标和时间范围（在本例中，股票在游戏结束以前已经涨到了 8 美元)。

由于投资者不知道公司到底发生了什么事，投资者就可能对现实发生的情况进行想像，这些想像可能升华为一系列的愿望。当某几个愿望变为现实，尤其是短期内在一个上升趋势的市场上，投资者必须扪心自问，接下来将会发生什么。因为在这一点上，公司股票的所有指标反映的结果都是卖出信号。投资者的心理不可能有进一步的改进。

记住，股票要想达到更高的价位，交易量必须增加，这就需要更多的基本面消息、投资者的兴奋以及（特别是）市场上的多头力量。一个投资者可能不会准确地知道价格的上限究竟是多少，但是通过仔细观察一系列类似的情况，他可能有一种很好的本能感觉，知道什么时候“足够”。

我们再一次强调，投资者应当做笔头记录并且实时记录个人的感觉。画一张股票的走势图，标出进行观察的日期，然后将它们输入到图表的价格记录中。这将有助于形成文件化的记录，对你将来进行类似游戏是一个有用的模型。对于自己没有买的股票，投资者也要追踪重要的概念和题材。看它们需要多长时间达到最高点。永远不要期望相同的事情会再次发生，投资者只能借助于一系列的事件组合或通用的模式。

如果利好消息没有推动股市又会怎样？

如果利好消息并没有推动股价，又会怎样呢？这只需要做很简单的处理：就是毫不犹豫地卖出股票。关于熊市的一个定义就是当投资者并不关心利好消息的时候，意味着熊市来临。把这种逻辑用到个股上，如果好消息没有引起股票价格的正面反应（在一个适宜的市场氛围下），那么针对这只股票，市场上已经没有多余的购买力来推动它进一步上涨。

在此，兴奋情绪已经超过了顶点，交易量不足以支撑股价达到新的顶点，因此价格必然会下降。一个高级的市场观察员可以把这作为卖出兑现的信号，而一些不太敏感的人则会把最近的好消息作为购买股票的理由。不幸的是，他们没有意识到他们参与游戏的时机已经太晚，以至于根本不可能获利。在此又引出了一个适合在这里讨论的问题：当基本面特别令人鼓舞的时候，大的波动（或者是整个的运动）已经是可以预见的了。买入者因其在不确定的时候进行投资而获得回报，卖出者通过把股票卖给那些后来的无知者而获得收益，那些无知者显然将付出代价。

什么原因使一只股票对好消息无动于衷（非常规的消息，比如说大的合同、新技术和专利、或是一次成功的收购——而不是季度收入）？首先，整体市场气氛已经变得极其谨慎，以至于市场上没有足够的投资者愿意购买股票从而使其价格上涨。第二，消息本身可能已经被预计到了，所以股票价格中已经包含了消息的因素。

也许是这些消息可能不如以前的消息那样令人兴奋，意味着最好的东西已经一去不复返了。股票已经受到经纪公司推荐带来的强力支持，并且机构购买已经推动股价上升，所以市场上现存的购买力很少。实际上，这已经是一个过时的题材。在任何一种情况下，对股票都应该有一个较低的价格期望。游戏已经过了兴奋的高潮期。

当期望出现错误的时候，迅速退出是非常重要的。持有一只股票——确信股票市场在经历了一轮上涨后还会再次兴奋——是一个错误，这意味着投资者对该股票钟情太深，已经变得贪婪，或者是投资者错误地判断了市场的局势。此时，清算这样的头寸来保护利润并且使自己免于后悔和遗憾是非常紧急的。

第 21 章

在价格/交易量达到高潮时卖出

投资成功的要诀

- 评估股票运动的动量
- 了解成功的概率

对股票的价格运动进行技术分析的一个至关重要的原则是，试图找出、衡量并针对供给和需求的变化采取行动。不管特殊的技术分析是否是点面结合的图表，对趋势和变化渠道的分析研究，对阻力和支持水平的辨别，还是某些作家采用的价格-交易量方法，其核心都是供给和需求。

在大多数情况下，当股票价格沿着一个基本的方向运动时——上升或下降——股票的交易量大于它们作反方向和盘整运动的时候。

由于获得高于平均值的利润的方法是在股票上升的时候卖出，而不是在股票位于平均价格或暂时处在衰退水平的时候卖出股票，本章我们集中讨论两个有趣的短期上升现象：逐步达到顶点和多日轮涨。这种强调有助于我们分辨并定义交易量较大的最高点和短期的反弹。

评估股票运动的动量

当股票价格沿着基本方向运动的时候，交易量也随之上升。在此基础上，我们给出第一个强调的重点，即辨认股票上升的渐进趋势。

关于量价的技术分析，其中一个主要的原则就是随着时间的推移，持续的价格上升要求有不断上升的交易量作支撑。许多技术专家的分析和决策都是建立在这个重要的关系之上的。当他们看到一只股票持续上升，而相应的交易量并没有增加，他们就会把价格运动——即使是达到了新的高点——看作是一种弱势反弹。

“弱势反弹”一词与价格上升的增量之间没有直接关系。它指的是价格上升背后的原因，或推动力。对股市看涨的人已经推动了价格的上升，而只要他们对股市仍然有极强的信心并且大部分人对现状并不满意，他们仍将是活跃的购买者，而交易量仍然很大。

但是，如果投资者的兴趣转向了同一行业中的其他股票，或者是如果市场总体仍然保持强势上升而其他的行业集团处在领先地位，我们正在研究的股票可能会沿着趋势而上升。由于股票表现良好，许多人乐于持有，很少有人愿意卖出。该股票的价格仍然能够在较低的交易量水平上保持增长。

这种情况从本质上来讲是不稳定的并且会自发地结束。在价格上升到某一个点上，越来越多的持有者会认为该股票已到达了价格高位，或是价格被高估，因此他们想要卖出股票。如果市场上没有进一步的需求和购买力，卖者的数量就会远远超过买者的数量，股票的价格将会崩溃。

当看到市场上的兴奋情绪已经暂时停止，那些投机性的买空者将会抽回资金，并且等待其他的购买者以行动给出一个确切的信号，即市场仍然有上升的空间。但是如果交易量不再继续上升，价格不久也会如此。由于这种供求、价量的相互作用，股票价格的最高点通常会发生在交易量较大的时候。在衡量卖出时机时，作为一个成功的交易者，投资者总想在最热门的时候卖出股票，此时恰巧是交易量到达顶点并且与该股票的总体的兴奋情绪是一致的。

显然，人们不可能总是知道哪一天将会是交易量和价格的最高点。然而，从总体上讲，有两条线索可以观察。一条线索是交易量的趋势，另一条线索是价格运动趋势，通常两者都可使用。当两者发生背离的时候，投资者应当把这当作一个紧急信号，并迅速做出卖出决策。

伴随着顶点的到来，交易量不断增加。连续日交易量的曲线类似于一座山，在这个山形曲线上越接近于顶点，曲线的斜率越陡（有些技术专家把这种渐进的方式称为抛物线）。并不是每一天的交易量都会准确地落在曲线上，或高或低都是有可能的。但是总体的形状是很清楚的，并且曲线的中断很少会超过两天。在图 21 -1 给出的图表中可以研究一下交易量的顶点。

在短期内交易量不可能无限制地上升。随着交易量不断增大，它上升潜力就会用尽。历史图表可以帮助我们找出当到达高位时最大交易量是多少。查阅一年来的每日交易图表，比如由公司提供的图表，我们能够很快地看出在过去的 12 个月中（大约 250 个交易日），单日交易量大小的大致排序。

这些先前的交易量应当被作为正式的警示信号。但在你接受当前的股

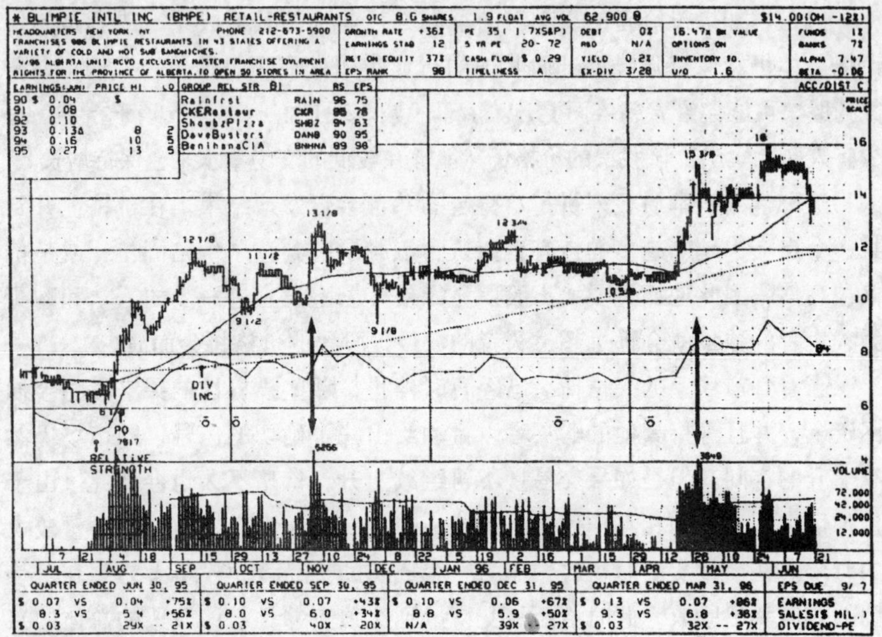

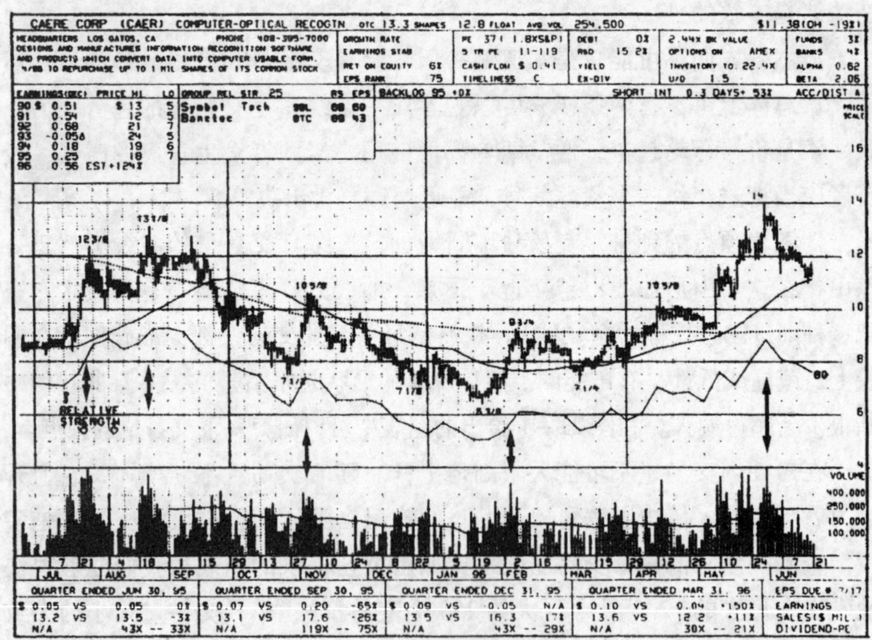

图 21－1　高价同高成交量配合

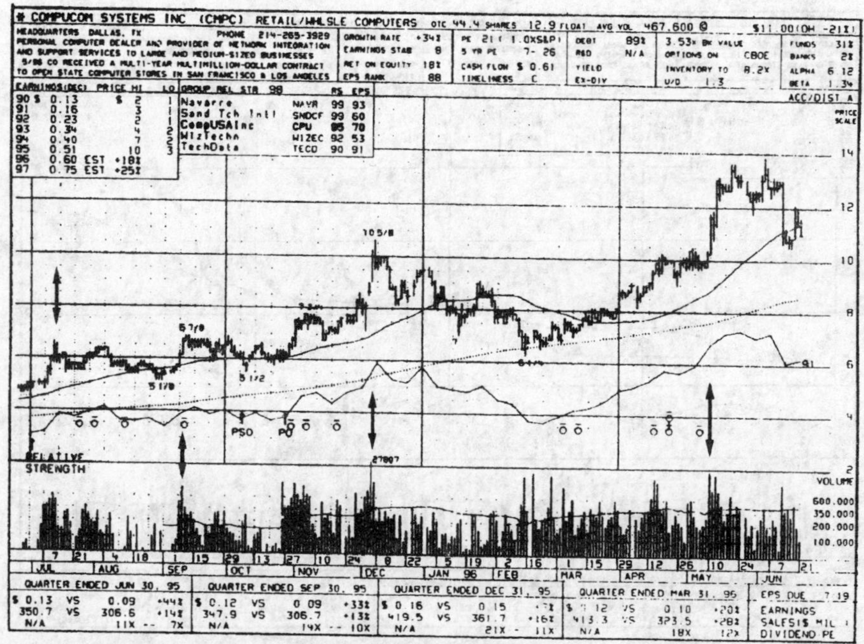

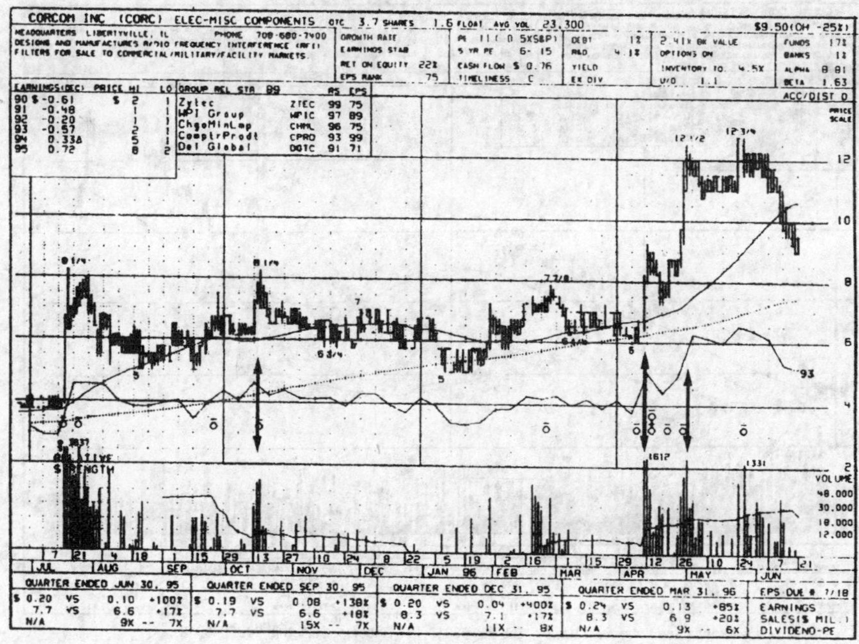

图21－1　（续）

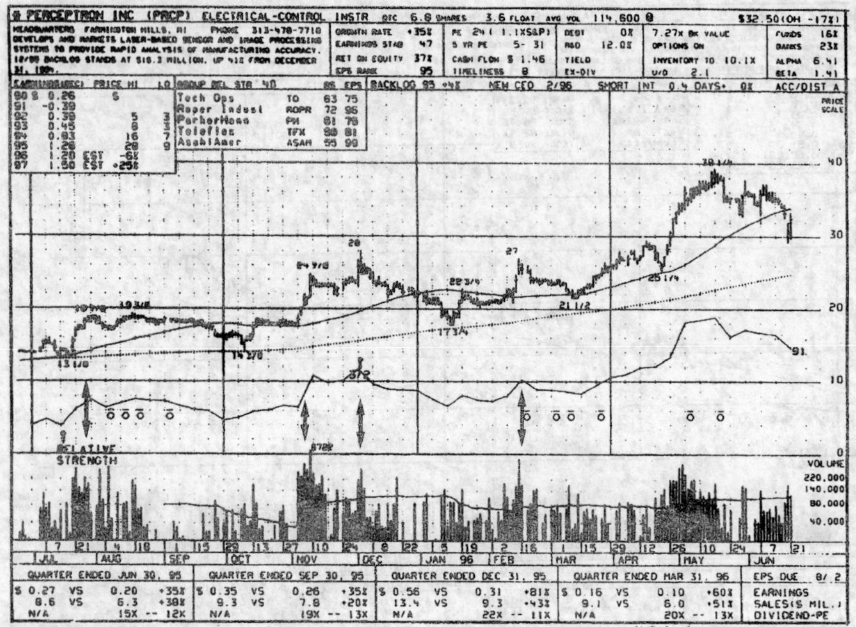

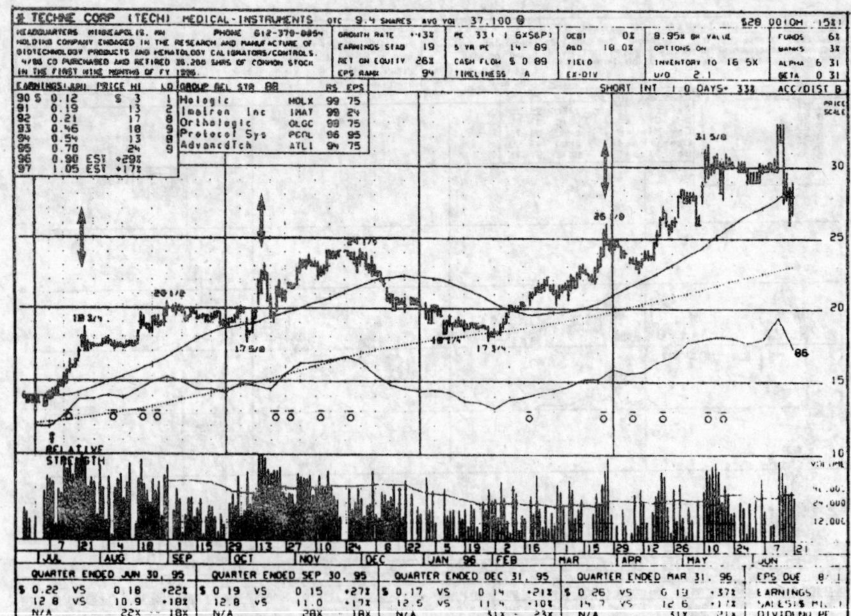

Courtesy of *Daily Graphs and Long Term Values;* P.O. Box 66919; Los Angeles, California 90066–0919.

图 21－1 （续）

票运动作为一个合理的到达顶点的信号之前，不要想当然地认为当前交易量一定会达到或必然会超过先前的交易量。当目前的日交易量达到历史最高点的临近值时，就应当准备毫不犹豫地卖出股票。

价格也会提供另外的线索。尽管总体市场的均值很少以一种被称为“钉状”的突然加速方式到达最终的最高点，个股却经常会这样，正如我们在第 20 章的某些图表中所示。这种明显的反差可以由以下事实来解释：市场均值综合了个股的元素，这些个股有时会日复一日地发生变化，所以市场均值熨平了这些变化。在同一天甚至在同一月内，并不是所有的股票都能够到达自己的最高值（或最低值）。但就个股看来，许多股票在持续的钉状反弹中会到达最高点，与此相伴的是大笔的交易量。

这些股票发生了什么事情，什么原因导致它们会发生变化？在短期内，连续的价格上升会激起人们对某只股票的兴趣。价格开始加速，意味着每天或每周的增长更大。但是上升的趋势不会永远持续下去：在某些点上，交易者开始对持有股票变得谨慎起来，更不要说继续购买了，该股票最近的上涨速度很快。

实际上，加速上涨本身阻碍了一些新入市者。最敏锐的持有者就会卖出股份，导致股价涨速放缓，进而停止上升，并最终开始下降。投资者应当记住，每天的交易包括同等数量的买入和卖出，但随着情况的发展，买家的个性喜好也变化不定。如果价格急剧上涨，就有更多的持有者对新达到的价格水平感到满意，所以卖出量就会增加（更多的持有者都是短期购买者，他们经常被称为游资。这些都是一些不稳定的持有者，一旦有风吹草动他们就准备退出）。

当那些急切的投机者们最终感到满意或最终离开市场，某些人仍然留在市场中，他们一直在等待更好的一天或一个更高点。因此，当价格停止上升时，它就会急剧下跌，因为那些持有者和急切的卖出者没能找到足够的购买者，交易量因此也会下降。我们再次提醒投资者注意股票会在自身的重力作用下下滑，但是却需要购买的支撑来促使它们上升。

当然，在现实中我们通常不能确切地找出价格或交易量达到顶点的那一天。然而，认真地研究过去的模式能够定义一系列的准则——价格和交易量——运用这些准则我们就能够评价一只股票在何时已经接近最高点，应当做出明智的卖出决策。

人的本性中的某些东西使得进行这种操作很困难。一种虽不科学但有效的方法就是自我监督。为了校准自己的行为，作为一个投资者你必须拥有某一只股票并且每天都密切地关注它。在笔记本上记录这只股票已经连续上升了多长时间，以及是否有一个强劲的总体市场的增长在支持它（在你尚未拥有股票的时候在纸上做这样的练习也许是有趣的，但这样做毫无结果，因为里面缺乏感情的因素）。

随着股票在价格和交易量上逐渐地到达高峰，投资者应当关注个人每天的反应，比如恐惧和贪婪以及兴奋的交织。在纸上记录这些观察结果，用字母进行标注，并且在价格走势图上标出这些字母，以备将来参考。当做出卖出决策时，在事后要记录这个决策是否是不成熟的或时机太晚——如果是，那就记录卖出时机与实际的最高点的偏差是几天。

投资者也应当注意，最好的时机就是给出卖出订单的时机。实际上，这是你衡量个人压力的基准器。一周以后，你可以复印每日的价格走势图，并把它粘贴到你的笔记本上。然后把最新的结果纳入操作计划中。从本质上讲这是一种不精确的艺术而不是一门科学，并且你的交互或过度补偿（早或晚）的行为可能很笨拙。但是试过几次之后，你会发现自己的感觉有所提高。我们再一次强调，这种操作只在真实的交易中才会发生作用，在这些交易中有风险和压力，因为实实在在的资金和个人感情都投入其中。如果在一个相当集中的时期内，最多不超过几个月，你可以做几次观察，这是最有效的。否则的话，即使是写下注意的条款，由于缺乏紧迫感，回想起来也不是很准确。

在一个快速的价格上升运动中，投资者应当记住的关键一点是，不要指望能够完美地退出。股票的运动每时每刻都在发生变化。如果一名投资者忙于工作，他可能每天只有一次时间和经纪人商量作决策，最多两次。如果当前的股票运动达到了理想水平，大量的在线报价系统的出现使投资者不必与经纪人进行会谈就可以做出决策。这些系统已经越来越起到巨大的辅助作用。

因此，不要指望会得到最高的1/8点。任何一个投资者如果能够抓住最佳日期，不用说最高价格，都已经算是做得很漂亮了：部分是聪明，部分是幸运。在不到一天的时间内采取行动仍然是相当正确的。所以要保持冷静的头脑：如果一只股票的价格在一年内三次以大额交易量达到最高点，在价格达到最高点的那一天卖出意味着在一年的250个交易日中找出其中9个最佳交易日之一。这种比率几乎是25∶1。可喜可贺！

投资者要想获得利润，必须购买好的股票并且在恰当时机卖出。在上升的市场上要想成功地进行交易，投资者必须在价格和交易量上升的渐进过程中卖出。即当购买渐成热潮时卖出股票，而不是成为购买大众中的一分子。不要总想着完美地抓住价格最高点，要在这样一种情况下卖出而不是变得更为贪婪。即使是与股市有更为频繁的接触（一天一次以上），也应当约束自己每天只做一个选择（卖出或持有）。这会使得一个卖出决策有一定程度的结构性。不要进行更多的观望或者是空等更多的（技术上）消息，投资者应直奔结局。

一旦已经卖出股票，投资者就应当走开。投资者应当在一周或两周之后再回头来看这只股票：如果它是在接近交易量高峰期的时候卖出，他极有可能看到其价格已经下跌，而卖出是一个好的决策。你的退出可能不那么完美，但是，如果你知道在接近最高点时退出比仍然待在市场中并准备将来退出不知要好多少倍，你将会感到极大的满足！

总结一下，在交易量较大时卖出有两个方面值得注意：

- 认识到交易量将会达到高点，将股票的先期行为作为衡量它的价格上限的指导标准。
- 如果交易量开始下跌，但价格保持上升，这是一个弱势的价格上升的晚期并且时机转瞬即逝。图21－2表明交易量增加不能支持价格上升。

了解成功的概率

第二个有趣的并且很有获利潜力的上升现象就是持续的每天价格上涨。这样的价格上涨通常伴随着交易量的上涨。到达一个新的价格水平或

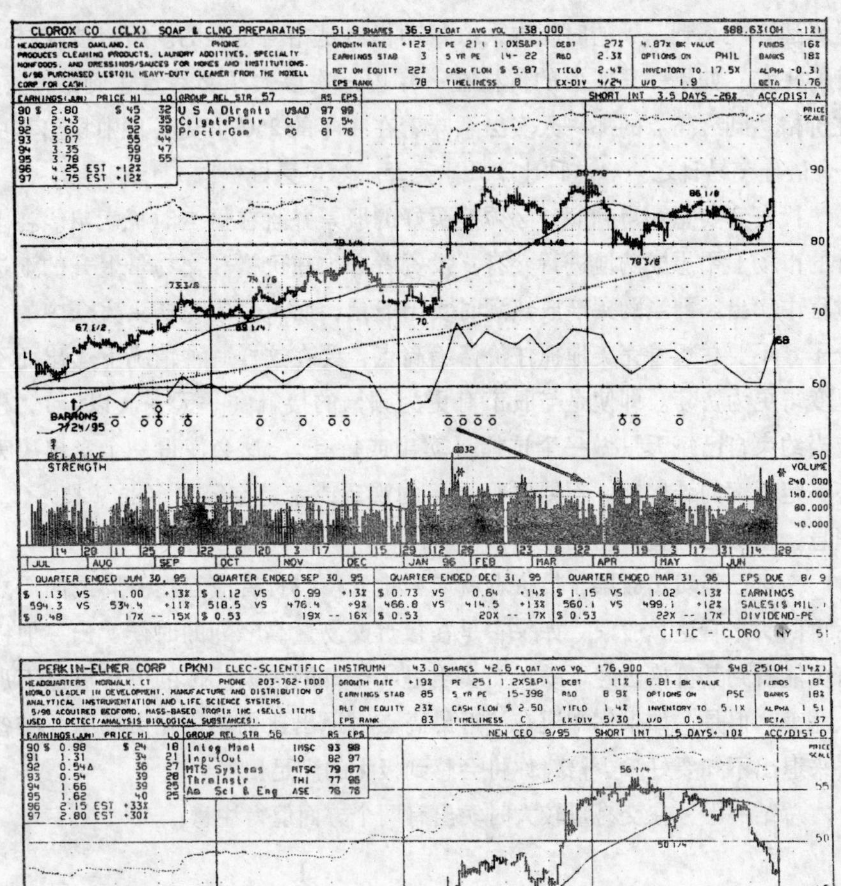

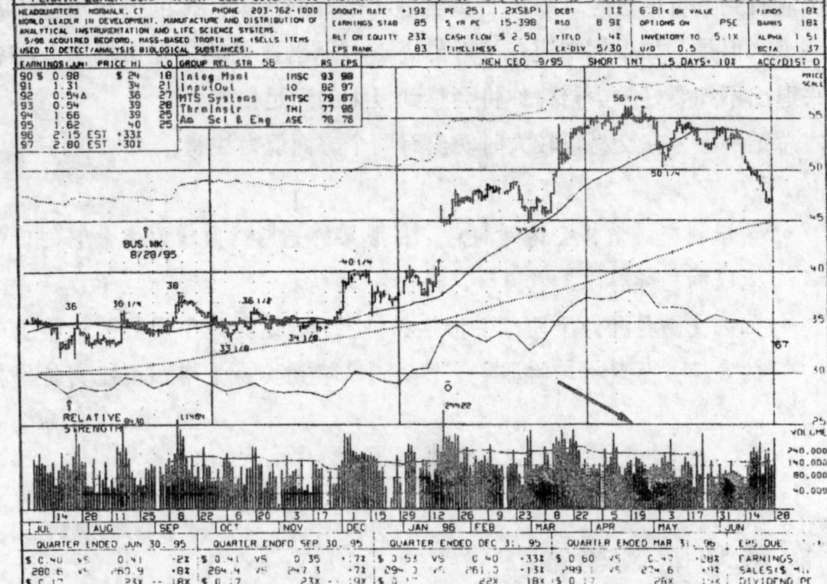

Courtesy of *Daily Graphs and Long Term Values;* P.O. Box 66919; Los Angeles, California 90066–0919.

图 21－2　低成交量难以支持价格上升

弥补先前的价格下降并不总是需要交易量的上升。把交易量的话题放到一边，投资者就可以独立研究价格运动，研究上涨继续和上涨中断的比率。同样，一旦价格停止上涨，先前我们所描述过的感情和动量因素将会导致一个上升过程逆转，长期价格上涨的终止将伴随着价格的逆转，因为短期交易者和观察者，以及敏锐的持有者都会卖出股票兑现。你应当了解这种比率是如何发生作用的并且相应地采取卖出措施。

我们对连续上升的研究既适用于个股也适用于总体市场。研究市场均值的运动是有用的，因为它有助于衡量卖出个股的时机。尽管并不是每一只股票都随着市场均值在同一天上升或下降，市场均值对个股的价格确有影响。在一个持续上升的过程中，市场参与者越来越感到自信和幸福，投资和交易的过程也变得越来越令人愉快。一旦积极的正面强化力量被打断，情况就会回到现实（即两条腿走路）。因为这里牵涉到投资者心理的问题，连续运动而不是随机运动是股票价格运动模式的特点。心理反应从过分乐观转向谨慎，随之转向过分恐惧和悲观，股票上升一段时间之后就会下降。

如果价格的上升和下降都是随机事件，如果未发生变化的日期的概率并不是一个复杂因素，投资者可能会想到建立一个概率表来预测价格运动的频率。举例来说，假定没有未发生变化的日子并且上升和下降从长期看来在数量上是相等的（正如一枚硬币的两面），下面将是关于不同上升趋势的纯粹的统计上的概率：

连续同面天数	单 面	出现次数/年
1天或更多	0.5	126
2天或更多	0.25	63
3天或更多	0.125	31
4天或更多	0.0625	16
5天或更多	0.03125	8
6天或更多	0.015625	4
7天或更多	0.0078125	2
8天或更多	0.00391625	1
9天或更多	0.001958125	0.49
10天或更多	0.0009790625	0.24

因此，假定所有一切都事先说明，在一个典型的有252个交易日的年度里，持续6天以上的价格上升可能会出现4次；持续8天以上的价格上升每年一次；持续10天以上的价格上升每4年会发生一次。

如果以周数计算，在纯粹的统计意义上，人们将看到如下概率表：

连续出现单面的周数	单 面	次数/年
1 周或更多	0.5	26
2 周或更多	0.25	13
3 周或更多	0.125	6 or 7
4 周或更多	0.0625	3
5 周或更多	0.03125	1 or 2
6 周或更多	0.015625	0.8
7 周或更多	0.0078125	0.4
8 周或更多	0.00391625	0.2
9 周或更多	0.001958125	0.1
10 周或更多	0.009790625	0.05

在1996年早期，以道·琼斯工业平均指数来衡量的市场在某一点上连续上升了10个周。专家提出，这种状况最近一次出现在1965年，大约30年前。概率表说明这种不寻常的持续反弹发生的频率是每20年一次。

股票市场是一个由现实来定义的市场而不是一个能够根据纯粹的统计概率进行操作的市场。消息和感情因素会影响由数学决定的概率，尽管这些成功概率可以从书面上完美地表述出来。一周通常包括5个交易日，市场有可能在每周的中间出现停顿来进行修正然后突然暴涨，即使有3天市场是遭受损失的，它也有可能在一周内呈现出净增长。同样，每天包括24个小时，每小时包括60分钟；每天的运动趋势有可能是由最后的30分钟决定的。消息推动着人们的判断。尽管政府代理机构发布重要经济数据的日期是可以预测到的，但在任何时候都可能发生科比地震或是政治暗杀事件或是一家大公司破产，这些事件都有可能中断上升过程并且延长价格下降的时间。

假定随机的50%的日子都是“上升”日。在此基础上我们给出了前面的概率表。在实际中，长期看来，股票市场上升的日子比下降的日子要多，所以对于某一天而言，上升的概率大约是52.4%，而不是50%。上述表格也忽略了未发生变化日子的影响，它有可能延长上升（或下降）期。显然，在牛市中，上升日子的可能性更大，而在熊市中下降日子的可能性超过 50%。

由于这些现实世界的影响和理论上的数学概率混合在一起，实际情况和我们在表中列出的有所不同。根据现实的观察，对于连续上升的日子而言（4 天或更长），实际概率有可能是表中所列概率的一半。因此，比如说，一个连续 7 天的反弹实际上有可能每年发生一次而一个连续 8 天的上升有可能每隔几年才会发生一次。下降的几率要更为频繁，这是合乎逻辑的，因为恐慌情绪比贪婪更强烈。

当投资者考虑做出卖出决策时，所有这些在操作上都是十分有用的。假定他的股票已经基本达到了目标价位并且他准备卖出，但是没有消息促使他立即卖出。如果市场正处在连续上升期内，上升的动力和对牛市的期望将会推动大多数股票价格到达新高，包括他将卖出的股票。作为一个聪明的有所察觉的卖出者，他现在粗略地知道当上升期持续五天以上，继续上升的比率有可能是多少。他可以利用这种背景知识来帮助自己决定何时实施体面的退出。

关注这些信号是重要的，这里有两个原因。首先，随着上升期延长，投资者深陷股票中不能自拔，自然他就会承诺再等一天或再等一点之后就卖出股票，正如一个拉斯维加斯的赌博者宣称再多赢一次就洗手不干。第二个原因在于，当股票开始下跌时，悔恨和固执就会抓住投资者。投资者就会倾向于继续持用股票等待它回到高点，他不会卖出任何股票，结果将丧失所有当前的收益（以及金钱的时间价值）。如果投资者知道成功的概率，当他的股票已经上升时，这将有助于他进行反向投资，在感觉最佳时卖出股票。

在价格/交易量逐步上升和持续上升的情况下，没有一个准确的公式来计算什么时候卖出是最佳的。然而，本章提供了指导原则，要求人们关注那些信号。这些信号有助于衡量卖出时机，即使是不那么完美。比起犯错误并持有股票等待下一次下跌，投资者在操作中能做到基本正确，虽然不是那么完美（在接近最高点时卖出），但情况也已经好得多了。

第四部分

卖出策略

第 22 章

区分市场股和孤星股的特征

投资成功的要诀

- 了解市场股的特征
- 对比孤星股的特征

当投资者考虑是卖出还是持有时，其中一个决定因素是该股票是否是所谓的“市场股”。这是一个重要的考虑因素，因为它有助于投资者做出判断：如果整体市场呈现出一个强劲的趋势（上升或下降），这种趋势就可以在短期内影响股票的表现，这取决于它的本性。我们把性质与此相反的股票称之为“孤星股”。

以下列出了这两类股票的不同特征。投资者应当注意一只股票并不需要满足其中所有的特征。

市场股

- 主要是由机构所持有。
- 交易和清算的规模巨大。
- 发行的股本较大。
- β值较高或接近于1.00。
- 是道·琼斯工业平均指数的成分股，或属于标准普尔100家股票之一，有时是处在领导市场趋势或引导投资热潮的行业中。
- 期权交易的规模巨大。
- 非金融和非公用事业公司。
- 在所属行业中，该公司的基本面表现出色。
- 国外投资者熟悉并且愿意接受的股票。

孤星股

- 并非由机构大量持股。
- 发行公司的股本较小。
- 股本适中，但交易量通常不大。
- 经常在纳斯达克的主要上市证券之外，和少数造市者一起列在美国证券交易所或场外交易的股票中。

- 属于对利率敏感的股票。
- 单一产品概念或题材的股票。
- 在一个科技股不占主导的市场上的高科技、不成熟的公司。
- 低价发行的股票。
- β值低于0.50或为负值。
- 高收益股票。
- 分析师对该股票的研究不是很深入。
- 在当前占主导地位的热门行业之外新发行的股票。
- 主要是由内部人或母公司持有。
- 属于反周期行业的股票。
- 不能用传统的行业描述来分类的股票。
- 地区性或当地公司，外界对其知之甚少。
- 在其所属行业中，公司基本面的表现不佳。

市场股的特征描述

市场股的定义是，该股票的市场运动和总体市场运动的方向是高度一致的。从统计上说，在10天中大约有7天，60%的股票会沿着市场的主导方向进行运动。但在现实生活中，当投资者需要做出是持有还是卖出股票的决策时，个股的日常运作是否与总体趋势保持高度相关并不是容易检查到的。有准备的投资者必须事先就知道这一点。

在最近10天中有7天个股的运动与总体市场趋势高度相关，这可能只是一个巧合，或者，这通常是由广泛的心理趋势所推动的。因此，为了检查一只股票是否是市场股，我们需要参考前面给出的特征列表。知道这些特征的好处是在卖出/持有决策的压力到来之前，我们可以在任何时候重复地检查这些特征。当购买股票的时候，甚至是购买之前，我们就应当在脑海中或是笔记本上记下该股票的特征。

在以下两种情况下，知道一只股票是市场股还是孤星股是很重要的：

一，当做出持有/卖出决策时；二，从微观策略上讲，卖出股票兑现的时机已到。在这两种情况下，如果投资者持有的是市场股，他就更多地依仗于对短期趋势和市场整体运动的判断。表 22－1 列出了一些市场股与孤星股相对应的例子。

表 22－1　市场股与孤星股的对比

市场股	孤星股
麦当劳	TCBY
西尔斯	Service Merchandise
通用电气	Westinghouse
Exxon	Mesa
英特尔	National Semiconductor
AMR	TWA
固特异	Cooper Tire
Home Depot	Payless Cashways
Safeway	Hannaford Bros.
惠普	Arrow Electronics

这种回顾是很重要的，因为从统计上讲，一只市场股有可能与整体市场的运动方向保持一致并且沿此方向运动某一个百分比。在这种情况下，投资者考虑的应当是按市价卖出股票与在市价之上卖出股票（或止损订单）相比，其好处是什么。他考虑的不仅仅是股票的运动和图表趋势，也包括整体市场的主导趋势和可能的日常运动。

我们以麦当劳为例，当市场呈现出明显的趋势时，这只股票在绝大部分时间都沿着市场的主导方向运动。由于这只股票不属于领导趋势的行业（在 20 世纪 80 年代和 90 年代的暂时大部分时间内，快餐业都不是领导性行业），麦当劳符合典型的市场股的特征。如果整体市场有大规模的反弹或者是出现大量的廉价卖单，麦当劳极有可能沿着市场的主导方向运动。这是因为，这只股票在它所处的行业中是一个领导者，是市场平均指数的组成成分，能够进行计划交易，并且由于该股票股本较大，当机构投资者和个体投资者（国内和国外）希望股市发生剧烈运动的时候，他们就会很方便地进行交易。

除了麦当劳几次周期性的配股之后，麦当劳的股票价格较高，因此在运动幅度较大的交易日内，股票价格波动一个点或更多并不是值得大惊小怪的。因此，如果麦当劳的投资者决定卖出兑现，他应当更多地关注整体市场的近期趋势。

假定麦当劳最近涨幅良好，一名投资者认为它的价格已经被高估了。如果整体市场保持上升或者是整体市场将对某些有利的经济和政治消息做出强烈的反应，那我们的投资者应当给麦当劳更多的时间，因为它是一只市场股。因此投资者给出了一个有上限的高于市价的卖出订单，而不是立即在市场上以市价卖出股票（除非是股票进入了严重的止涨期或除非某些与公司有关的消息已经出现）。

然而，虽然就个股的特性而言没有必要仓促卖出，但是整体的市场趋势已经严重下滑或者是当前的市场趋势是一场混乱，有所察觉的投资者应当立即卖出麦当劳的股票，因为市场环境已经发生不利的变化。他假定股票将会随着整体市场而发生运动，这是由股票本身的特性以及将要在其中进行交易的资产决定的。

在这种情况下，股票不可能和整体市场的下滑进行抗争。由于股票本身以及其持有者的特性，它有可能会随着市场整体进行下滑，而不管它本身的特点如何。我们的投资者在市价卖出股票要比等待达到高于市价的上限卖出股票更好。最好是不要错过机会，以避免损失已获得的账面利润。

孤星股的特征描述

与此相反的是典型的不受市场影响的股票或孤星股。根据列出的其中一个或几个特征，该股票与整体市场的运动方向不一致。也许最普遍的用来辨别这些孤星股的特征就是较低的日交易量，在其所处行业中基本面的表现低于平均值，地区性的而不是全国性或国际性的公司。

这些特征使得该股票对大玩家缺乏吸引力，持有者会对股票在牛市的上涨感到失望。但值得安慰的是：除了股市大崩溃和暂时的恐慌状态，非市场股比市场股的表现更好。原因是没有游资来追逐这些孤星股，所以它们不会受到活跃的大买家急于攫取利润的影响。

当对一只孤星股做出卖出/持有决策时，最重要是不要指望整体市场的强势和运动方向，因为在一个强势的市场环境中，投资者很容易对股票的短期前景过分乐观。一个投资者经常认为总体市场的走势如此强劲，股票应当获得某些收益，出于水涨船高的理念，他会继续持有股票。

如果投资者正在交易的股票是一只孤星股，他错误的逻辑有可能导致失望。他有可能因为市场的行为而推迟卖出决策或者是贪婪和固执会主导投资者的想法。因此，了解市场股与孤星股之间不同的行为模式，并且把这些特征作为卖出时的考虑因素是很重要的。在短期策略的基础上，这种洞察力经常会帮助投资者获得更好的卖出价。

第 23 章

使用高于市价的指令而不是止损指令

投资成功的要诀

- 了解止损指令的缺点
- 利用高于市价的卖出指令

某些经纪人和投资指导书总是鼓吹客户使用止损指令作为一种卖出战略。本章我们提倡客户使用高于市价的卖出指令（极有限的情况除外），这种指令可以带来更多的利润。高于市价的指令是通过设定特殊的目标价位，并且当价格暂时高于真实值时卖出股票以实施投资者的策略。止损指令的价位更低，并且只在某些基本面和技术问题已经出现明显错误的时候才使用。

首先，我们来考虑一句关于投资的老话：减少你的损失，将利润延续下去。这背后的理论基础是投资者和交易者应当对那些表现不佳或表现糟糕的股票不那么宽容，并且应当拒绝略有斩获时就急于兑现的想法，而应当继续持有等待重要的长期回报。

这听上去很简单并且很明显，但要在策略上实施这一点却是很困难。因为时间或者是你的朋友或者是一位微妙的敌人，投资者必须避免损失和重视金钱的时间价值。显然，投资者对在市场中继续累积收益更无异议。

问题的关键是在两种形式的指令之间进行选择。当在市场中投入了资金并且在决策过程中投入了许多感情因素，投资者就很难辨别哪一只当前略有损失的股票会停滞不前或进一步下滑，以及哪一只股票会有一个辉煌的未来。

止损指令的缺点

止损指令应当在极其有限的情况下使用，因为这些指令的成功取决于高超的技巧。它们最普遍的应用经常是作为经纪人和投资者的一种逃避策略。

正如前面所说，经纪人非常厌恶处理遭受损失的头寸。对于任何一个经纪人来说，避免与客户讨论损失的一种方法是建议客户通过止损指令把他们的头寸限制在偏离购买水平的一个适当的百分比之内（回想一下第 8 章中所描述的以入市点为基础的策略）。如果一个账户既有损失也有收益，并且损失不大，经纪人和他的经纪公司通过使用这种策略就可以避免人们对其无能和失职的责难。他们至少能提醒客户避免一次重要的损失。

尽管通常在略低于买入水平的价位上给出止损指令确实能够限制个人的损失，它们的主要功能却是使经纪人和投资者得到解脱，避免做出——在实际中，当金钱已经投入到市场中——关于卖出、持有等的决策。市场替经纪人和客户自动地进行操作，或者是什么也不做。市场的自动机制将代替经纪人和投资者获得声誉或承受责备。

除了上述缺点，止损指令还有其他的缺点：它们通常是在不合理的价位上给出，并且更重要的是，它们必然导致在弱势做出卖出决策而不是在强势做出决策。

比如，许多止损指令的鼓吹者建议在标准的低于成本某一百分比的基础上给出止损指令。最常见的损失百分比是 10%、5%或 15%。除了最胆小的市场参与者，这些损失对任何的投资者而言都是可以接受的，即使是这些损失已经偏离了原先的结果。对于使用主观的百分比作为给出止损指令的标准，有三个反对的理由：

- 入市点（购买价）与退出点无关，我们在第 8 章中对此已做详细解释。
- 常用的固定百分比忽视了不同股票之间的内在差异。
- 止损点应当建立在支持水平和趋势线的基础上，可能高于或低于标准的百分比方法所设定的价位。

关于第一点的重要性无论怎么强调都不过分：你个人的成本价对整体市场没有任何影响，因此它与何时退出以减少损失或获利毫无关系。尽管长期以来关于技术分析的优点的争论没有得到解决，任何一个有经验的市场参与者都可以关注价格走势图并且对价格做出理性的判断，即在什么样的价格水平上股票会上涨以及在什么样的价格水平上它将会出现致命缺陷

(下降)。

如果一名股票持有者告诉图表分析员,“我应该告诉你我的成本价是44 美元。”他所能得到的惟一的理性回答是,“那又怎样?”关键在于,如果一只股票在43½点失去了支持,这一事实与谁是不走运的持有者以及他们是在44、21还是65美元的价位上买入无关。股价下降某一个百分比并不能作为卖出的准则。如果在下降10%的时候卖出是正确的话,那么买低要比买高有更大的利润空间又如何解释?

如果本书描述的是如何购买股票,那就应当定义怎样购买以避免在接近崩溃点买入。但在这里,我们强调成本价与卖出决策无关。因此,在成本价之下设定一个特定的百分比作为损失下限也是没有意义的。这就如同是根据身高或年龄来设定薪水一样荒唐。

除此之外,使用任何与当前价格有关的固定的百分比(比如,X%或Y点)和头寸本身的特点是没有关系的。股票具有内在的不稳定性,这种不稳定性可以定义为在一天或一周内股票的波动幅度与整体市场指数的波动幅度相比的敏感度。

我们没有必要知道某只股票的价格波动是否是由以下因素引起:价格水平、供给变动、玩家心理、机构参与等等。我们只需观察股票是以自己的幅度进行波动,这种幅度只有在长期才会发生变化。对一支25美元的股票,每天价格增减0.125美元是正常的(许多公用事业股票可作为例子)。而对另一只25美元的股票,1美元甚至更大幅度的波动都是正常的(生物技术、因特网、半导体以及计算机外设的股票)。

一只股票能够容忍的价格运动对另外一只股票而言可能是一个供给/需求平衡发生重要变化的信号,因为它们在本质上是不同的。由于这些可以观察到的真实的差别,对所有的股票而言,使用单一的固定的百分比作为止损标准是没有意义的。

一个好的止损指令至少应当考虑到股票的自然波动而不是假定所有的股票都一样。由于利率发生了重大变化或者是股息收入有重大的风险,一只原本停滞不动的股票下滑了15%,所以在这里15%就是一个太宽松的指标。一只波动幅度较大的成长性股票可能飙升20%,但还没有突破它基本的上升趋势,所以通常所鼓吹的10%和15%的止损范围从一开始就是自找失败。

止损价位应当落在由趋势线和支持线所决定的价位上，而不是偏离入市点某一个固定的百分比。我们用一只股票作为理论上的例子，假定一只股票连续几个月在 40 ~46 美元之间的价位进行波动。如果39⅞是其支持线的拐点，那么39⅞就是止损点，这意味着如果一个投资者在 41 美元的价位上买入股票，5%、10%、或 15% 的止损范围都太过宽泛。如果他在高于 44 美元的价位上买入——价格范围的上半部分——根据图表显示，5% 和 15% 的范围仍然是太天真了。5% 的水平有可能提示投资者，让他在低于 42 美元的价位上出货，而股票正从低点找到支持——由此可能再次回弹。从 44 美元开始的 15% 止损范围将会使价位低于 38 美元，这一价位远远低于股票明显崩盘的价位。

随后给出的 ITT 工业公司的图表提供了一个真实的例子来说明何时应当给出止损指令以及何时不该给出止损指令（见图 23 –1）。注意图上 24. 5 美元到 24. 75 美元之间的区域重复出现的技术上的重要性，首先这一区域是作为一个即将被穿越的供给区出现的。在最后五个月内，它作为一个多重底线或支持区域出现（这正好说明主观的整数价位比如说 25 美元并不总是理想的止损价位）。在该图表打印时，低于 24. 75 美元的崩盘点以及 24. 375 美元的崩盘点将带来极大的麻烦。投资者应当在这些价位给出止损指令。ITT 工业公司似乎开始上升，这一趋势由一条连接其 12 月、1 月和 4 月最低价位的线清楚地表示出来。在每一周，一个投资者都应当根据曲线所示的高价位相应提高他的止损价。这样一来，当股票在 6 月中旬以低于 27 美元的价位开始急速下滑时投资者就能够迅速地退出。两周以后（在图的结束点），购买者可能以 25 美元的价位买入，但不能再低了。如果试图给这只股票设定止损范围，比如，在 23 美元给出止损指令，投资者必然会面临双重困难。首先，23 美元的止损价位比明显的崩盘价低 1. 50 美元，投资者将会浪费这 1. 5 美元；其次，恰好是在股票找到它的下一个重要的支持线并且准备适度反弹的时候，投资者在 23 美元的止损价位上清盘。

如果投资者使用止损指令，关键的一点在于止损点应当建立在对股票所处的市场状况进行分析判断的基础上，而不是依据一个百分比公式。同

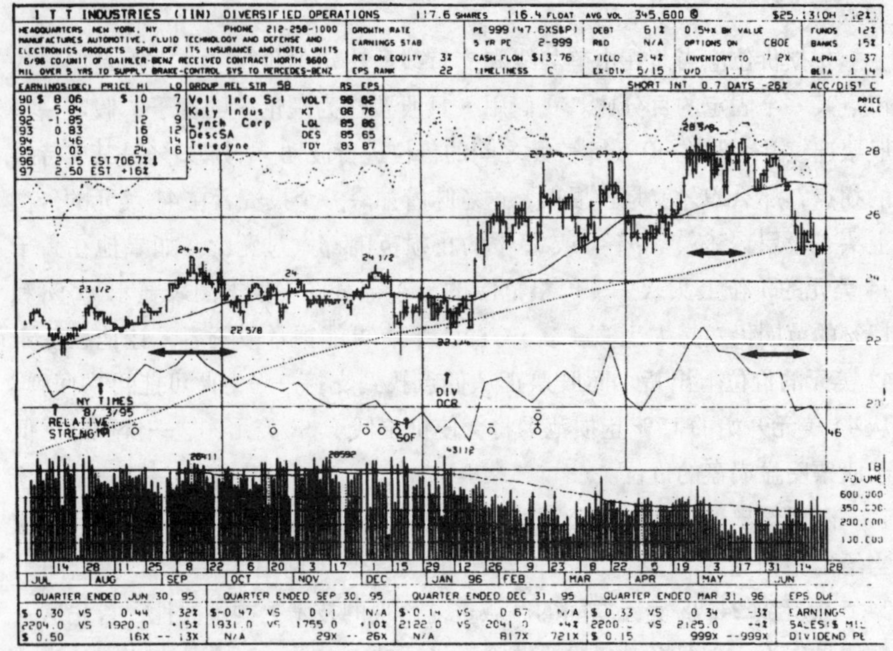

Courtesy of *Daily Graphs and Long Term Values;* P.O. Box 66919; Los Angeles, California 90066–0919.

图 23－1　关键支持线

样，止损点应当位于股票即将发生逆向运动的价位上：既不要高于该点也不要低于该点。这牵涉到对图表进行精确的分析并且这种分析不要和投资者的买入点联系起来。

尽管我们已经给出了关于止损指令的指导原则，本章实际上是在说如果投资者使用止损指令，就应当限制它的使用次数。只有对股票进行了仔细的观察并且决定了——根据股票自身的特性和图表模式——什么价位意味着应当紧急退出以及什么价位意味着市场将会出错之后，投资者才能够使用止损指令。如果一个投资者每天都接触市场并且遵循本书所教的原则，止损指令的心理支柱就是不必要的。

如果一名投资者经常与他的经纪人保持联系（每天一次甚至更多），他不需要给专家发出止损或限价指令。如果他提前注意到关键的价格水平进行自我约束，他宁愿在市场上卖出股票。然而，如果投资者旅游去了或者说联系不上或者说他感到在压力下做出决策有很大的困难，那就应当使用止损指令。

有害的市场影响

有时一个在技术上无懈可击的止损指令可能是一个错误。比如，当整体市场因为谣言和大规模的计划交易而呈现弱势，个股的价格水平就没有什么意义，因为它们已经丧失了清偿能力并且所有的购买者都在寻求保护。

在这种情况下，当整体市场暂时剧烈地下滑之后，许多卖出指令都显得过于严格。事后看来，投资者是由于市场驱动的原因而不是具体股票导致的原因而进行清盘，当暂时的恐慌过去之后，股票（包括卖出的股票）大幅反弹时，他手里将持有现金，而不是一个完整的投资组合。

最终，对于投资者而言，根据自己和经纪人之间的关系而调整使用卖出指令是很重要的。如果投资者使用的是折扣经纪人，在任何情况下他都应当更多的求助于卖出指令。如果投资者使用的是全职经纪公司，当股票开始下滑时或当消息变坏时，他有可能从经纪人处得到警告。这样一来，投资者有时可以在一个较高的价格上抽身而退，而不是等待实施卖出指令。

因此，从本质上讲，依赖经纪人的帮助要比使用机械的卖出指令更好一些。如果经纪人联系不上客户，他们有时会采取谨慎的措施对待卖出订单。如果一名经纪人同意在此基础上进行操作，我们还有另外的理由建议投资者不要使用止损指令。

高于市价的卖出指令的优势

使用低于市价的卖出指令意味着卖出股票的价格将低于给出指令时市场可以达到的价格水平，与此相反，投资者更愿意使用高于市价的有设定目标的卖出指令。当执行了这些高于市价的卖出指令，投资者卖出股票的价格就会高于给出指令时的市场价格。

与止损指令一样，这些指令也有使用的规范和条件。高于市价的卖出指令并不是在任何情况下都是适用的；某些情况下市价指令要更好一些。给出任何一个高于市价的卖出指令都必须经过认真、周密的考虑。

为了准确地给出卖出指令，投资者首先应当观察整体市场的氛围如何，以及在计划给出指令的这段期间这种市场氛围是否有可能继续存在。低于市价的卖出指令有助于避免进一步的损失，而当投资者认为合理的耐心以及市场的正常波动将会使股票价格更高时，就会使用高于市价的卖出指令。在任何时候，对上升潜力的合理的预期在一定程度上是由整体市场的趋势和股票自身的价格模式所决定的。

让我们回顾一下波动幅度在 40 ~ 46 之间的股票，假定此时卖出股票是可行的但并不是非常紧急的。在一个徘徊前进或适度上升的市场上，明智的投资者会在45¼的价位上设定一个高于市价的卖出指令。

如果总体市场走势相当强劲而该股票仍然表现不佳，投资者有可能有更为大胆的期望并且把卖出指令设定在43⅝或43¾。他不会将卖出指令设定在46¼或更高，因为只有在股票暴涨给他带来意外惊喜时这种情况才会发生。这种价格水平使得卖出的时机出错，因为卖出的价格是不恰当的。

另一方面，在一个弱势市场上，只要价格在波动范围的上半部分运动，投资者都会感到欢欣鼓舞，所以他最多把卖出指令设定在43½或 44。

当发生了激烈的价格下滑的运动，设定高于市价的卖出指令就没有什么意义，除非是刚刚完成一次相当大规模的抛售：如果投资者在即将到来的悲惨日子里不想继续持有股票，他应当认为破坏将会持续下去并且因此现在就卖出股票而不是等待价格反弹。

在短期内，投资者也会观察股票和总体市场在最近几天的运动趋势：在操作方向和操作力度上逆潮流而动。如果股票和市场已经持续上涨了几天（记住在第 21 章中讨论的持续的上升），任何进一步的上升或高于当前价格的卖出指令都应当是相当有限的。另一方面，如果股票和市场连续下跌了几天，但还没有破坏重要的上升的趋势线和支持水平，投资者应当等待回弹并且把卖出价格定得离当前价格稍远一点，即更高一点。

另外一种给出卖出指令的方法是衡量最近的日价格波动。根据日报给出消息，通过在线电子数据库，或详细的日图表服务公司，投资者可以计算最近的 2～4 周内每天的价格波动范围。假定计算结果说明你的股票每天的波动范围平均为（高点减去低点）1¼点。并且假定在半数日子里股票至少每天运动 5/8 点（在此我们计算的是每天波动的范围，不是收盘价与收盘价之间的差别）。

在这个例子中，你可能将卖出的价格设定在当前价格之上的¾～⅞点，假定最近的收盘价大约位于每天波动范围的中间。平均来讲——假定总体市场不会崩溃并且公司不会突然发布坏消息——比起不必要的匆忙的市价指令，几天或一个星期的耐心将有助于投资者获得一个更好的卖出价。

关于相反的模式和结果的总结

与实际的波动模式相比，投资者给出卖出指令的大胆程度受到股票和整体市场运动方向的影响。如果卖出的原因是不好的基本面和技术消息或者是整体市场产生的压力，高于市价的卖出指令具有较高的成功概率。

本章的主要内容就是高于市价的卖出指令使投资者更有机会获得较好的卖出结果，低于市价的止损指令会保证投资者获得一个比当前价格更差的卖出价。不要使用主观的百分比，也不要使用止损指令作为心理支柱。相反，投资者应当勇敢面对每一次的卖出决策，采取必要的行动。这条原则不仅在当前是有用的，也适用于未来市场。

第 24 章

使用特别的原则来卖出低价股票

投资成功的要诀

- 考虑经纪公司的政策
- 了解保证金贷款
- 关注不需要保证金的股票

在购买或卖出低价股票的时候必须记住三个关键的数字：2 美元，3 美元，5 美元。它们的作用各不相同，取决于低价股票是上升还是下降。由于它们的作用在下降的时候更为明显，因此在这样的价格范围内关注卖出的策略就更为重要。

首先我们来考虑 2 美元的价格水平，许多经纪公司都将此作为一个值得关注的价格水平。如果投资者想购买价格低于 2 美元的股票，通常经纪公司会要求他签署所谓的“自愿信”。这是一封事先写好的客户给经纪公司的信，信中说股票是由客户自己选择的，客户已经认识到购买低价股是一项风险活动，如果股票遭受损失，客户不会因此而责怪公司。

由于这封信的目的是为了免除经纪公司的责任，所以在卖出低价股的时候没有必要签署这样的信。从理论上讲，经纪公司在购买股票之前要求客户签署类似的信并且将其归档，除非客户是极有名望的并且值得信赖的人。这封信应当能够阻碍投资者购买低于 2 美元的股票。实际上在牛市上这种作用很小，因为当时人们都很乐观而不是恐慌。

相反，在熊市上要求签署这样的信就有显著的作用。由于媒体的头条都是抛售、衰退、破产，以及类似的坏消息，当经纪人告诉投资者需要签署类似信件时，许多投资者都会犹豫。这意味着购买的可能性较少，这里有几个原因。

犹豫不决的投资者开始反思当前的熊市，他的经纪人看上去似乎连佣金都不想赚，并且在接受这种交易之前，经纪人似乎已经为自己设定了法律上的保护。所以随着股票下跌到 2 美元以下，自愿信原则在熊市上可能成为价格的镇静剂。但是，反过来这并不是正确的：当股票上升到 2 美元以上，这一事实并不会导致进一步的购买，这只不过是去除了约束，因为此时经纪人没有必要实施自愿信原则。

如果股票在主要的交易市场中进行交易，许多经纪公司会放弃自愿信原则，所以你必须事先问清楚。具有讽刺意义的是，一个投资者购买了一家盈利性的公司的股票，该股票在场外以1.75美元进行交易，他会被要求签署一份自愿信。如果他在股市上购买的是最不稳定的高负债公司，这些公司的销售额在急速地缩减，资产为负，前途渺茫，卖出价为0.25美元每股，他却不需要签署自愿信。

考虑经纪公司的政策

买卖低价股票的另一个方面也值得注意：经纪人获得报酬的方式会显著地影响他们的注意力，这将直接会导致一只股票所获的支持发生变化。

经纪公司对诉讼风险已越来越敏感，所以它们采取了更多的措施来减少风险。经纪公司的一个保护性的武器就是经纪公司向其经纪人付酬的方法。某些经纪公司对风险非常厌恶并且非常谨慎，它们是不会为2美元以下的购买订单而向经纪人支付佣金的（在极其少见的情况下会发生例外情况，即研究部门推荐购买这只股票）。

显然，一个经纪人希望客户投资的股票能为他带来佣金。毋庸置疑，如果客户购买2美元以下的股票，经纪人得不到佣金，这些股票在市场上就得不到支持。如果股票价格下滑到这一水平，形势会不断恶化，因为一个主要的需求——支持力量没有了（见图24-1，图中给出了1987年以来的几个图表，这一时期是最近的一个广泛地向客户催缴保证金的时期）。在这一点之后，市场需要大量的正面消息来推动股价上升。所以投资者应当把2美元的价格水平作为心理上的退出点，特别是当整体市场的气氛是消极的和谨慎的。事实上，在恐慌驱动的市场上，应当早点抛售股票以获得先机。

3美元和5美元的价格水平都是在同样的基础上得出的。这些价格水平有着更显著的影响，这是因为经纪公司的规则发挥作用的方式。原因是尽管2美元的价格水平影响一只股票的市场“声望”，3美元和5美元的水平则决定保证金水平，而对一只股票来讲，保证金水平是很重要的。

自愿信的作用主要是心理性的，而保证金的要求却是实在而紧急的。

它推动着股票价格的变化，主要是向下变化——这是在做出卖出和持有决策时应当考虑的一个重要因素。

保证金贷款

经纪公司向证券购买者提供保证金贷款的能力受到联邦储备委员会颁布的 T 条例（U 条例限制商业银行的保证金贷款）的制约。联邦储备委员会可以在必要的时候改变游戏的规则，尽管最近几年保证金的要求变化较少。

基本上，联邦储备委员会设定购买价格的某一个百分比作为经纪公司（以及成员银行）能够贷给客户的保证金。由于大萧条之前的历史原因，联邦储备委员会运用这种权利来规范投机行为并且分配经济中的信用

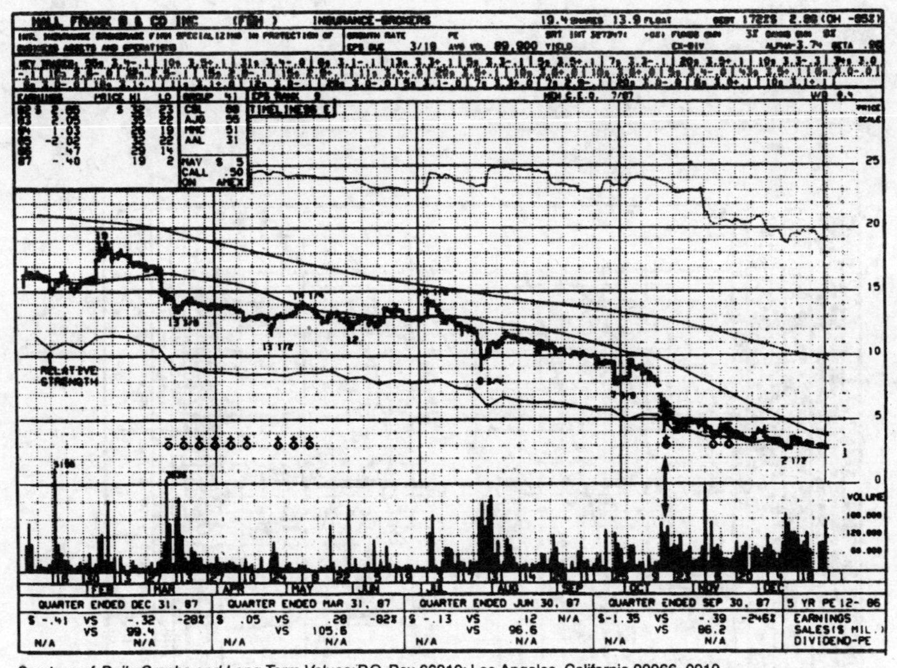

Courtesy of *Daily Graphs and Long Term Values;* P.O. Box 66919; Los Angeles, California 90066–0919.

图 24－1　股价跌破 5、3、2 美元

UNIVERSAL MATCHBOX GROUP (UMG)
RELATIVE STRENGTH
VOLUME
PRICE

TEXAS AMERICAN BANCSHARES (TXA)
RELATIVE STRENGTH
VOLUME
PRICE

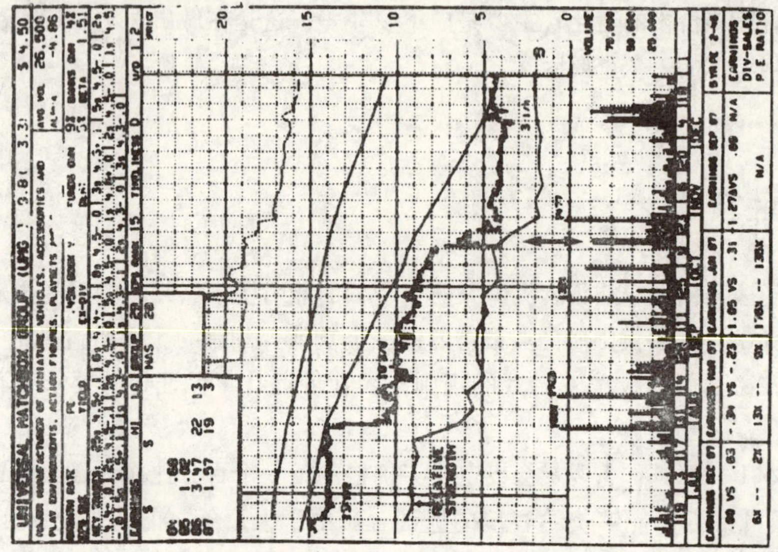

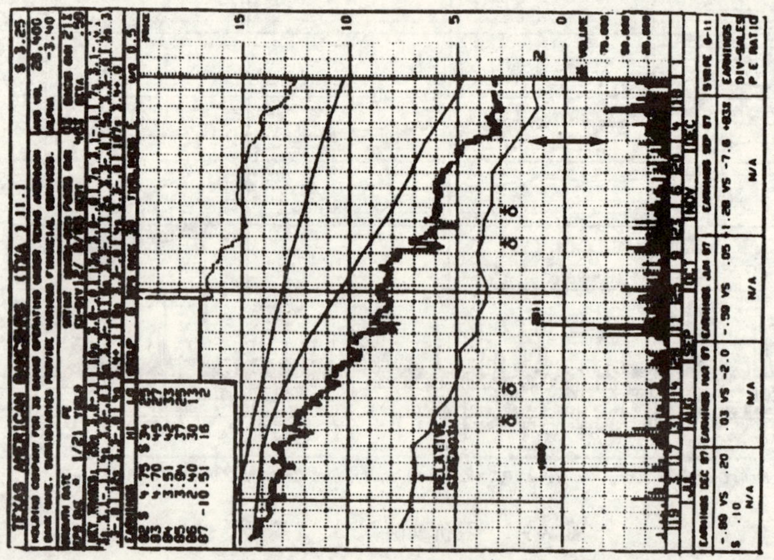

图 24－1 （续）

PULLMAN CO (PMN)
RELATIVE STRENGTH
VOLUME
JAN FEB MAR APR MAY JUN JUL AUG SEP OCT NOV DEC
EARNINGS
DIV-SALES
P E RATIO

READING & BATES CORP (RB)
RELATIVE STRENGTH
VOLUME
JAN FEB MAR APR MAY JUN JUL AUG SEP OCT NOV DEC
EARNINGS
DIV-SALES
P E RATIO

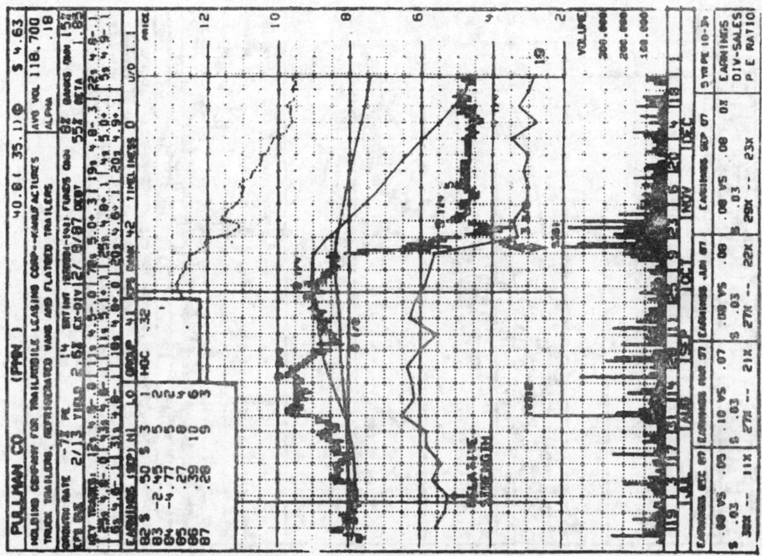

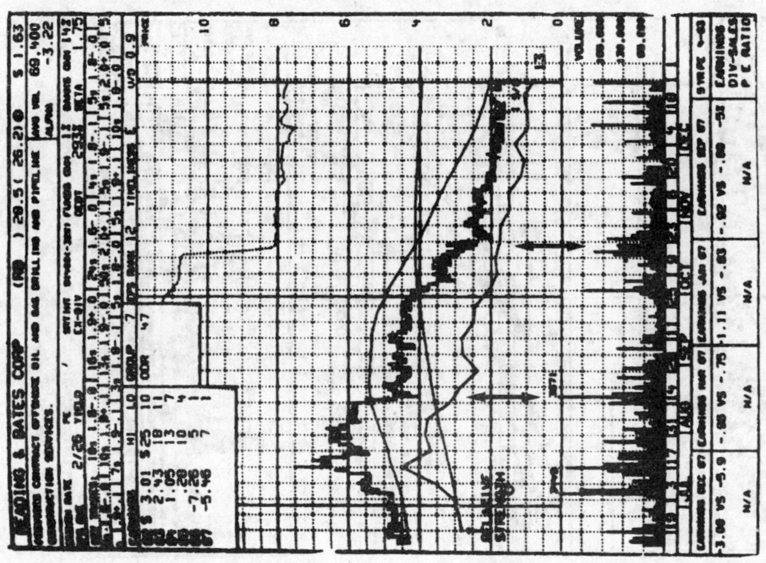

图 24－1 （续）

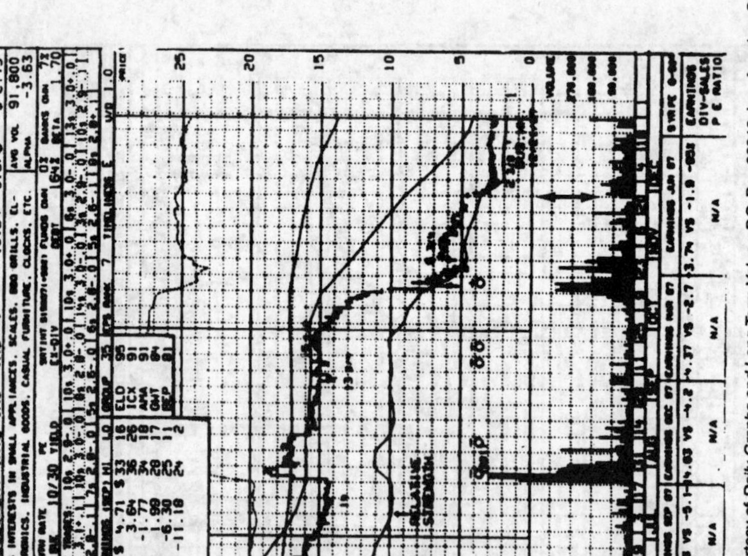

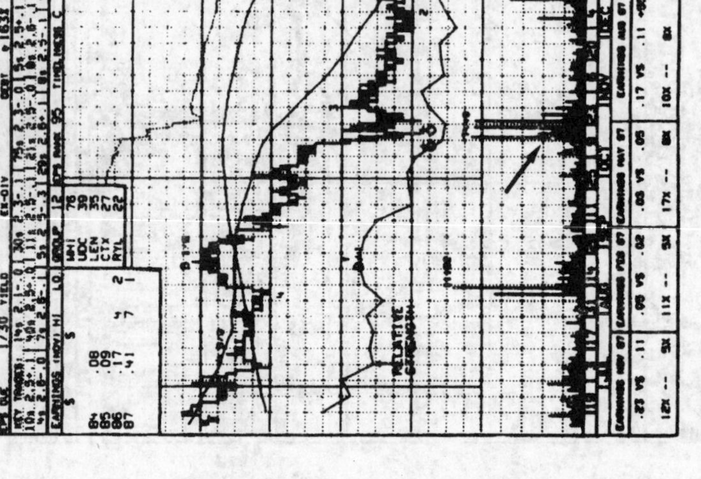

Courtesy of *Daily Graphs and Long Term Values*; P.O. Box 66919; Los Angeles, California 90066-0919.

图 24－1 （结束）

额度。

许多年来，这一百分比被设定为 50%。如果一名投资者想购买价值 10000 美元的股票，他至少要有 5000 美元的自有资产。经纪公司将贷给客户剩余部分（并且要求获得利息）。这是一种很方便的贷款，因为它不需要进行信用调查或资格调查，也不需要每月支付。

只要抵押的价值（比如，经纪公司购买并持有的股票）没有受到严重损坏，经纪公司就允许投资者在持有股票期间继续采用保证金贷款。当卖出股票的时候，贷款自动地从收入中扣除（见表 24－1）。

表 24－1　保证金贷款与维持性保证金

	价格	价值	减债务	股权	股权比例
情景 *#1*					
购入					
1000 at ＄10	10.00	10000	5000	5000	50%
借 ＄5000					
情景 *#2*					
跌到 ＄9	9.00	9000	5000	4000	44%
情景 *#3*					
跌到 ＄8.50	8.50	8500	5000	3500	41%
情景 *#4*					
跌到 ＄8.25	8.25	8250	5000	3250	39%

维持性保证金

被称之为“维持性保证金”的水平通常是 40%，这意味着经纪公司在要求客户追加资金之前（催缴保证金），允许投资者的保证金减少到 40% 的水平。

下面我们将说明在现实中 40% 的维持性保证金如何发挥作用。假定某人以 10 美元每股购买了 1000 股 XYZ 公司的普通股，并且支付了 50% 的资金（在这里，为简单起见我们忽略了佣金，在实际中佣金是总量的一部分，所以投资者也可以借到一半的款项）。他从经纪公司借款 5000 美元并且投入了另外的5000美元。如果他所持有的股票在10美元的价位上保持稳定，显然他的资产会停留在50%的水平上（在减去每月的利息费用之前）。

但是如果股票价格下跌，客户的资产比例就会下降。假定利息费用没有考虑在内（这会增加负债从而减少资产），如果股票下降到8.33美元/股，我们这位不走运的投资者的资产将会下降到40%的水平上。

为了方便计算，将负债或贷款总额除以60%（40%的补数）得到所允许的最小的市场价值。如果股票价值8333美元（1000乘以8.33），贷款是最初的5000美元，客户剩下的净资产只有3300美元，或是新的市场价值减去贷款总额。

在这一点以下，经纪人必须要求客户在下一个交易日之前存入更多的保证金以减少贷款比率。如果投资者未能做到这一点，经纪人就会卖出足够的股票，以使账户的保证金恢复到至少40%的水平。

为了简单起见，我们所描述的账户中只有一只股票。在实际操作中，账户中所有的股票都是合在一起计算价值，计算出来的总的贷款额度是一个值。某一只股票从10美元下降到8.25美元的影响有可能被账户中其他股票保持稳定和价值上升所抵消。每天都对所有的账户作计算机化的分析，如果任何一个账户需要催缴保证金，经纪人在第二天早晨就会得到通知。相应的部门会确保经纪人向他们的客户催缴保证金。另外一个保护公司的资产的选择是卖出某些股票。如果一个客户并没有选择卖出哪只股票，公司就会越俎代庖——并且毫不迟疑。

不具备保证性的股票

保证金规则的另外一个直接影响到资产计算关键的方面：特定股票的保证性。证券交易委员会和一些交易所有时会把某些股票认定为“不具备保证性”，通常是因为这些股票的价格行为具有高度的不确定性。随着股票价格的剧烈波动，保证金账户中的价值也会每天发生波动，导致催缴保证金并且引起市场的不稳定。为了减少这种现象，某些高度变化的股票被宣布为不具备保证性。这一举措本身能够限制股票的剧烈波动，因为一些投机者会停止购买这类股票。

除了股票的易变性之外，另外一个原因也会导致股票成为不具备保证性的股票，这个原因是一个重要的警示信号：价格本身就会导致股票陷入保证金的麻烦。过去的标准是 5 美元。近来，随着政府干预的减少，决定关键的价格水平就是经纪公司的任务。大部分经纪公司坚持传统的 5 美元，而其他一些公司则采用了 3 美元的标准，两者都和股票的价格行为有关。

对于下跌市场上的股票而言，3 美元和 5 美元的价格水平意味着重大的价格风险。当一只股票下降到上述任何一个水平上，由于保证金原则，它的下降就有可能会加速。首先，在计算保证金的时候股票立刻就会变得一文不值。反过来，这又导致经纪公司向客户催缴保证金，客户的资产因为该股票被突然从计算中剔除而遭受损失。

为了进一步说明，假定一个投资者的投资组合包括 2000 股股票，这些股票是在 5 美元的价位上买入；客户自掏腰包 50% 或者是 5000 美元，其余部分是向公司借款（如果一个经纪人知道一个紧急的和重大的问题即将发生，他允许客户这样做是不负责任的）。在股票下跌到在4⅞收盘或更低的水平之后，第二天一早，分析结果就放在经纪人的桌子上。这个只有一只股票的投资组合已经降到了可保证的水平之下。

根据公司的规定，我们的投资者现在有 5000 美元贷款，并且背后没有任何抵押。他没有出局的原因是因为在4⅞的价位上股票价值为 9750 美元，减去贷款之后净资产为 4750 美元。但是规则使得股票在计算保证金的时候突然变得一无是处。他没有破产，但是他的信用状况很紧。

投资者可以有四个选择，但不幸的是，没有一种选择能够带来暂时的休整。首先，他可以向经纪人支付 5000 美元来偿付贷款。其次，他可以给出具有保证性的其他公司的股票，但是这些股票市值必须等于 8333 美元。这种方法使得可计算的资产达到 8333 美元，因此可以确保有 5000 美元的贷款和 3333 美元的净资产，因此就会达到最低的 40% 的保证金的维持水平。

第三个选择是迅速卖出至少价值 5000 美元的已没有保证性的股票，或者是总头寸的一半以上，以符合监督部门和联邦法规对保证金的要求。第四个选择是从账户中卖出至少价值一万美元的其他可保证的股票，前提是如果账户中有这么多股票。

不管什么时候经纪人要求客户缴纳保证金，至少有一些交易者会卖出部分或全部的股票，这导致市场上有大量的股票抛售，价格迅速下跌。由于理性的市场参与者对这种局势看得很清楚，很少有人会购买这些股票。如果交易是在场外进行，造市公司会尽量控制自己的损失并且只会谨慎地采取小规模的购买。对于这样一只挂牌股票而言，交易所的专业人士是不愿意购买的，除非股票让价。

市场的心理机制表明这一过程是关键的 5 美元价格水平之上的一部分。一旦了解了保证金原则是如何发挥作用的，少数有所察觉的投资者愿意购买或持有从 6 美元或更高的价格水平上下跌到 5 美元的股票，这本身就加剧了市场的弱势。

在这个例子中有三个细节。首先，大多数投资者在他们的保证金账户中拥有不止一只股票。所以一只股票下跌到 5 美元以下并不能耗尽他的全部资产；其次，并不是所有的保证金账户都下跌到资产最低的水平上，所以一只股票的下跌——即使是从 5 美元下降到 0——也许不会立即引发问题；第三，当账户中某一只股票带来了问题，没有任何一条规则要求必须卖出这只股票来满足保证金的要求。

当然，在实际中，通常投资者会由于心理和经济上的原因而卖出惹事的股票。首先，当经纪人通知投资者要求增加 XYZ 股票的保证金，投资者会检查他的期权并且发现卖出任何一只其他的股票将会使账面价值中包含半数的资产和半数的贷款，这是由于 50% 的贷款原则，并且一旦股票被卖出，它就不再是账户中可供抵押的资产。

但是卖出惹事的股票会带来一种解脱，因为这种股票突然之间丧失了抵押的价值。由于这是一支带来麻烦的股票，经纪人敏锐地指出这只股票有可能面临压力，因为其他人卖出股票来达到保证金的要求。投资者应当尽快卖出以获得最好的价格。

除非投资者极端的固执或高度自信，否则不会认为 XYZ 股票的内在价值使它值得在这场价格风暴中持有。尽管没有规则要求必须卖出 XYZ 股票，但显然卖出是最佳的选择。

对于市场以及某些经纪公司而言，5 美元价位上的所有的一切都适用于 3 美元的价位。某些投资者直到股票下跌到 3 美元以下才会收到催缴保证金的通知。但是有相当多的经纪公司仍然固守 5 美元原则，所以他们的客户就会在这样的价格水平上卖出股票，进一步推动价格下降。对于没有保证金账户的投资者而言，在这两个催缴保证金价位上导致的价格下降所带来的财富减少效应是一样的。放弃保证金账户能够使投资者免于收到催缴保证金的通知，但是当其他投资者收到保证金催缴通知时，它不能保证使该投资者免受损失。

在整体的熊市上——和仅有一只股票由于特别的消息而价格下跌相反——这种作用就更为显著。投资者感到恐慌，所以很少有人追加资金来满足保证金要求。投资者本能的反应是立即卖出。除此之外，其他完全不相关的股票的弱势也会导致卖出你所拥有的股票，因为其他投资者要满足他们的保证金要求。

关于 3 美元和 5 美元现象没有相反的情况，市场上不存在自动地购买。在 3 美元或 5 美元价位之上的一个安全价位进行交易的惟一好处就是能够保证股票的保证金不出问题。因此，在一个安全价位上，某些购买者可能使用贷款购买额外的股票。当股票上升突破 5 美元时，不会有自动的价格上升。明智的有所察觉的市场参与者认为使用保证金充满了风险，因为股票可能回落到4⅞。

价格底线意味着随着股票下降到接近 5 美元或 3 美元的价位，投资者必须随时画出一个红色的警戒区。在正常市场上这个红色警戒区的范围是 0.5 美元，在熊市上缓冲区要更大一点，特别是当股市已经剧烈运动的时候。投资者应当现实一点并且做最坏的打算，在麻烦出现之前就预计到它。在5½的价位退出可以避免价格迅速下降到4½或 4。不管低价股票的基本面如何，由于保证金的问题，在 3 美元和 5 美元的价位上它都面临着紧迫的价格风险。

第 25 章

利用利好消息聪明地卖出

投资成功的要诀

- 了解好消息和重大消息的定义
- 根据消息采取恰当的行动

在前面的章节中，我们把诸如交易量和价格等技术现象作为寻找市场最高点的线索。基本面事件，比如说正面消息的公布也会带来暂时的和最终的市场最高点。因此，尽管看上去具有讽刺意义，但好消息经常是一个很好的卖出时机。实际上，这一点也不令人吃惊。

为了进行讨论，我们规定有三种类型的正面消息。一种是意料之中的积极的因素，比如收入达到预定值或宣布股息有适当的增长。这些事件通常对股票的价格没有什么作用，但缺乏此类事件股票价格就会下跌。在 20 世纪 90 年代中期，机构投资者对哪怕是微小的预测偏差都越来越敏感，导致了剧烈的价格波动。预计到的事件很少和暂时的价格顶峰重合，除非这个价格高位是整体市场下滑的反弹。

另外两种其他类型的正面消息——和有影响力的消息——在短期内对价格行为具有重要影响。这些是重要的或意外的事件，足以对股票价格产生立竿见影的影响。在具有影响力的消息中，为了及时采取适当的行动，敏锐的市场参与者必须准确地区分出这两类消息。

好消息和重大消息

决定影响力度的因素是消息的长期重要性。因此，我们所说的具有影响力的消息包括“好消息”以及“重大消息”。好消息指的是对一个公司没有重要的基本长期影响的正面因素。比如说远远超过预测的季度盈利报告或签署了一个重要的合同。

有时获得一项合同具有长期的影响，因为它意味着技术上的领先和一系列随之而至的合同。有时总裁宣布了意想不到的高额股息是一个“好消息”，这个消息对股票价格有短期的正面作用。

投资者对所有的这些事件都表示欢迎，并且这些事件通常会导致公司股票价格的上升。但是，在判断事件的重要性时，投资者要冷静、客观，以避免股票持有者通常的偏见。当股价运动表现不错时，持有者通常对自己拥有的股票感到乐观。在第 9 章中，我们告诫投资者必须小心避免不要混淆股票与公司。同样，投资者也不要对预计到的好消息做双重计算。

为了对当前的正面消息做出准确的判断，投资者应当采取一种假想的、从未来往后看的态度。假定投资者处身 10 年之后，然后回顾一家公司和行业在这段时期的历史。你的过滤器就是当前看起来具有积极影响的消息在长期以来所呈现出来的真正的重要性。当前的正面消息是否必然会成为这家公司在 10 年来最重要的 2 ~ 3 个事件之一，或者是它是否属于行业中最重要的事件之一？根据定义，每一个回答都是否定的。

因此，在许多情况下当前的消息是好消息而不是重大消息。相反，什么是重大消息？就是那些对公司而言具有长期的基本的战略重要性的消息：通常是管理、技术、战略而不是当前的财务结果或增长率，更不是一个分析师的推荐。

发生在非财务领域的变化具有重要的长期影响并且通常属于爆炸性事件或重要的未预料到的变化。在管理上重大消息的例子包括关键的个人和公司管理方式的变化：比如，李·艾科卡在 1979 年被任命为克莱斯勒公司的总裁，这对于美国排名第三的汽车制造商的生存和复兴是一个重要的转折点。

当企业的创业者精神逐渐达到成熟，管理上的重要变化经常是必要的。一个很好的例子发生在 1983 年，苹果计算机公司的创办者施蒂夫·乔伯斯——一个技术天才——的首席执行官职位被来自百事公司的经验丰富的市场执行官约翰·斯卡利取代。

有时公司领导者和大股东的退休或死亡也是重大消息：管理层发生变化，某些股票的控制权发生变化，导致了兼并发生，或者意味着公司的发展方向发生了重要变化。1990 年 12 月，阿芒德·汉默博士的死开始了欧美石油公司的新时代。1996 年 T. 伯尼·培根斯放弃梅瑟公司的控制权也具有同样重要的意义。重大的技术突破也是重大消息：其中一个例子就是剑桥生物科学公司发布了检测艾滋病的早期专利。

最终，公司方向发生战略性的变化也是重大消息。比如，放弃一项赔本的和竞争激烈的业务，暂停收购一家高负债的公司，卖出资产，积极拓展现有业务，支付债务等。在 1996 年 1 月，施乐公司宣布退出金融服务领域，投资者错误地对这一消息做出了负面的反应，因为这一决策意味着公司能够获得更高的资产回报和更快的增长，正如同期宣布的 16% 的股息增长所示。这项削减策略是一个重要的胜利举措，这是一个购买的信号！

战略性的收购或合并会带来垂直整合，更广阔的产品线，或强有力的销售。在 1988 年，佐治亚彩印公司——该公司开发了一种便宜的、高质量的彩色复印机——做出了一个至关重要的积极举措：收购塞尔文公司，而不是花费时间和资产来建立自己的销售网络。这项决策使投资者去掉了一个主要的风险因素，因此这是当时的重大消息（不幸的是，后来来自日本的供给问题削弱了它的成功）。在 20 世纪 90 年代中期，科研前线，一家光敏玻璃的开发商，授权通用电气销售它的产品，而没有自己去建立营销网络。此举极大地改善了公司的市场前景。

针对消息采取行动

好消息和重大消息之间的差别是很重要的，因为针对不同的消息应采取不同的战略：是否以及何时在市场强势下卖出股票。好消息对持续 2 ~ 3 天的股票价格上涨是有好处的，假定当时的市场气氛是适宜的。由于好消息不具备长期的影响力，这些消息所导致的短期价格上扬经常会提供极具吸引力的获利机会，投资者可以通过在强势时卖出股票来获利。这就是传统的“在谣言时买入，在消息落定时卖出”模式。

当这些消息发布之后，如果伴随着交易量的显著增强，上述模式就尤为突出。记住价格要想进一步上升，必须有相应的交易量增加做支持。假定好消息已经众所周知，股票价格还能上涨多少？更高的交易量和更多的兴奋情绪将来自何处？

消息散布的机制和经纪人以及投资者发生反应的时机有助于建立一个典型的 2 ~ 3 天的价格上扬模式。在消息发布的当天，假定当时是市场交易日并且消息推动了市场，专业的交易者和股票交易大厅中观察报价机的人会立即采取行动，正如少数其他投资者在接到警觉的经纪人的电话要求他们采取措施一样。

第二天，在绝大多数当日报纸和全国性的金融刊物上都会刊登同样的消息。现在更多的人可以采取行动。到了第三天，那些得到消息很迟或行动一贯迟缓的人最终会一窝蜂涌入。除此之外，短期之内已经没有什么购买力了。如果一名投资者不能在这种情况下为自己寻找购买的理由，这就是一个绝佳的卖出信号。

重大消息的发生给股票持有者带来了更大的挑战，因为股票价格有可能发生两种正面的反应。除了要判断这两种价格运动可能的力度之外，聪明的投资者面临着心理考验：由于她对当前股票价格的发展极其满意，因此她就面临着丧失洞察力和不能做出冷静判断的危险。

一种价格反应是短期的飙升，类似于好消息所带来的价格上升。但是有可能会发生第二种不那么显著的影响。由于重大消息的长期重要性，在投资者中，公司实际上是到达了新的更高的期望值——特别是在那些专业的基金管理人员中，这些人士关注总体的局势而不是仅仅关注短期的收入。

当重大消息发布之后，即使是股票在最初的飙升之后仍然表现出进一步上涨的价格潜力，关键的战略问题是做出判断什么时候第二种效应会发生。显然，这是一种艺术而不是一门精确的科学。

总体说来，重大消息发生将导致投资者卖出股票。一旦股票开始盘整并且下跌，它下跌的幅度会小于重大消息发布之前的下跌幅度。实际上，针对新的消息不仅会发生价格上涨，某些机构投资者也不会立即跳水，在累积头寸之前他们会等待盘整。这些投资者将提供未来的购买支持，这是建立在股票价格反弹的基础之上的。

如果股票的运动遵循传统的交易量的山形曲线并且在好消息和重大消息之后价格连续上涨，在交易量逐渐上升的时候应当卖出股票（重温第21章）。不管这种消息具有怎样的基本重要意义和长期的重要性，股票不可能无限期地持续上升。在交易量的山形曲线上如果形成了一个旗杆状的上升，这是一个标志，意味着上升的力量至少在短期内是不持久的并且股票应当在价格上升的过程中卖出。股票总是可以随后以更低的价格再买回的。卖出然后再成功购回的体验将增加你的自信，在未来再次实施这种操作时会更好。每次你成功地卖出，将有助于你有勇气克服传统的潜意识的偏见，下次做起来就会更容易。

总之，好消息经常为自律的反向投资者带来卖出的机会，而无知的参与者在好消息之后购买股票。重大消息可以使幸运的和有远见的投资者提高长期的价格预期。但是如果重大消息导致交易量的大幅上升或极端的上升，这也应该被看作是一个可以坦然接受的礼物。价格运动并不会持续很长时间，并且你总是可以再次买回股票。

第 26 章

懂得利空消息能有多坏

投资成功的关键

- 区分两种不同形式的利空消息
- 采取明智的措施应对利空消息

在计算机时代，利空消息的传播速度非常之快，这一点在一家公司出现预料之外或极具震动效果的消息时对价格的影响尤其明显。投资者常常在市场情绪波动时将所有似乎亏损的股票全部抛出，后来才发现实际上其所卖出的价位恰恰是恐慌性抛售的底部。而且，尤其是最近几年里，机构投资者们变得越来越以短期为导向。即使是最轻微的利空消息也会使得这些机构投资者做出膝跳反射式的抛售反应，导致价格急剧下跌，从而进一步加剧了恐慌。散户投资者必须评价并学会应付这种情况。

在描述利空消息的应对策略之前，我们有必要界定一下本章中涉及的“利空消息”所具有的特点：

- 这种利空消息是只与特定公司有关的消息，而不是由平均值测算的市场趋势。
- 这种利空消息会导致价格急剧下跌，而不是纯粹由于技术修正必要而产生的正常价格下跌。
- 不包括由于收购导致的利空消息，与收购有关的利空消息非常难以预测，而且事件本身以及由此导致的情绪反应都非常激烈。
- 不包括由于连续（非间断）外部事件导致的利空消息。例如，（矿产公司）商品价格崩溃，因为这种价格崩溃有其生命周期，因而并不属于间断性的、一朝一夕的新闻。
- 适用于更高级的市场环境中，在这种环境中，对利空消息的整体反映开始时并不像熊市那么剧烈。

区分两种类型的利空消息

本章研究的是对一家公司具有实质性影响、不可预测并且具有间断性的利空消息。实质性和不可预测性是两个重要的概念，因为其他的负面消息并不会改变价格。

为了讨论方便，消息的间断性也是一个重要的概念，因为间断性会影响某些概念的有效性（间断性的消息是指这种消息不会导致人们怀疑未来还会继续出现负面消息）。间断性的利空消息通常会导致两到三天的价格急剧下跌（参见图26－1）。有些时候，一条明显的间断性负面消息会迅速跟出另外一条无关的、意料之外的利空消息。在这种情况下，价格可能会继续下跌两到三天。通常，因为整个市场在此时已经陷入怀疑情绪中，新出现的利空消息会导致人们把无关的几条利空消息看成是连续性的利空消息，并根据这种判断做出反应。

具有实质性影响、不可预测并且具有间断性的利空消息的例子如下所示：

- 对于保险公司而言，一场重大自然灾害导致损害赔偿超过预期水平。
- 对于高科技公司而言，核心科学家或投资者退出或死亡。
- 对于任何一家小公司而言，高级管理者死亡，尤其是创业者或对投资者具有重要影响的人物死亡。
- 对于迅速发展的公司而言，竞争对手发布的主要新产品缩短了公司的领先时间或使公司丧失独家垄断地位。
- 降低股息（或者，在极少数情况下，取消股息分派），因为降低股息通常还会伴随而来其他的利空消息。
- 明显由于外力而导致的厂房或其他资产损害，例如，暴风雨或邻近厂房发生爆炸，这种责任不能归咎于该公司。

相反，下列消息属于不间断性的负面消息：

- 对于保险公司而言，法律或法庭做出的新裁决，使得公司承担的负债范围扩大，而且实际成本无法计算。
- 独立审计师签发有保留意见的审计报告。

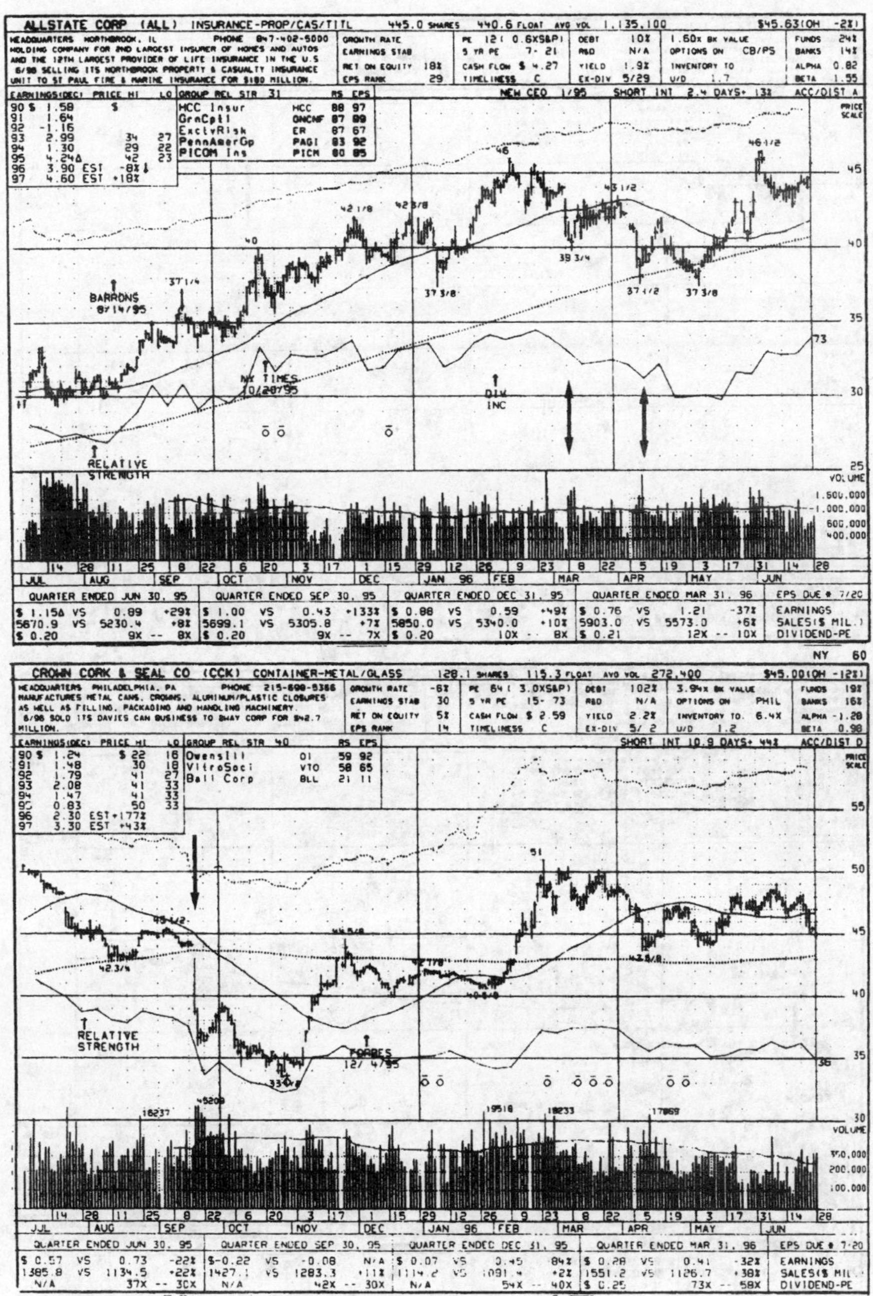

图 26－1　坏消息带来 2～3 天的冲击

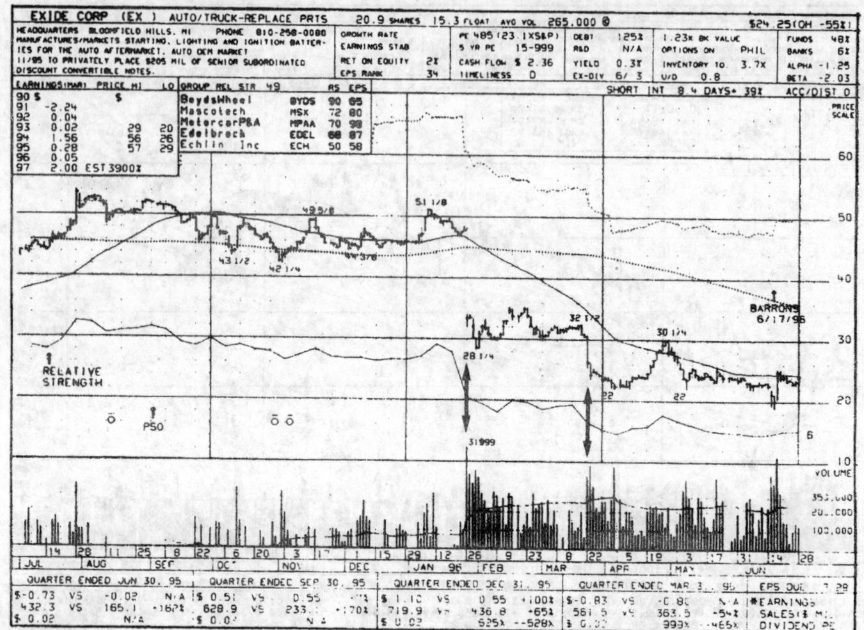

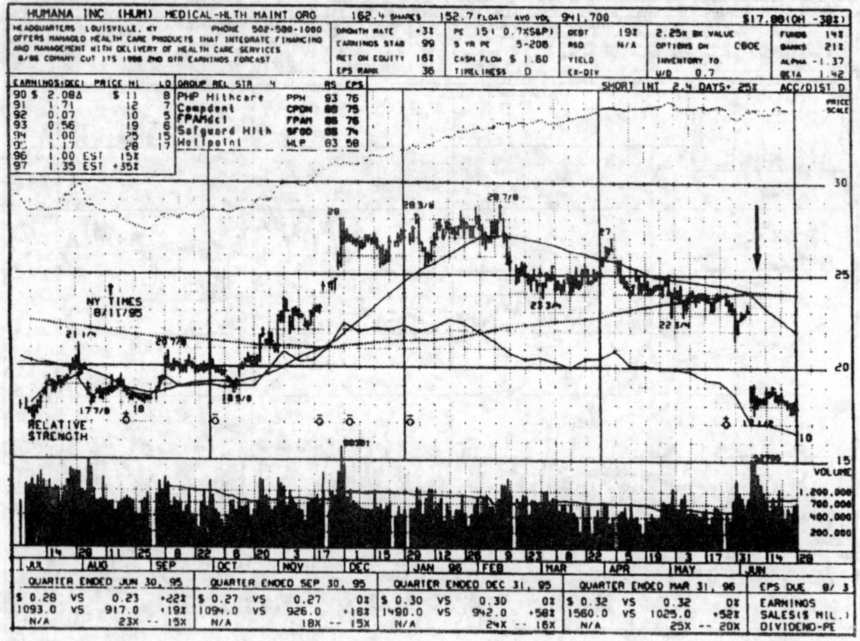

图 26-1 （续）

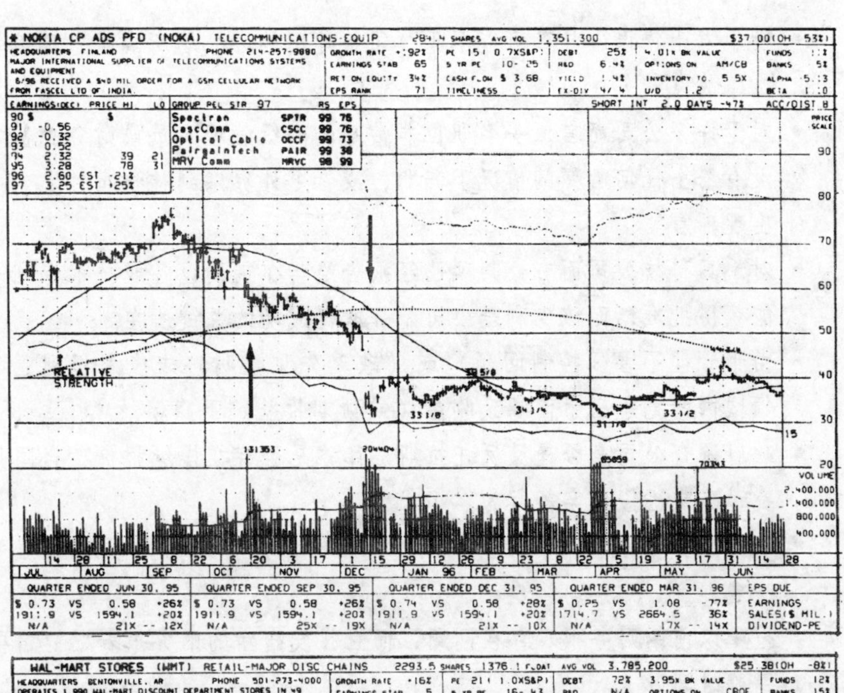

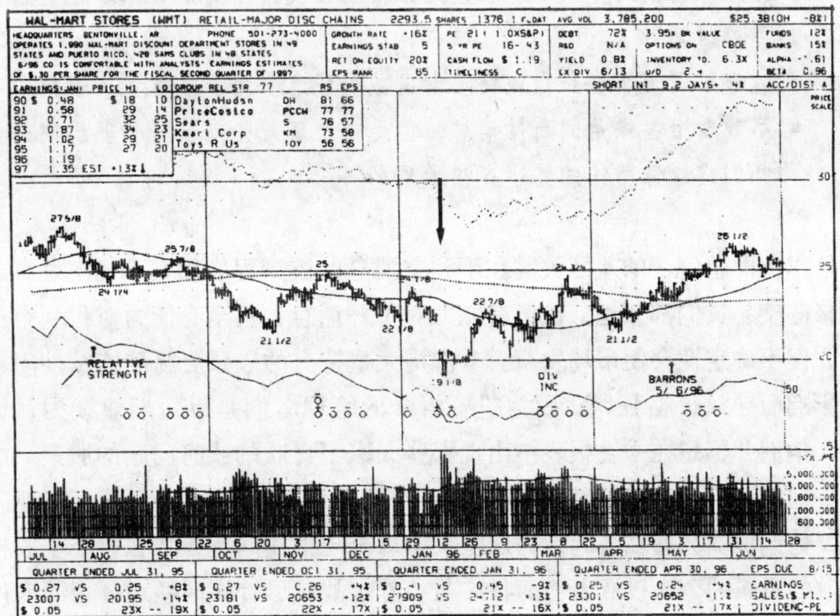

Courtesy of *Daily Graphs and Long Term Values;* P.O. Box 66919; Los Angeles, California 90066–0919.

图 26－1　（结束）

- 由于发生错误，导致可能用于公司组建用的办公场所或生态环境发生事故。
- 对于许多公司而言，一名职位非常高的高级管理人员或财务总监在没有给出任何解释的情况下辞职，或者令外界感到神秘事件发生或出现谣言。
- 对于高科技公司而言，某项已经报告给华尔街的设备或技术专利未能获得批准，而该专利是公司能否取得成功的关键所在。
- 由于管理不善（控制问题）或（缺乏先见之明）未能意识到业务领域内的竞争压力而导致收益（或预期收益）下降。
- 政府调查公司是否违反反托拉斯法律，是否存在操纵报价、合同收费过高或虚假备案等行为。
- 证券交易所调查公司或公司一名或多名管理人员是否违反证券法规。
- 披露以前的财务报表存在问题，而且在发布新的财务报表之前需要一段时间。
- 宣布公司董事会正在或将要考虑减少股息分派，或者宣布破产。
- 尽管看上去像是间断性消息，但是该消息与先前公司管理层向分析师们或媒体所作的陈述存在矛盾。

以上两组例子的差别关键在于利空消息的披露程度和其不确定性。老资格的交易员们都知道，市场有能力对付好消息，甚至有能力对付利空消息，但不确定性会使市场发疯。有机构大量持有的股票更易受连续性问题的影响而导致价格狂跌，因为投资组合的管理者们是以短期业绩为目标的，他们并不想在季度报表中出现那些大家不喜欢的或有问题的股票。而且，他们还担心，如果持有基本面有问题的股票，一旦该股票真出现问题，他们可能会面临被起诉的危险。如果出现下述问题，那么投资于股权分散的股票的个人投资者将面临一项特殊挑战：尽管该问题对公司而言可能不是致命问题，但该公司要想恢复在分析师们心目中的形象需要相当长一段时间，这就意味着股票还会长时间大幅下跌。

对利空消息做出明智的反应

明确而且已知的利空消息和不确定且未知的利空消息之间的差别体现在投资者对两种利空消息的反应不同。对于不确定的利空消息，市场的反应是价格下跌过程被拉长。这是因为尽管开始时不安导致的价格下跌压力较小，但这种消息会在投资者心中形成长期的阴霾心理。如果利空消息具有间断性，而且明显不会产生进一步的价格冲击，那么价格冲击通常剧烈而短暂。

实质性、预料之外且具有间断性的利空消息通常会导致股票在两到三天内下跌，下跌幅度就百分比而言很深。实际上，这种价格下跌仅对一只股票产生影响。这种情形出现是有其心理原因的，它涉及到消息的散播和投资者在股票的持仓份额以及投资者的反应。这种价格下跌的剧烈程度由于投资周期短而且机构投资者持仓比例高度集中而恶化。在强力的牛市行情中，例如 1994 年感恩节开始的那波行情，利空消息有时会启动可怕的立即抛售——因为投资者的预期回报非常高，而且市场中有很多其他的投资良机，没有人会抱着有问题的股票等其反弹。

消息公布后，一般会在媒体上停留两天，如果消息非常大，还会在报刊上停留一段时间。这方面的例子包括三英里岛事件，Bhopal 化学灾难，Exxon Valdez 事件，以及各种像 1996 年 5 月 ValuJet 空难事件一样的重大飞机失事事件。在消息公布的当天，除非公司能够安排在闭市后发布利空消息，否则该消息就会出现在有线服务中，而且有可能出现在股票类电视节目中（例如，CNN 商业新闻或 Bloomberg TV）。

某些投资者和交易员马上做出反应。第二天，消息会再次出现在全国和地方媒体上，而且篇幅可能更长，内容可能更详细。如果该消息有“电视播放价值”，就像是壮观的自然灾害一样，当天晚上和第二天早上就会播放。然后就会有更多的人对此做出反应。因此，对于任何有意义的负面消息，大家做出反应的最短时间应该是两天。

如果消息出现在周四或周五，那么市场做出反应的时间可能是三天，因为有些研究周六/周日报纸报价的研究员/投资者会在读完报纸后做出反应。这些人会在周一打电话给自己的经纪人，询问为什么价格下跌幅度如此之大，他们如果抛售股票，就会导致股票第三波下跌。周末本身就培养一种恐惧情绪，而且，在某些情况下，等待回补的投资者也发现了这一点，从而导致周一的卖单数量增加。

如果重大不利消息发生在周五，而且（由于公司本身或其他原因）市场恰好在周一发生深幅下跌，那么市场做出反应的时间应为三天。然后，周二早上会出现骚动，价格会进一步下跌，由于该股票前一段时间深受欢迎，这次下跌可以从中挤出很多泡沫。

对于因为实质性、不确定性且具有间断性的利空消息所导致的反应时间到底是两天还是三天，关键在于损失程度，尤其是在采取稳定措施之前的一段时期内的损失程度。通常，在此之后的一段时间（也许 2 ~7 天，也许更长）内，该股票会稳定下来并且有时会试图反弹。

再过一段时间后，该股价格会继续下跌，但下跌幅度通常比第一波有所减轻（见图 26 –2）。第二波下跌的原因通常是因为第一波下跌过程中捡便宜筹码的投资者轧空导致的，因为此时从图表上看，技术图形已经转弱（可能是无量反弹或者卖单增加），这些持仓者在第一波下跌中拒绝出货，准备再反弹时再出，第二波下跌也可能是因为市场刚好同时出现其他弱势情形，在此期间内已经下跌的股票无法继续持仓。

汲取上述教训后，我们可以说卖出股票是很明显的选择，但却不容易，预先设定出售方案能够为聪明的投资者提供在此类情况下出售股票的必要指导。为了实现股票的有效出售：

1. 仔细区分连续性和间断性的利空消息，因为两种不同的消息对于你本人在长期中的持仓或平仓策略有重要影响。
2. 在心里制定一套股票价格下跌和稳定时的反应策略，这种做法有助于事件发生时您不会做出过激的反应。您有必要了解这样一个事实：尽管股票价格很可能不会再次恢复到消息出现之前的水平，但是股票在下跌之后会有两天的稳定时期，在此期间有可能以更好的

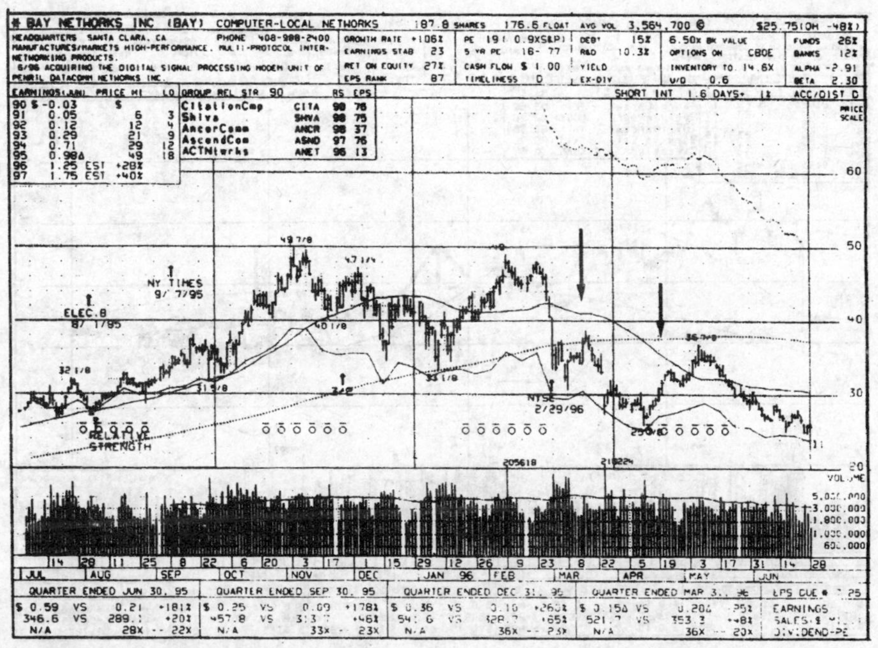

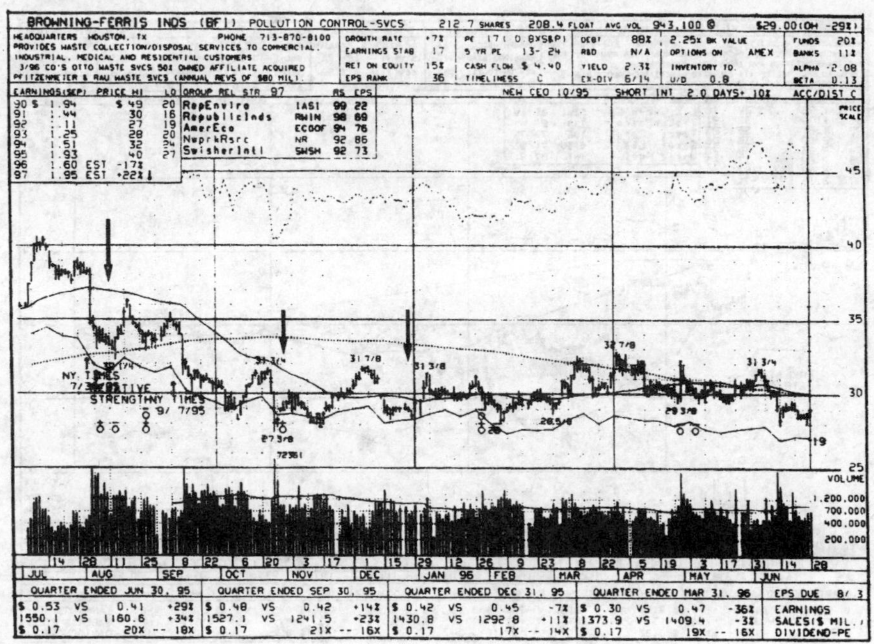

图26－2　冲击、消化及部分反弹

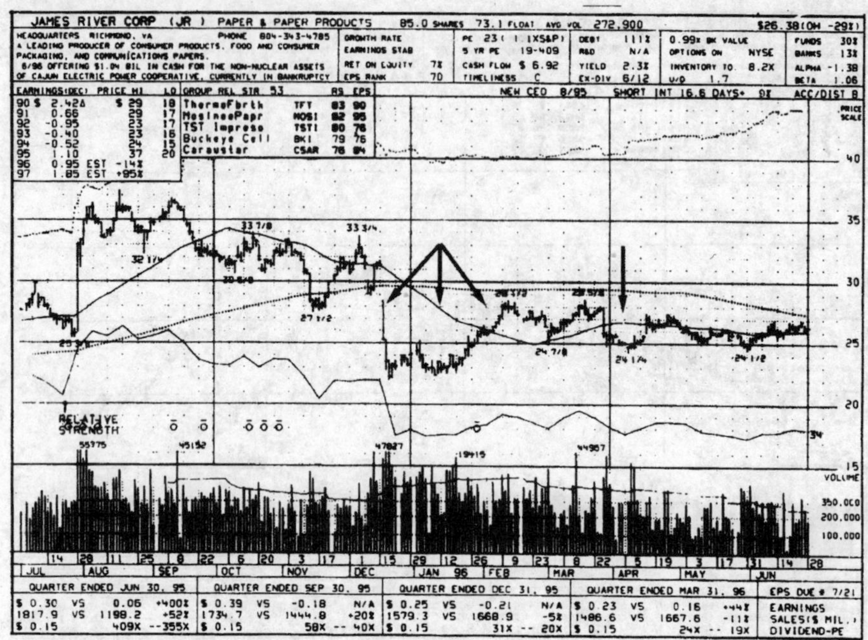

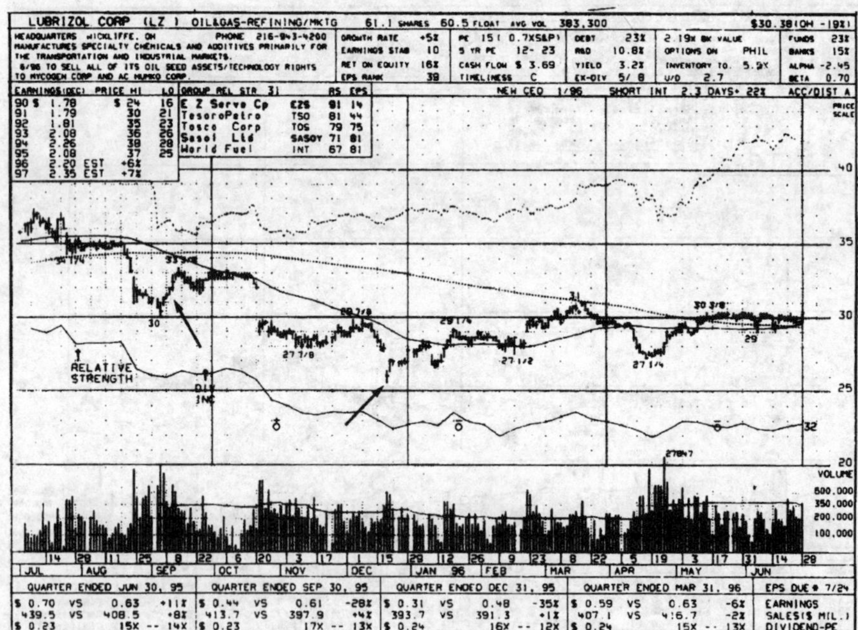

图 26－2 （续）

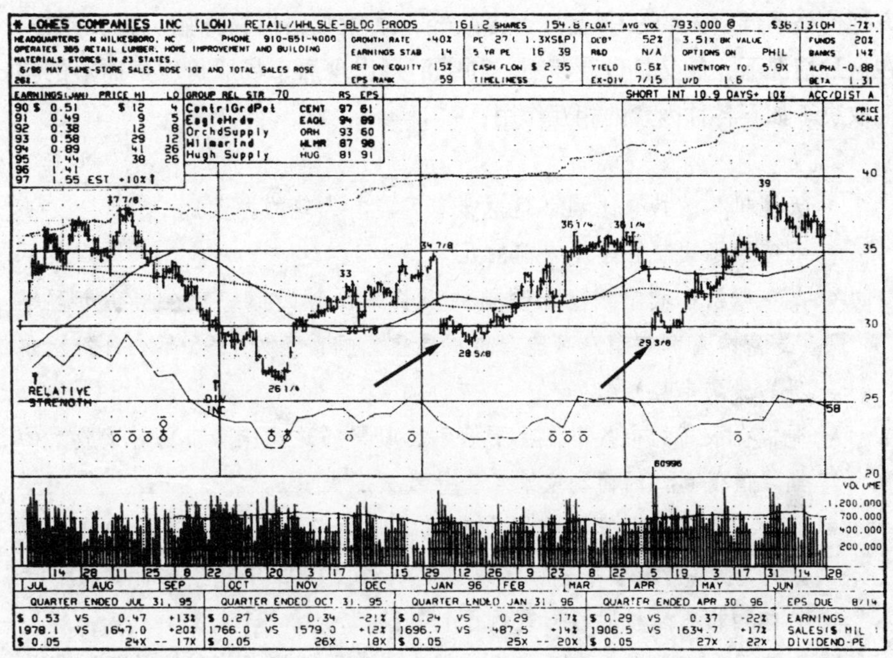

Courtesy of *Daily Graphs and Long Term Values*; P.O. Box 66919; Los Angeles, California 90066–0919.

图 26 – 2　（结束）

价格抛售股票。如果由于个人关心程度不足，无法获得经纪人服务，难以决策，或者抛售指令被拒绝，那么在利空消息出现当天如果不能卖出手头股票，第三天再卖已经太晚了。这个时候，尽管继续持股很痛苦，但如果你能继续持股，就有可能在随后的几天里找到更好的价格卖出手中的股票。

实质性、不确定且具有间断性的利空消息导致的股票价格下跌通常采用什么方式？第一天的价格下跌通常最凶，除非利空消息的发布事件选择在交易日快结束时。如果事情是这样的话，则第二天将会成为价格下跌最凶的一天，因为第二天吸收了第一天的大部分抛盘。否则，第二天价格下跌幅度应当是第一天的 1/2 或 2/3，而且，成交量开始萎缩。

如果还有第三天的话，价格反弹将出现在这样的一个早上：开始时空方把价格砸低，大约在中盘时卖压减轻，某些股票价格开始反弹。同样，在这种情况下，成交量也会萎缩。利空消息出现后市场股价应声而落的幅度取决于如下各种因素的相互作用：

- 大型机构的持仓比例（这意味着可能有大笔的抛盘）。
- 利空消息出现在季度末前的几天。
- 某一股票在利空消息出现前的很长一段时间都一直在抬高市盈率（这意味着利空消息可能会造成严重影响，例如1996年一月份沃尔玛的股票走势）。
- 通常在很高的市盈率情况下换手的股票（这意味着市场对该股票的期望值很高，因而利空消息会导致极度失望）。
- 最近一段时间在股票市场上表现抢眼的股票（而不是那些次级股票），股票持有者争先抛售以锁定利润（1995年晚期的计算机、半导体和相关题材股票即是例子）。
- 在公司利空消息出现时市场恰好也出现弱势情况（可能捡便宜货的猎人们也会持币等待）。
- 股票价格下跌导致股票走势图上出现重大缺陷。例如，脱离通道底部或者进入三角形下降通道（导致技术派投资者们抛售股票，同时使得投资者们极度失望）。
- 具有个人魅力的富人暗示或准备确实收购公司的财产（Donald Trump就是20世纪90年代早期的一个悲剧，因为小报披露了不动产危机）。
- 暗示存在敏感的利空消息（例如，内部人交易、环保问题、医疗问题或其他热门问题）。

但表面上看起来具有间断性的消息发生后又出现其他消息时，又会有一个两到三天的反应周期。此时，我们必须考虑，问题是否已经有恶化的迹象，其他投资者可能不再把第二个消息看成是间断性的消息。整个过程看上去更像是在恶化。

位于凤凰城的Pinnacle West Capital公司就是一个经典的例子，该公司是 MeraBank 和 Arizona 公众服务公司的母公司。在该公司储蓄和贷款业务出现危机的早期阶段，公司在某一天下午公布该消息，当天下午该公司股票缓慢下跌直至闭市，第二天开盘后该股大幅下跌，同时成交量萎缩。也就是说，消息公布后的第二天该股在成交量减少的情况下大幅走低。

通常，我们预计价格会在下跌后走稳或有一定反弹。但是，第二天当地一家主要媒体采访了公司的发言人，该发言人提到，公司可能根据《破产法》第 11 章的破产条款申请分离出现问题的储蓄部门。这一利空消息导致公司股票再次两天的急剧下跌。后来直到道琼斯指数从开盘下跌 80 到收盘时反弹到只下跌 4 点后，该公司股票才止住跌势。

对于任何不熟悉该公司故事的投资者而言，第二条利空消息在投资者心头蒙上了阴影，该股依然不具有确定性。事实上，该股可能已经成为可能在长期中产生致命后果的股票：以上利空消息不再被看成是间断性的消息，而且在发生扭转之前，消息会继续恶化下去。

Morrison Knudsen 是一家世界闻名的工程/建筑公司，该公司也曾经被上述问题所困扰。1994 年该公司会计报告中出现巨额亏损，而且公司股票进行了分割。1995 年本来预计有希望出现好转，但情况却并非如此：公司董事会辞职，管理者们被解雇。公司股价跌至 10 美元以下，公司试图通过银行采取挽救措施，结果以失败告终。在 1996 年中期公司报备破产前，公司的股票价格已经从每股 26 美元跌至 2 美元。通常，老资格的投资者们认为，第一个利空往往并不是最后一个。

如果股票出现利空消息，投资者应采用如下应对策略：该股价格会出现两天（如果是周末就是三天）的下跌，然后成交量会出现萎缩，在恐慌性底部出现后很可能出现反弹。如果利空消息接连不断，或者明显属于恶化情形，那就应采取不同的策略。如果各种消息表明公司整体状况恶化，出现欺诈行为或者公司陷入弱势行业类型中，投资者应该毫不犹豫地卖掉所持股票。

第 27 章

在消息延迟的时候卖出

投资成功的要诀

- 对计划中的消息发布如何做出反应
- 预计股息声明
- 为收益报告做好准备
- 针对其他延迟所带来的暗示采取行动

在投资领域中，没有消息通常不是好事。意料之中的但发布时间延迟的消息通常属于此类。对一家公司而言，有三类消息是意料之中的：

- 预期中的消息发布。
- 股息声明。
- 收益报告。

预期中的消息发布

最小的并且是最常见的一类是预期中的消息发布。大多数公司的管理层不会局限于在规定的时间内发布消息，因为许多事情可能出错，导致消息延迟。大多数的管理层只会说，他们正在“准备并且会尽可能快地发布消息。”

当公司处在某种压力之下，通常会发生意料之中的消息发布（而不是阶段性的股息和收入消息）。某些事情出了差错，需要公司对此做出反应。在这种压力下，公司宣称将在某一个确定的日期和时间就此事发表声明，这样一来公司就试图控制此事对公共关系造成的损害并且避免公众进一步的电话询问。

一旦做出了这种承诺，公司的声望就处在焦点之中；如果在到期日没有进一步的声明，局势就变得更加困难，或者是投资者的反应就会比预想的更激烈，影响更广泛。

假定一家公司的财务执行官突然辞职，并且监事会怀疑公司有违规操作。该公司会就辞职事件发布一个声明。在大家普遍能够接受的全面和深入揭露的水平上，需要对公司进行内部调查，所以公司最有可能感到有责任并披露这种信息。

如果管理层宣布调查会持续一定日期并且将在调查结束时发表声明，那么这个声明应当带来好的结果，除非问题十分棘手。没有特殊声明而推迟发布消息是一个危险的信号。

哪些问题需要额外时间？管理层有可能求助于独立审计和司法调查机构来揭示出问题的真相。由于公司可能面临潜在的诉讼，这就有可能存在法律上的微妙关系，需要仔细的思考。抑或是情况相当严重，管理层在发布声明之前必须完成 K－8 表格，提交给证券管理委员会。

不管导致延迟的原因如何，结果极有可能是令人吃惊的坏消息，而不是好消息。由于金钱具有时间价值并且在投资中避免损失是非常重要的，投资者应当谨慎从事并对坏消息做充分的准备，在出现延迟的时候就卖出股票，而不是等待另一只鞋子落下，即等待坏消息出现。

在一种情况下佣金恐惧症会占据主导地位。如果一个投资者的怀疑和恐慌是错误的，并且最新发布的消息并没有想像中那么坏，股票没有受到影响。在这种情况下投资者将花费双重的佣金，以此来保证资产的安全（也许站在非持有者的立场上就会更客观地看待这家公司，并且决定不会再次购买股票，在这种情况下只需要支付一次佣金）。如果消息会进一步恶化，股价将会下跌几个点（使佣金变得相对便宜），并且会进一步恶化。如果消息比早先预计的还要糟糕，管理层的信用就会受到怀疑，股票价格上扬将会被推迟或受到限制。

当股票是由机构大量持股时，宁愿资产安全而不要后悔就更具有强制力量。在当前的短期资产管理的气氛下，在任何情况下出现坏消息都会导致投资者蜂拥卖出股票。第 10 章探讨了这个问题，并详细说明了明智的投资者应当采取的必要的调整措施。

当消息无限期地拖延不决，投资者就会做最坏的打算并且开始听信谣言。尽管实际上推迟了澄清谣言的时机，股票价格还是有可能发生不利的变化。因此，推迟发布后续消息通常意味着股票投资者面临失败的境况：继续持有只会使金钱面临不必要的风险。

尽管并不是所有的投资者都采取短期投资的策略，第一个遭受损失的人失去的最少仍然被奉为是金玉良言。因此，当某件事情出现差错，最谨慎的做法就是退出并且站在局外人的角度重新审视局势。如果投资者认为消息不会太坏，从而继续持有股票，那么他就是在（1）参与一场游戏，以获得最小的损失，（2）如果股票随后确实发生大规模跳水，投资者就会加重自己的心理负担，面临更多的损失和更痛苦的决策。

股息公布

消息延迟的第二大类牵涉到股息。并不是所有的延迟都是危险的，所以在采取行动时区别令人警觉的延迟和可忽略的延迟是很重要的。

公司董事会通常在预定的日期召开，尤其是为了发布股息消息（董事会通常每年开会四次以上，尽管股东很少看见任何和股息无关的会议）。为了使董事会成员感到方便，公司董事会的日程安排基本固定，因此董事会成员可以提前安排旅程，比如说，当月的第三个周二或第四个周一。

投资者怎样才能知道什么时候召开董事会？如果投资者很着急或是很关心这件事——如果最近的盈利报告令人满意并且该行业中没有其他的麻烦事，通常就很少有理由担心——她可以打电话询问。也有其他几种信息来源。其中一个是标准普尔个股报告。对于支付股息的股票而言，该报告是一张表，表明在何时召开会议、支付最近四个季度的股息。

但是，投资者要注意两个意外因素：财政年度结束以后召开的会议通常比其他的会议更深入地影响季度周期，并且在夏天，因为度假的缘故，会议较少。投资者应当把春天和秋天的会议日期作为最好的指导。

另一个可以广泛获得的信息来源是价值线投资调查报告，尽管它对股本较大的公司覆盖面较小（只有大约 1800 种股票，大多数的公共图书馆和许多经纪公司都订阅该杂志）。在其页面的左下角或页中都标明了下一次董事会召开的日期。

第三个极其全面的信息来源是标准普尔的股息纪录。只有少数图书馆和经纪公司订购，但是投资者可以尝试一下。该记录记载了优先股和普通股的股息公报。它的年度平装本——8. 5 × 11 英寸大小——提供了同样的数据，正如我们以前所描述过的标准普尔表。每月以其每周的最新补充材料记录了最近股息公报发布的日期。这些表通常是活页的并且位于材料的前面。

投资者也可以使用许多在线数据库，费用很低或完全免费。任何一个能够接触到 Bloomberg terminal 的经纪人都能够提供必要的有关股息会议的数据。

关注股息发布延迟的原因是因为警惕。尽管推迟可能是无意的，它经常是因为问题而引起的。在打电话给公司之前，投资者应当先咨询经纪人，浏览一下当日报纸的头条。如果信息是在昨天下午较晚时才发布的，早报就不会有这些消息，要迟一天才会在报纸上发布。对股息问题应尽快采取行动。

投资者给公司打电话的时候可以试一下公司秘书办公室而不是公共关系和股东关系部门。公司秘书办公室的一项职责就是安排董事会并且通知董事会成员，所以办公室手头就会有关于开会时间的信息。

收益报告

收益报告延迟的一个最危险的原因是公司盈利状况不佳。推迟发布收益报告通常意味着麻烦，但是投资者在做出结论，认为延迟发布收益信息值得怀疑之前，应当认真地检查一系列事实并且记住几个例外情况。相对于前三个季度而言，在财政年度结束之后，发布收益报告的时间通常要长一些（需要进行审计）。

季度报告的数据通常未经审计。在某些情况下，季度之间可能需要进行调整。但是，财政年度结束以后的收益报告数据是经过审计的，一旦年度报告发布，公司就不可能再将其收回。收回报告会使公司处境尴尬并且丧失信誉。因此，年度之后的收益报告出台更慢一些。

投资者怎样才能知道什么时候会发布收益报告？大部分经纪公司会在报价机上收集前 90 天的道琼斯头条。为了能够预测到发布日期而不是等待消息的出现（对投资者而言这是极其有效的想法），投资者在季度结束之后就应当立即打电话询问以前每股收益报告是何时发布的。把三个月加起来，在日历上标出日期。90 天过去之后，先前的头条和发布日期就从报价机上消去了。

另一个很好的信息来源是《华尔街日报》的总目录，这通常可以在公共图书馆找到。它列出了上一年发表在《商业和金融周刊》上的文章，并且给出了标题、日期、页数和列数。这种披露比市场披露日期要早一天。这种信息来源可以节省时间。同样，通过回顾三个月来《商业和金融周刊》上发表的文章并且注意在其股票表上前一季度的信息最早出现在哪一周，投资者可以缩小每日搜索的范围。

另一个手到擒来的信息来源就是图表，比如说，由 William O'Neil 公司提供的每日图表。在图表上方狭窄区域以小号字标出的是“每股收益”以及日期。这种图表可以监测以前消息发布的日期并且加上三个月或十二个月来估算发布日期。

一些计算机化的服务公司比如说天才公司、道琼斯新闻/检索以及计算机服务公司也通过个人电脑提供以前季度报告发布的日期（以及其他的消息），但是这些信息不是免费的。

一家公司为什么会推迟发布其收入报告？如果该公司从事了收购或在前一两个季度削减了一项业务，会计部门极有可能仍然处在混乱状态，正在整理修改后的数据。在极少见的情况下，暑假有可能是一个真实的理由。另外一些合法的推迟是证券管理委员会或金融会计委员会（改变一项规则比遵守新规则所费的时间要少得多）做出了新的会计要求。如果许多公司都面临着新的报告规则的要求，一些拖延还是可以容忍的。

其他延迟

其他延迟通常是麻烦的先兆。公司可能安装了一个新的计算机系统，这至少会暂时地使公司陷入混乱。有些时候记录可能丢失而管理层对操作过程失去控制，直到这些丢失的数据能够恢复为止。

如果不是采用了新的计算机，公司有可能采用了一个新的会计系统。分析师通常对这样的消息表示怀疑，有时候修改后的会计方法更自由或是有助于帮助公司掩盖其不良表现，因为这些方法不具备可比性。新的会计标准有可能更为保守，以这种标准来衡量，公司的业绩有可能下降并导致股票价格下跌。由于采用了新标准而造成的消息延迟通常值得注意。

有时会出现严重的问题：现金或存货短缺，篡改会计记录，或是发生了运作问题而管理层正在评估破坏的程度并决定如何解释发生的一切。另一种可能性是资产核销会花费额外时间，因为这需要独立审计人员介入并提供建议。

投资者应当了解证券交易管理委员会所规定的报告提交期限。上市公司要在季度结束以后 45 天之内提交季度报告，在财年结束以后 90 天之内提供年度报告。实际上，证券交易管理委员会人手不足并通常有更为紧要的事情要处理。但是，公司管理人员、律师，以及审计师对这些规则了解得很清楚，没有在给定的期限内给出报告通常是某些重要的事情出错的信号。

另一个值得关注的问题并不是真正的延迟：有一些公司习惯于在最后期限给出报告（证券交易管理委员会的截止日期）。通常，这些公司的保密性极强，它们只在必要的时候提交报告，并且报告中只提供必须提供的内容——既不会更多也不会更快。这些公司更愿意向分析师提供更多有用的信息，以便日后给投资者一个惊喜。我们建议从一开始就不要投资类似的公司。

然而，如果一些巨型公司比如说 AT&T 能够在 10 天以内给出季度报告，那么一家小型公司应当能够在 45 天之内给出报告。如果不能的话，那该公司的会计部门显然人手不够，管理人员不能及时知道财务信息并有丧失控制的风险。

第 28 章

在股票崩盘时持股还是抛售？

投资成功的关键

- 回忆并了解历史上的崩盘事件
- 安全度过恐慌期
- 提前发现情况不妙的股票
- 了解抗跌股票

回想一下 1987 年 10 月 19 日的混乱场景吧：当天道·琼斯工业指数暴跌 508 点（下跌幅度达 23%），并形成了当时创纪录的底部。即使比这一底部低很多的其他重要底部通常也被称为顶部，因为这些底部有很多小瀑布或瀑布状的价格组成（以时间为横坐标），当投资者的感性占据主导而不进行理性分析时，就会出现天量和地价的组合。

回忆并了解历史上的恐慌性抛售事件

在下跌过程中，每一个阶段性的底部都具有这样的特点：大家的恐惧心理增加，从而导致股票交易量增加，而每一个中期底部都多多少少带有一点恐慌性抛售的标志。最后一波下跌高潮最为猛烈，通常出现天量成交量。空方压力如此之大以至于不可能还有更猛烈的抛压。当前期勇敢的多方最终同时翻为空方时，抛售压力释放一空，这是价格见底的时间。这也是最终底部的形态，也就是抛售倾向的终结和价格下跌趋势的结束。

上述阶段结束后通常会有一些胆小的捡便宜货的投资者出现，但成交量较低。如果情况果真如此而且多方消耗尽了所有弹药或勇气，那么最初的筑底或反弹机会也就出现了。这种反弹如果不能巩固将导致投资者再次产生恐惧，成交量会温和放大，而且通常情况下这一波次级下跌浪的瀑布型底部高于前一底部。此处的关键在于价格下跌幅度减缓而且成交量比前一阶段放大，这种差异表明前一底部是一种心理上的筋疲力尽导致的结果。

在正常的情况下讨论持股还是抛售，首先应当概述一下在什么情况下抛售股票是最佳选择。持股（实际上是在不支付任何佣金的情况下购买未来的一个持股期间）当且仅当所有如下抛售股票的标准都不满足时才是应当的：

- 利空消息没有变好的迹象。
- 最初的投资方案已经完成预定目标。
- 股票走势不符合预期结果。
- 经纪人的持股建议从“买”转为“卖”。
- 公司的基本面恶化。
- 实质性、预料之外、间断性的利空消息导致股票价格狂跌之后的反弹。
- 在某些情况下，预料的消息出现延迟。

在如下情况下市场气氛提示我们应当卖出手中所持股票：

- 当市场的发展速度超过现实的发展速度后，应卖出部分股票。
- 如果你发现大家都沉迷于一只股票而且持股非常分散时（强烈的最后下跌阶段的指标），应当卖出更多的股票。

与具体股票情形有关的抛售条件包括：

- 股票已经达到目标价位。
- 出现大额成交量的同时股票价格无法维持高速增长。
- 投资组合中各种股票均处于盈利状态。
- 股票的股性不活跃，而且可能继续处于不活跃状态。
- 股价远远超过了其移动平均值。
- 使用高于市场价格的限价订单，让市场接受这个价格，从而免于在贪婪或欢呼的过程中做出决策。
- 设立止损订单，永远不要取消或调低。

与投资者有关的抛售条件包括：

- 如果再让你选择一次，你不会按照现在的报价购买股票。
- 获利了结。
- 不要期望"有可能"获救，应立即卖出。
- 在个人投资出现连续亏损时应卖出股票，然后反思。

投资者如果严格地按照上述信号出售股票，有可能最终在股市进入熊市之前实现相当理想的现金利润。一个人所持的各只股票几乎总会满足上述20条条件中的某一条。经过上述条件筛选后剩下来的股票都是高质量的增长性股票，其股价走势取决于基本面，而且股价还没有达到不合理的地步。有些投资专家把这类股票称之为核心持股或"商人风险"基准股票。这些一直在向投资者表明：不管市场状况是好是坏，您都可以持有该股。

所有其他股票在到达恐慌型底部之前应当已经卖出，因为：

- 这些股票的走势符合计划走势。
- 在一小段时间内该股走势太强。
- 股票价格逐渐走向不合理的高位。
- 股票价格停滞不前，造成资金的时间损失。
- 股票的基本面开始出现严重问题。

从长期来看，很少有股票能够通过以上所有筛选标准。因此，如果投资者按照上述方式出售股票变现，而且如果股票价格经过评估后过高就不再购买，那么在市场逐渐走向熊市时，此人只是在手中保留了不多的几只股票。当然，这种做法能够很好地保护本金。在牛市阶段的末期，持币观望会令人感到有些孤独，因为市场中某些投机性股票价格狂涨，投资者会后悔没有搭上某一班车。但是，如果市场在一夜之间转向熊市，当其他投资者所持股票大幅下跌遭受严重损失时，该投资者的投资策略也就得到了回报。

为了从更高远的角度理解问题，读者可以复习一下本书第7章所讨论的股票供求机制以及导致股票价格上升的各种因素。记住：如果推动股票价格上升的各种过程和因素都不存在，那么投资者不应当继续持股，因为股价不会再上涨。

现在我们从一个更高的层面上看待股票价格问题，而不是仅仅从机械的角度考虑问题。推动股票价格上升的因素主要有两个：一个是基本面（这一因素控制股价长期走势）；另一个是心理因素（控制股价的中短期走势）。请参见本书第 13 章和第 8 章的图 8－1。

基本面和心理因素都从两个方向影响股价。整体而言，基本面和心理因素可以直接影响股票价格（通过公司本身发挥作用），也可以间接影响股票价格（因为整个行业板块或者整个市场走势如此之强，以至于没有哪只股票能够逆市而为）。但是，间接影响在股票价格下跌时的影响程度大于股价上升时的程度：恐惧比贪婪更能发挥影响力。

度过恐慌期

本章的中心观点在于：我们有些时候要在很痛苦的情况下卖出股票。但具体而言，这一概念仅仅意味着持有那些由于整个市场大势走低而跌价的股票，这些股票价格走低纯粹是出于心理因素。

我们可以换一个角度来说明上面这个问题，当股票价格暴跌或者出现恐慌性抛售时，我们持股的惟一原因在于该股价格下跌纯粹是因为整个市场的气氛而导致，绝不是因为公司本身因素导致。但是，这种说法只涉及少数几种情况，因为按照本书建议操作的投资者已经在熊市来临之前把手中表现不好的股票剔除了，只在手中保留一些质地良好的股票，所以根本不会遇到大崩盘的情况。

因此，正确地出售股票能够使投资者手中仅保留少数几支高质量的股票，他可以在股价暴跌或者出现恐慌性抛售时继续持有这些股票，渡过难关。该投资者的持仓比例相对较低（在熊市到来之前早已根据本书中的操作建议售股变现），因此其痛苦程度最多也就是中等偏下。手中持有现金会令该投资者心理上感觉很舒服，而且可以在股票价格真正到达低点的时候吃进。持仓比例低于 50% 时是一件很开心的事情，因为每一次股价下跌都意味着该投资者的现金购股能力增长幅度超过手中所持股票的跌价幅度。

有些投资者可能会发现矛盾，因为我在前面的几章中建议：避免损失是第一要务，也是出售股票的最好理由。但是，在股价大幅下跌时持有高质量的股票所承担一小部分账面亏损的风险小于当时抛售股票而希望等到股价继续走低后回补仓位。

如果投资者手中仅持有少数几支核心持股股票，那他最好在股价下跌时继续持有这些股票。在股价出现暂时暴跌的时期继续持有核心股票的经验证明，这种做法值得我们暂时承受上述账面亏损（例如，1987 年 10 月和 1989 年 10 月的例子，以及 20 世纪 90 年代早期和中期那些在一天之内出现的价格暴跌情况）。危机思维过程以及在短期内能够做出痛苦而有效的决策的能力会令投资者终生收益。

一旦投资者熬过股价下跌最凶的阶段，他将学会在股市中的生存技术，从中汲取教训，这种教训不论是从心理意义上还是从指导意义上都相当有价值。这种经验加深了他对股市运行机制的理解程度。也许最重要的在于，在渡过难关后，投资者已经学会未来如何在类似的情况下采取对策。而且，在未来的几年中，投资者可以把握股价下跌时所出现的投资良机。通过个人经验的总结，他可以发现，反向式投资哲学的确有用。

当市场陷入恐慌状态时，关键问题在于恐慌结束后美国和其他主要的西方民主国家是否还能让资本主义发挥作用。如果答案是肯定的，那么在不合理的低价位卖股票就是愚蠢的行为。实际上，惟一理性的事情就是鼓起勇气继续买股票。有勇气采用反向式思维方式——不因为华尔街和其他主要金融中心短期内丧失信心而廉价地售出好股票——可以确保出售股票的做法是正确的。在市场恐慌的时期买股票并不容易。能够做到这一点的人显然具有理性，而且能足够冷静在高位来临时卖出股票。

恐慌期结束后是继续持有股票还是出手，还有一个参照标准。一旦恐慌过去，市场就会出现反弹。但对于不同类型的股票而言，这种反弹的影响大为不同。某些股票会大幅反弹，而另外一些股票只是稍有反弹。就像在恐慌期内出售股票不明智一样，当恐慌结束，疯狂的抛售告一段落，而且价格开始上涨时，投资者也应当谨慎地评估手中所持头寸。

如上文所述，问题关键在于是继续持股还是出手。不必忙于出售股票，因为熊市前一阶段的操作已经使得投资者手中持有大量现金，所以没有必要为了补仓或购买股票而出售股票。但是，由于我们的目标总是使投资回报最大化，同时利用资本的时间价值，所以在恐慌结束后应密切关注哪些股票应当继续持有，哪些应当脱手。

表现不好的股票

在恐慌结束后有可能走低大势的股票包括：

- 柜台（场外市场）交易的股票。
- 定价低的股票。
- 股本小的股票。
- 交易量低、担保或无担保股票。
- 在整个行业中处于滞后状态。
- 对衰退敏感的行业中的公司所发行的股票。
- 信誉不佳的公司股票。
- 引发恐慌的板块中的股票。

由于恐惧、紧张和缺乏投机兴趣，前五类股票（其中有些是重叠的）在恐慌结束后没有人愿意购买。此外，由于市场恐慌，许多媒体会使用一些令人毛骨悚然的标题，而且有可能对比此次恐慌与1929年股灾的相似之处。因此，对衰退敏感板块中的股票在恐慌结束后并不反弹，即使事后诸葛亮式的智慧表明，并没有衰退发生。

实际上，在股市大幅下跌后可能并不会出现衰退（就像1988年的情况），但在短期内个人观点和预期比事实更能发挥影响。因此，在反弹期间，汽车、钢铁业、化工、造纸和资本品生产企业并不是很好的选择。与此类似，与度假有关的行业（航空、酒店和博彩）及生产奢侈性商品的企业也不是太好的选择。

信誉不佳的板块随时间变化而变化。到底哪些股票属于这一板块取决于最近几个月当中媒体标题关注哪些股票。20 世纪 80 年代早期时，基础行业股票无人问津，被称作“铁锈带”股票。20 世纪 80 年代中期时，高科技板块股票单边下跌。在第三世界贷款坏账爆发的早期阶段，银行股无人敢碰。在 20 世纪 90 年代早期出现谣言并获得帮助后，储蓄和贷款机构被迫痛苦地支付到期应付款项。我们可以预计，如果 20 世纪 90 年代早期股市发生大跌，那么前一段时间被过度吹嘘的互联网、通讯类和软件类股票有可能比上述任何一类股票的恢复速度都要慢。

记住：从更长期的角度看，担心信誉不佳的板块中的领头公司并没有道理。从战略投资的角度出发，更重要的问题在于，在复苏阶段很少有人有勇气敢于为形象不佳的公司提供资金或书面建议。这类股票在反弹时总是落后于其他股票。

同理，最后一类股票也不应持有。有些时候，某一行业或某类股票是引发恐慌的诱因。1962 年，由于肯尼迪政府的管制，钢铁业引发了股市恐慌。1987 年后，经纪公司的股票几乎无人敢买，因为整个大环境都对程序交易持反对意见。1989 年股市大跌的原因是美国联合航空公司收购计划受挫，导致其他潜在被收购对象下跌引发股市大跌。

在股市下跌完成后，投资者应当仔细分辨是什么原因导致的下跌，在一段时间内避开相关题材的股票。这些股票若想重新获得市场青睐尚需时日。

抗跌的股票

这些股票在恐慌结束后表现良好，尤其是在恐慌把价格压到极低的时候。当然，价格压得越低，把握机会的时间就越短，反弹速度就越快。如下股票就是有可能快速反弹的股票：

- 能够抵抗衰退的股票（食品类、药物类和公用设施类股票）。
- 不具有周期性的蓝筹股（如石油类股票）。
- 大名鼎鼎的公司（例如，AT&T，Exxon，General Electric，Merck，

McDonald's)。

- 股票表现良好、排名在《财富》杂志前100名的公司。
- 低价题材类的股票，例如低成本的饭店和折扣零售店（衰退的“受益者”）。
- 市盈率低或价格/现金流量比例低的公司股票。
- 低于账面价值且未来年度预期收益大于零的公司股票（这也就意味着公司的账面价值可信）。
- 权益比例高的公司（即风险低的公司）。
- 无杠杆、封闭式、非垃圾债券基金。
- 市场恐慌的受益者（例如，1973年欧佩克提高石油价格后的石油服务公司和绝缘材料公司，1991年衰退发生后的临时雇用服务公司和外包加工服务公司）。

所有上述股票均为抗跌股票，或者在大盘不好的情况下最有可能挺过去的公司。这些股票依然受到市场青睐，很快就会有大批的购买者。恐慌性事件发生后，投资者很快就会想到这类公司，会购买其股票。

第 29 章

持有/卖出决策检查表

投资成功的要诀

- 用 20 个问题来关注持有 - 卖出决策
- 评估你对这 20 个问题的回答并进行调整

本章包括一系列的问题，这些问题总结了本书的要点，有助于投资者做出卖出决策。这些问题最初是从一家地区性零售经纪公司为其经纪人所准备的训练教材中节选出来的。经证明它们是有用的，这里有两个原因：它们处理的是投资过程中投资者相对不熟悉的方面（比如说卖出股票），它们有助于投资者做出理性决策并且有时会把那些沉淀的资金解放出来用于再投资。

我们建议投资者把这些问题复印下来并且在以下三个地方保存复印件：在你的工作场所，这是许多经纪人和你进行会谈的地方；在家里，这是进行市场研究和做出决策的地方；在你经纪人的办公室，她或他也会花费一些时间来考虑这些问题并且如果你的思维偏离了理性思维，他或她会帮助你回到正常轨道上来。

每一只股票都应当有自己的检查表，在你的笔记本中保存这些检查表，尤其是在卖出之后。这样一来，随着时间推移，你就会得到一个极其有用的记录，这些记录将揭示优点和弱点重复发生的模式。

在做出持有－卖出决策时考虑的二十个问题

在购买的时候

1. 股票购买日期？
2. 股票购买价格？（为参考起见，当天的道琼斯工业平均指数是多少？）
3. 目标价格？市盈率是多少？是否给出了卖出订单？
4. 卖出股票的目标日期？（根据问题 1、2、3、4 计算预计的年回

报率）

5. 什么事件或变化会推动股票价格上升？（特别的期望）

在随后的某一个日期检查头寸

6. 与最初买入股票的时候相比，你对该公司的感觉如何，更兴奋，信心更强还是与当初一样，或者是没有当初兴奋？
7. 在问题5中提到的题材是否已经发生？如果没有的话，题材是否仍然有确定的发生机会？如果是，针对相关消息或与题材部分有关的消息，股票是否上升？如果是，股价是否已经达到了问题3中的目标价位？
8. 股票当前的价格是多少？（与问题2和问题3比较，注意问题6）
9. 当前基本面会发生什么样的变化？（与问题5比较）如果当初是和朋友、亲戚或同事一起讨论股票，现在你是否还会热情洋溢地讨论股票并购买它？
10. 根据问题9，当前的期望价是多少？
11. 问题10中的股票价格什么时候达到？（与问题4比较）根据问题8、10、11，调整后的预期年回报率是多少？
12. 如果没有题材发生，股票价格下降的风险是什么？即，如果问题5或问题9中的题材或概念是错的怎么办？
13. 以现在的价格看来，风险/回报是否恰当？（把当前价格与问题10和12的价格比较）
14. 当前的道琼斯指数是多少？（与问题2的道琼斯指数水平进行比较）股票的相对表现是否令人吃惊？是否可以接受？
15. 购买股票之后，公司或行业是否有令人吃惊的负面消息？这些消息如何影响你的思考？
16. 购买之后，你是否差点卖出，只不过想持有时间更长一点？你是否设定了心理上或实际的止损点，然后随着股票走弱，止损点是否下降？

分析现在是持有还是卖出

17. 考虑问题9到12，为什么现在还应当持有股票？
18. 以你现在的知识和了解，你会以今天的价格再次购买股票吗？
19. 现在购买是否有更好的机会？
20. 问题17的答案是否与问题3、18、19的答案一致？

评估你的答案

我们建议对这些问题做书面回答，有两个理由：在操作过程中约束自己的思考以及建立一个档案式的记录，以后可以用来参考、比较，以及学习。在一张纸上标上1到20，在上面为股票的名称留出一个空白，把这些问题复印上去以便将来使用。

在购买股票的时候，立即回答问题1~5。这样以后就没有必要再回头来找问题1和2的数据，更重要的是，回答问题3和4、5就不会那么敷衍了事了。

随后，根据问题3、4、5的答案，回答问题9、10、11。简单的重复是无用的！你的投资决策的质量将会因贯彻这个过程而显著提高。

投资者应当注意，针对持有股票，人们有一种内在的偏见，认为这会使人感觉具有保护性。当事情并没有像预期的那样发展，这就使得人们更愿意卖出。如果持有没有发生作用，它就需要调整。

对于初学者而言，如果时间已经超过了问题4所说的时间，或者是股票的交易价格等于或高于问题3中的价格，计划或操作就已经出现了差错。如果问题3、4、5的答案和问题9、10、11的答案之间存在差异，投资者应当再次研究这些问题。

如果问题15的答案是肯定的，或者是问题16的部分答案是肯定的，这就意味着投资者在处理这些情况的时候缺乏决断力和持久力。当一切顺利的时候投资者变得贪婪或者当情况恶化的时候投资者就开始拒绝接受现实。在投资者努力容忍一只股票的表现（人们自己的判断）或某个次优的策略和操作的过程中，理性思考是惟一的选择。从以前的操作中进行学习，尤其要避免发生同样的错误。继续去做最容易做到的事并不会改进最终的结果，并且还有可能阻碍好的结果。

关键的一个问题是问题18。如果投资者不能诚实而自信地对此做出肯定回答（由问题9的一部分作为测试），那么投资者就应当通过卖出股票来结束这个不断恶化的过程。如果你在今天不会购买股票，为什么你认为其他人会购买？如果其他投资者不能成为理所当然的购买者，这就意味着股票因缺少支持会进一步下跌。

那么，应当多长时间对每一只股票进行这样的评估？这是一个合理的问题。我们建议投资者创立一个活页文件，自购买日之后90天进行检查，（或在问题4中提到的日期）。如果检查结果是继续持有，那么就在问题11所提到的日期再次进行检查。

使用这张调查表并不能包治百病。它也不会自动地使每一项投资都有利可图。它有助于结束那些没有按照预期发展的局势，通过检查和强调金钱的时间价值，使投资者有紧迫感，并且提醒投资者持有决策应当是一个主动的理性的推理过程，而不是懒惰和拖延而导致的结果。持有决策应当像购买或卖出决策那样重要，只是不需要拿起电话拨经纪人的号码。

为了获得成功，投资者必须正确地买入和正确地卖出一项投资。在卖出之前，结果只是纸面上的结果。在清仓之前，高额利润仍然会在任何时候消失殆尽。这个调查表应当被用做备忘、指导和改进的工具，来提高做出决策的技巧和改进卖出措施。

第 30 章

总结：赢家测试

投资成功的关键

- 界定最终测试
- 考虑“母亲”测试
- 应用时间—价值测试
- 应用最终测试：应当怎样选择测试频率？

现在，你对于成功销售所持有的股票的各种外界和内心的障碍，已经有所了解和理解。为了消除以上各种因素的不利影响，你已经开始从积极的角度考虑如何销售手中持有的股票。这种修正方式的关键之处在于：不管长期还是短期都要考虑逆势而为，抛出手中持有的股票。本书前面各章节已经使你了解到如何有效地、有利润地出售手中所持各种股票的一些具体技术，而且以上讨论涉及各种具体的市场环境。本章作为本书的最后一章，描述了一种你应当经常用于评价手中所持各种股票的测试方式，这种测试方法的结果将有助于你决定是继续持股还是出售手中所持股票。

最终测试

假定你现在手中持有一只股票，你一直在观察该股票的股价发展过程，包括该股票自身的股价发展历程以及相对于整个大势而言该股票的发展历程。刚开始购买的时候，你的心中已经对该股票、该公司的未来发展有了一个蓝图式的描绘和预测，而且预计以上情形在未来的什么时间段内将会发生，同时你还会预见该股票可能达到的目标价位。没有任何一名投资者的水晶球是完美的，世界形势不可逆转地变化。以上当前尚不知道的因素不能忽略，但是，你不能将全部精力放在被打翻的奶酪上。最关键的问题在于：确定你手中仍然持有的股票的未来变化情形。因此，真正有意义的在于你是继续持有股票还是出售手中所持股票。

下面就是本项测试内容：假定你现在手中仍然拥有资金，对手中所持股票有所了解而且对该公司和公司的股票做出了预测（并非是您在购买该股票时所作的预测），而且我们假定，购买该股票并不会使您的投资组合失衡，问题是你愿意按照现在的价格立即购买该股票吗？

答案是不可以模棱两可的——要么肯定，要么否定。诸如“可能”或者“很可能”这样的回答不可以接受，因为这种回答实际上是在回避问题。这就是为什么你的回答对此项测试至关重要的含义所在：如果你不能对各个问题做出肯定的回答，你就应当出售手中所持股票；如果答案是肯定的，应当继续使用股票。

有些人可能会反对，因为他们认为此项测试过于极端。实际上，该项测试不是过于极端，而是对测试结果作了严格的框定。此项测试非常公平，而且具有逻辑上的合理性。

如果你现在不想购买某种股票，恰恰相反，只想在手头保存现金。因为你认为，在现有的价格水平下、凭借你现在对该股的了解，你不想购买这只股票。相反，如果你认为自己应当继续持有某只股票，这就意味着你认为其他投资者会做你所不愿做的事情：现在或未来按照当前价格或比当前价格更高的价格购买该只股票。

股票价格不会奇迹般的上涨，也不会仅仅因为投资者希望价格上涨而上涨，股票价格上涨要求多方压力超过空方压力。多方压力来自于因为看好市场前景，投资者所下的各种买方订单。如果你本人不想追加投资，这就意味着你认为其他投资者会进行你认为不合理的投资行为。因此，这种持股决策是建立在盲目性或者不合理的预期的基础上，而不是以逻辑推理为前提。简单地说也就是：对于你不希望买的股票，你就不应当持有该种股票！

如果你怀疑继续持有某种股票是否像购买该种股票一样具有逻辑上的合理性，可以这样考虑问题：持股是在另外一段时间内重新配置资本，这样一段时间可能是很短的一段时间，也可能是一天、一个月或者更长时期。而购买某种股票意味着你将自己的财富从现金（或货币市场基金，或者其他等价形式）转化为一定数量的某只股票。

在你持有现金时，成为一只股票的股东需要你将现金转化为你所选择的股票。如果你已经拥有一只股票，继续持股也就意味着你决定：选择继续保留这只股票的股份而不是将该只股票出售用于交换现金。（尽管不太常见）继续持有某只股票暗含的意思就是：出售你手中的某只股票用于交换其现金价值，然后你决定立即用交换所得现金购买同样股数的同一只股票，继续持股的时间可能只是短暂的一天、几天或更长时间。继续持股不需要支付佣金，也不需要与你的经纪人进行接触。但是，从其他方面讲，继续持股意味着你将该股所占用的资金继续投资于该股。因为继续持股从各方面都像购买股票本身一样属于一种决策，所以继续持股应当是一个积极的选择结果，而不是因为消极或不愿关注而做出的选择。

对于自己不想购买的股票，你不应当持股。因此，应当出售该只股票，没有其他选择可言。还没有购买某只股票的人避免购买该只股票与该股当前持股人出售该只股票的动机是一样的：获取现金或者其他东西比继续持有该种股票更加受到偏好。如果你不想购买某种股票（也就是说，如果你还没有投资于这只股票，也就回避了该股），该股票对你而言就像应当抛售的股票一样。抛开（前面各章节）税收影响不谈，股票持有人继续持有一只其不想购买的股票是完全没有逻辑性的。

考虑“母亲”测试

在考虑是继续持有还是抛售股票时，先考虑本书作者提供的“母亲/岳母”测试。

（请你再次注意：持股等同于购买股票！）假定你的母亲要求您为其选择一只股票，今天就购买，而且为了方便我们讨论，我们假定您的投资目标和对风险的容忍度与以上的讨论相同。问问自己，你是否会向母亲推荐你当前持有的股票（答案可以是肯定，也可以是否定，或者是可能）。你爱自己的母亲，希望她能够获得投资成功而不是失败。你害怕这样一种结果：在未来的某个时间你要为自己的选择错误进行解释。你意识到自己是个普通人，因而犯错误很正常，只能从母亲的角度尽你的全部能力做出恰当的判断。你的的确确希望做出正确而非错误的选择。你的母亲很可能会原谅你的一项错误，但你依然会因为犯错而感到难过。所以在选择向母亲推荐股票时，情况比较复杂。

好了，你在对待自己的股票时应当像对待母亲的股票一样用心！对于你不会向自己的母亲推荐的股票，你自己也不应当购买——继续持股相当于无佣金的购买。如果你不向一个你所爱的人推荐某种股票，你自己为什么购买这只股票？

“母亲”测试的一种变体形式是岳母测试。在此项测试中，你与岳母的关系与你和母亲的关系有所不同，所以您关注的问题有可能是首先避免投资损失而不是如何实现投资盈利。当然，在现实生活中你可能会利用这种“机遇”提供自己的投资建议。但是，对于测试你对某一种股票是否真正具有信心而言，上述“岳母”测试也能够发挥很好的作用。

假定你不但希望自己的岳母对自己有好的看法而且从您的投资建议中获益而不是受损，而且我们假定，你在一段时间内不会去拜访岳母。在这段时间内，你和岳母之间没有接触，你所推荐的股票可能会价格上涨或下跌，那么你所获得的反馈肯定来自于下一次家庭聚会。你是否会继续推荐你的岳母现在购买某一种股票？

同理，只有毫无保留的肯定回答和否定回答才是可以接受的。如果你预测该只股票价格上涨的可能性不大于价格下跌的可能性，你不会建议岳母购买该种股票。如果你对某只股票只具有一般的兴趣，但是愿意在该只股票从当前价格下跌五个百分点后再购买，这说明了一个问题：你应当现在就出售这只股票，并且在上面那个令你感觉更加舒适的价格上购买股票。为什么会心甘情愿购买一只价格可能下跌的股票呢？同样，对待自己的股票应当像对待自己推荐给岳母的股票一样用心。避免购买那些明知会后悔的股票，避免购买那些事后诸葛亮的股票。对于你不希望自己的岳母购买的股票，你自己也不应当继续持有该只股票！不买也就意味不持股，在这种情况下，出售股票是惟一可能的替代方法。

毫无疑问，投资是一项艺术而不是一门科学。你不应当预期能够实现接近于完美的结果，你必须能够原谅自己所犯的常人都会犯的错误。你所作的一切关于股票购买、持有和出售股票的决定必须是在不确定的情况下做出，而且对于未来的情况也没有确定性的了解。对你自己，你所能够要求的也只是在合情合理的基础上尽全力去做一个合理的决策。徒劳无功试图获得各种额外的资料花费的时间过长，以至于在整个收集资料过程当中情况已经发生了很大的变化，这要求你对未来的情况做出无休止的调整，反复循环（如果因为缺乏确定性而无法做出决策，那么你可能就不适合于投资，尤其是对于单只股票而言更是如此）。考虑到上述原因，我们前面对于继续持有股票还是出售股票给出的各种建议必须在一个公平而又实际的环境中进行理解：给定所了解的资料，做出条件允许情况下最好的判断，同时承认自己可能犯错，你会选择什么样的结果？从这个角度讲，我们可以对继续持股还是出售股票给出另外一种形式的评测。

应用时间—价值测试

我们必须总是考虑到资金的时间价值。对于任何股票而言，充分考虑资金的时间价值都有助于您做出继续持股还是出售股票的决策。对于这一点而言，复习本书的第 12 章和第 13 章可能有所裨益。

不管您所购买的股票在购买之后价格按照哪一种方式发展，在做出持股/出售股票的决策时考虑资金的时间价值都是相当具有帮助的。当你购买的股票出现账面亏损时，许多投资者都非常关注自己的头寸，需要重新评估各种头寸，而上述评测相当有效（不管什么原因，投资者开展积极的持股/出售股票复查都是相当有帮助的）。但同样重要的是，如果您所购买的股票弱于大市，或者价格大幅度上升，你应当在头脑中思考是应当继续持股还是出售股票。

股票价格下跌的情形

显然，在你购买该只股票后某些情况已经出了问题。是否整个经济环境或者利率发生恶化，而且这种恶化需要相当长的时间才能够恢复元气？那些支持应当出售的各种假设（根据你所设定的时间框架以及所掌握的资料）最终被证明是错误的？你购买股票的那家公司是否宣布了一项或多项重大的、对市场具有负面影响的事件，改变了你本人（也改变了整个市场投资者的）的观点？也许该公司出现了新的竞争对手，或现有的竞争对手大幅度领先该公司，该公司已经陷于被动。不管是什么原因导致公司股票价格下跌，都需要对所持股票进行现实的重新评估。关于这一点，最根本的测试一般是在你了解现有资料的情况下，你是否愿意现在购买股票。如果您所获得的资料表明目标价位应当调低，或者从实际角度讲，你最初设定的目标价位需要更长的时间才能实现，这就意味着：与你当初设想的投资回报率相比，在同样的风险概率的情况下，该只股票的回报率已经降低。

因为你无法改变既成事实，在上述情况下你必须要考虑的就是调整对未来的预期，因为未来的前景已经不像当初购买股票时那样吸引人。按照该股票当前的投资回报率，你是否愿意此时此地购买该只股票？如果你不想购买该只股票，也就不应当持有这只股票。还有很多很多的股票可供选择，所以不要为了证明自己可以从损失中摆脱出来或者以一种错误无法被别人发现的方式摆脱该只股票而继续持股。时间就是金钱。继续持有一只比大盘走势更弱的股票要求你找出一些更加令人信服的（而不仅仅是希望）事件，这些事件可以从现在开始迅速影响市场，而且可以导致回报率提高，这种回报率的提高足以弥补已经失去的时间，从而使股票的价格能够回到你最初设定的目标价位。如果你无法找出这样的事件，寻找其他的股票进行投资比继续持有该只股票、抱着残存的希望更加明智。

如果你的股票价格停滞不前

假定由于市场大势问题造成你所持有的股票价格停滞不前，那么该股票达到你所设定的目标价位所需的时间就会超过你预计的时间。如果导致这种现象的原因在于预期的利好消息没有出现，或者公司的预期收入增长没有实现，那么你就需要再对该股票做出一些严肃而又充实的重新评估。你所持股票并不像其他下跌股票那样损失幅度那么大，但实际上，它未能满足你最初的预期，因此浪费了你非常宝贵的时间。

简而言之，（即使你不能够清楚地了解原因）有些事情出问题了——即使是这种问题并没有严重到导致股票价格下跌的程度。假定你所持股票出现的问题并非整个市场的不利状况导致，那么您所持的股票价格停滞不前的主要原因在于，你当初购买股票时所设定的目标过于乐观，或者是因为当你购买股票时绝大部分投资者已经发现了这种明显的投资机会，或者是因为你购买时该股票价格已经上涨。

就像对待那些实际价格下跌的股票一样，在这种情况下你所具有的底线应当是：向自己提供令人信服的原因，让自己相信这只股票未来的上涨空间能够弥补失去的时间。因为到目前为止已经丧失了一部分时间，所以刚才所设定的投资策略很可能又会带上乐观主义的景象。记住，如果你想继续持有某只股票，实现你最初设定的投资目标，那么在你设定比最初投资目标更高的年预期回报率时，那些所谓的利好消息必须的的确确的发生。有些时候，从沉睡中醒来的股票的确会表现得相当突出，但是仅仅希望股票会表现得好并不会造成实际影响。这个时候真正需要的是公司的基本面发生足够大幅度的变化，为市场注入一剂猛药，吸引投资者的资金，从而产生正向的影响，抬高股票价格。与上文讨论的问题一样，你会在今天购买该只股票吗？你对这个问题的答案也告诉了你自己是否应当继续持股，还是应当出售手中所持股票。

如果你的股票价格先于你所设定的规划启动

当然，这是最令人欢欣鼓舞的情景：你的购买决策不但被证明是正确的，而且你所持有股票的价格的上涨速度超过了你最初希望它所表现的速度。令人奇怪的是，这种美妙的情形包括了许多非常微妙但是非常有影响力的问题，这些问题可能会削弱你所取得的成功。当你所持有的股票开始大幅上涨时，这很可能是因为大家都知道了一个利好消息发生，或者该公司进入市场领涨板块，或者仅仅是因为该股票在一个一般性的强势市场中属于波动性很强的股票。从心理学角度讲，当你所持的股票的上涨幅度超过预期幅度时，你可能会爱上这只股票和该股票所属的公司，也会非常欣赏自己的聪明才智。自然地，你也会设想当前这种非常美妙情景会延伸进入未来一段时间。由于股票表现很好，我们会逐渐调整自己的心理，会预期该股票继续上涨。就在最大多数的投资者（和交易员）接受这种观点之后，从定义的角度讲，当前的买方压力达到了最高点，此后该股的价格必然会迅速下跌。确定什么时间最大多数的投资者购买某只股票是不可能的，但从客观的角度进行分析（例如逆势而为思想）就有可能发现，泡沫维系的时间是不可能太长的。

我们再一次重复，操作中的问题在于你是否愿意在今天购买某只股票。如果这种股票在从买入到卖出的这段时间内的表现远远超出你设想的情形（图13-1，124页），那么只有在该股票出现重大、先前未曾设想到的发展的情况下才可以提高自己的预期目标，才可以继续持有该只股票。预料之中的利好消息或者预料之中的实际收益增长并不能作为继续持股的理由；你已经为这些利好消息付出了代价，这些因素已经计算列入了你的价格/时间目标。如果没有这种重大的利好消息，当你所持股票的表现远远超过市场趋势的时候，出售该股票可能就是一个很好的时机，原因有两个：第一，从短期角度讲，该股票当前的价格飞速成长很可能是无法维持的。也就是说，事情并不总是会这样美好的！从长期的角度讲，如果公司基本面没有发生根本性的利好因素，这只股票从当前已经上涨的价格向你最初设定的价格/时间目标发展的过程当中，其价格上涨幅度必定会远远低于你所要求的回报率。因此，尽管这种股票可能长期内继续上涨，但在从当前开始计算到你的目标时间/价格结束的一段时间内，这种股票相对而言依然落后于你的预期要求。

公司股票价格水平令人满意，而且因为你对某只股票非常了解，这两件事可能会诱使你继续持有该只股票，而不是出售它。但冷静下来之后的逻辑分析表明，这只股票价格已经过高，从今天开始到原订的目标时间结束的长时间内，这只股票的表现不可能达到预期的回报率。关键在于，如果你不敢在当前这种令人满意的高价位上购买该只股票，那么你现在也不应当继续持有这种股票。出售股票将会降低你的持股风险，在降低损失风险的情况下可以实现落袋为安。你可以利用这笔钱再购买另外一种股票或者等待时机重新购回你所熟悉的股票，但必须等待股票价格回落之后进行操作。一只股票表现得越好，它就会越有力地诱使你继续持有该只股票，直到该股价格下跌进入调整期为止。

应用最终测试：多长时间一次比较合适？

从纯理论的角度讲，我们的“购买与否？”测试可以在开市的任何一个时间使用。实际上，积极的当日交易者和其他一些激进的短期市场参与者愿意每天采用一次“购买与否?”测试。但是我们中的绝大部分人在市场开市的过程中有自己的职业要做，所以每天进行一次上述测试在实践中不可行——尤其是当我们所持股票并非一只特定股票而是一系列股票组合的时候，更是如此！许多读者的确每天从其所偏好的报纸上阅读一些股票的每日报价。如果你对股票的关注的确是如此之高，那你应当扪心自问你为什么要对这种股票给予如此密切的关注。每天研究股票价格并不像每天看体育新闻报道、了解你所欣赏的体育运动员。对于绝大多数体育比赛，你根本无法参与比赛，显然永远只是一名被动的旁观者。而对你所持股票而言，如果你每天都追踪股票价格变化，那就意味着你已经准备根据最新的股票价格变化采取投资行动。

至少从两个角度讲，每天都观察股票价格可能是危险的：(1) 除非你已经非常坚定地接受了逆势而为的思路，否则每天都观察股票价格会诱使你追随大众的潮流：你可能会在股市的恐慌气氛下出售股票，或者在股票价格已经过高的情况下购买某只股票。(2) 如果你每天观察股票价格变动，而且又不想采取逆势而为的行动（也就是在股票价格大跌的时候购买或者股票价格大涨的时候卖出），那么你的感觉就会变得麻木，有可能采取投资行动，尤其是出售手中所持股票。如果已经习惯于每天观察市场想要了解明天会出现什么情况，那么这种习惯的时间越长，你能够成为一名敏感、积极的投资者的可能性就越小，也就更不可能采取行动。过度的每天观察股票价格会使你的感觉变得麻木，而且使你的大脑中充斥着无法消化吸收的一些资料，从而造成混乱。在很长的时间内，股票价格可能上涨或下跌一半，所以应该继续持股还是出售股票的决策将会无法做出，这样就会在你的大脑中形成一种观点：因为有如此之多的相互冲突的因素，所以任何问题都没有明确的单一答案。

相比每天观察股票价格而又不采取任何行动而言，每周对股票价格进行回顾这种做法更好一些。周六和周日都是很安全的时间，因为股市休市，所以你无法立即进行投资。这种交易的时间间隔使你可以思考问题，去图书馆查找资料，或者浏览一下你喜欢的投资者数据库。而且，一周之内价格变化的幅度要大于股票每天价格的波动幅度；更大的价格变化可能使你认真考虑当前的价格上升势头已经超出了理性范围，还是只是一次反弹。最后，每周检查一次投资组合所花的时间远远少于每天研究股票价格所花的时间。我们可以在失去个人的观点和每天观察上花费过多时间之间找到一种适度的平衡（这种情况适用于不是特别积极的交易者），既不会脱离市场，又不至于在股票方面花费过多的时间。有人愿意成为长期投资者，但实际上，在一个机构投资者占据统治地位的时代，这种做法并没有太大的意义。每周研究一次股票价格可以找到我们所需要的平衡。

你在每周所作的价格审查包括记录你所持股票当前的最新价格，而且有可能记录该股票的最高价位和最低价位。这种记录可以随时供你参考，使你可以很迅速地回顾以前的报纸资料。在记录中你可以注出股票的收益和红利发展曲线，如果不是通过在线数据服务的话，那么通过 Barron's 是最容易实现。你可以关注公司的声明，并对这种声明做出客观的评价。然后你可以根据其所写的每周股票的投资计划来评价各种消息。事情是否按照预期的方式发展，是否有些什么东西已经出了问题？股票是否已经达到了目标价位？股票价格的发展是否快于你所设定的最初的投资目标，这意味着股票过热，需要进行下跌整理？如果你是在这张图表上绘制股票的价格变化，那么股票是否已经达到了超买区？是否从技术角度讲已经出现了一些不祥之兆（市场现在已经了解到目前还没有预见到的事情）？本书第 29 章所列的清单可以作为一项备忘录，可以知道你为什么进行购买，预期结果是什么。通过对比最新资料和你预期的蓝图，你可以决定在下一周里是否继续持有该只股票，还是出售好。

最后，再对最新事实进行分类，并且参照同一行业中其他股票价格对这种股票进行比较之后，又回到了本次测试的关键问题：在知道你所了解的情况之后，你是否会按照今天的价格购买这只股票？你的答案告诉了自己是否应继续持有还是出售股票。

结束语

本书旨在帮助您适应市场的投资风格，使您能够以更加敏锐、深入的方式了解它的运作机制，使您在理性和感性两个方面做好更加充分的准备，完成至关重要的股票出售决策。股票既可以买也可以卖。只有对买卖两个方向的交易实现完美的结合并且确实通过经纪人以合理的价位完成买卖交易，才可以最终实现利润。

关于如何购买股票的书籍有很多（这些书的价值各不相同）。本书作者的目的在于使您拥有更多的投资经验，从而为你以更加合理的方式出售股票做出贡献，并且弥补市面上此类书籍不足的缺陷。

你已经学会了如何以更加轻松的方式出售股票，实践经验的积累可以使你获得更多、更丰富的回馈，并在整个投资生涯当中能够比其他人更加成功地完成各项交易：也就是在恰当的时机出售股票。世界上没有十全十美的事情，但是你如果能够掌握这项一向不被别人看重的股票投资技术，就足以取得辉煌的战绩。

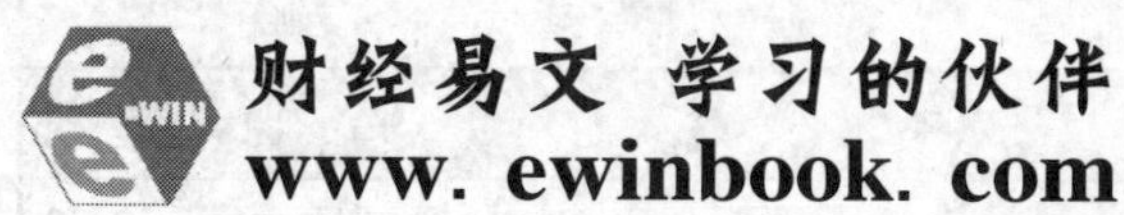

书系代码	书 名	作 者	定 价
经营管理			
BM001	《并购成长》(Digital Deals)	Geis	29.80
BM002	《绩效！绩效！》(企业培训版)(Coaching for Improved Performance)	Fournie	39.80
BM003	《质量无泪》(Quality Without Tears)	Crosby	39.80
BM004	《海阔天空——我在 DELL 的岁月》	方国健	20.00
BM005	《心时代——一个情感化的世界及其经济图景》	曹世潮	20.00
BM006	《情境领导者》(The Situational Leader)	保罗·赫塞	18.00
BM007	《EMBA 销售管理》(Sales Management)	Calvin	45.00
BM008	《EMBA 财务管理》(Finance and Accounting for Non-financing Managers)	Weston	49.80
BM009	《EMBA 兼并与收购》(Mergers and Acquisitions)	Weston	38.00
BM010	《EMBA 公司战略》(Corporate Strategy)	Colley	39.80
BM011	《EMBA 创业管理》(Entrepreneurial Management)	Calvin	49.80
BM012	《EMBA 领导艺术》(Managerial Leadership)	Topping	35.00
BM013	《EMBA 战略营销管理》(Strategic Marketing Management)	Parry	42.00
BM014	《EMBA 公司治理》(Corporate Governance)	Colley 等	49.80
BM015	《六西格玛是什么》(What is Six Sigma)	Pande	15.00
BM016	《六西格玛基础教材》(The Six Sigma Basic Training Kit)	Juran	80.00
BM017	《六西格玛团队实战手册》(The Six Sigma Way Team Fieldbook)	Pande, Neuman, Cavanagh	49.80
BM018	《六西格玛团队怎么做》(Six Sigma Team Pocket Guide)	Federico	16.00
BM019	《杰克·韦尔奇领导艺术词典》(Jack Welch Lexicon of Leadership)	Krames	32.00
BM020	《杰克·韦尔奇的 29 个领导秘诀》(29 Leadership Secrets from Jack Welch)	Slater	29.80
BM021	《通用电气"群策群力"》(GE Work – Out)	Ulrich, Kerr, Ashkenas	39.80
BM022	《顶峰——如何成为最赚钱的咨询顾问》(Million Dollar Consulting)	Weiss	48.00
BM023	《战略计划实务》(Applied Strategic Planning)	Goodstein 等	48.00
BM024	《平衡计分卡实用指南》(Balanced Scorecard)	Paul Niven	49.80
BM025	《战略物流管理》(Strategic Logistic Management)	Stock	80.00
BM026	《整合——企业并购成功之道》(M&A Integration)	Schweiger	39.80
BM027	《战略领导》(The Art and Discipline of Strategic Leadership)	Freedman	32.00
BM028	《经理薪酬完全手册》(The Complete Guide to Executive Compensation)	Bruce R. Ellig	65.00

书系代码	书　　名	作　者	定 价
BM029	《突破困境的领导艺术》(Leadership When the Heat's On)	Cox, Hoover	39.80
BM030	《朱兰自传》(Architect of Quality)	Juran	50.00
BM031	《卓越领导》(The Extraordinary Leader)	Zenger 等	39.80
BM032	《精益六西格玛案例》(Learning into Six Sigma)	Wheat 等	18.00
BM033	《领袖魅力》(Executive Charisma)	Benton	39.80
BM034	《西南航空案例》(The Southwest Airlines Way)	Gittell	49.80
BM035	《危机领导》(Leader Shock)	Hicks	29.80
BM036	《应变》(Agile Business for Fragile Times)	麦卡锡　等	35.00
BM037	《绩效导向的领导力》(Results-Based Leadership)	Ulrich　等	49.80
BM038	《企业沟通的威力》(The Power of Corporate Communication)	Argenti　等	39.80
BM039	《贯彻执行　现在就做》(Why Can't We Get Anything Done Around Here?)	李夫顿　等	20.00
BM040	《高效能团队领导智慧》(Leadership Lessons of The Navy Seals)	坎农　等	39.80
BM041	《竞争性销售》(Hope is not a Strategy)	佩吉	39.80
经济学			
E－001	《中国经济》(Chinese Economy)	蔡昉　林毅夫	39.80
E－002	《宏观经济学》(Macroeconomics)	Dornbusch	60.00
E－003	《经济学》(Economics)	McConnell, Brue	79.00
E－004	《微观经济学与行为》(Microeconomics and Behavior)	Frank	
E－005	《环境经济学》(Introduction to Environmental Economics)	Field 等	
管理学			
MT001	《战略物流管理》(Strategic Logistic Management)	Stock	80.00
MT002	《物流战略咨询》(Supply Chain Strategy)	Frazelle	49.80
MT003	《组织人员配置》(Staffing Organization)	Heneman, Judge	
MT004	《人力资源管理:生产率、工作生活质量和利润》(Managing Human Resource: Productivity, Quality of Work Life, Profits)	Cascio	
MT005	《战略管理》(Strategic Management)	Dess 等	40.00
MT006	《数据模型与决策:运用电子表格建模与案例研究》(第1版)(Introduction to Management Science)	Hillier 等	75.00
MT007	《数据模型与决策:运用电子表格建模与案例研究》(第2版)(Introduction to Management Science)	Hillier 等	75.00
MT008	《电子商务导论》(Introduction to E-Commerce)	雷波特　等	58.00
MT009	《供应链设计与管理》(Designing and Managing The Supply Chain)	辛奇—利维　等	40.00

书系代码	书　　名	作　者	定价
营销管理			
MM001	《定位》(Positioning)	Ries & Trout	39.80
MM002	《营销战》(修订版)(Marketing Warfare)	Ries & Trout	39.80
MM003	《营销革命》(Bottom-up Marketing)	Ries & Trout	39.80
MM004	《新定位》(The New Positioning)	Trout	39.80
MM005	《颠覆广告》(Disruption)	让一马贺·杜瑞	40.00
MM006	《创意的竞赛》(Which Ad Pulled Best?)	Purvis	39.80
MM007	《广告文案名人堂》(The Art of Writing Advertising)	Higgins	29.80
MM008	《产品经理的第一本书》(The Product Manager's Handbook)	Gorchels	39.80
MM009	《全球整合营销传播》(Communicating Globally)	舒尔茨	39.80
MM010	《整合营销传播:利用广告和促销建树品牌》(IMC: Using Advertising and Promotion to Build Brands)	Duncan	
MM011	《市场战略》(The Market Makers)	Spulber	48.00
MM012	《全球营销》(Global Marketing)	乔尼·约翰逊	60.00
MM013	《网络营销》(Internet Marketing)	默罕默德　等	
MM014	《产品经理的第二本书》(The Product Manager's Field Guide)	Linda Gorchels	39.80
MM015	《营销学基础》(Essentials of Marketing)	佩罗特　麦卡锡	60.00
MM016	《文案发烧》("Hey, Whipple, Squeeze This.":A Guide to Creating Great Ads)	苏立文	39.80
MM017	《引爆销售力的10大黄金法则》	迪西那	39.80
MM018	《小鱼吃大鱼》(Eating the Big Fish)	摩根	49.80
MM019	《什么是战略》(Trout On Strategy)	特劳特	39.80
销售管理			
SM001	《成功销售管理的7大秘诀》(7 Secrets to Successful Sales Management)	Wilner	39.80
SM002	《电话行销,轻松成交》	姚能笔	39.80
SM003	《摸透顾客心》(Ten Demandments)	Mooney Bergheim	39.80
SM004	《练就铁齿铜牙》(Secrets of Power Persuasion for Salespeople)	Dawson	39.80
SM005	《轻松收款》(Collections Made Easy)	卡罗尔	39.80
SM006	《打倒墨菲定律　挽救我的销售》(Beating the Deal Killers)	Giglio	39.80
SM007	《增加销售的12种核心技术》(Beyond E)	Diorio	39.80
SM008	《销售管理》(Sales Force Management)	Johnston 等	49.00
SM009	《汽车销售的第一本书》	孙路弘	39.80
SM010	《终极销售力》(Ultimate Selling Power)	莫伊,洛伊德	39.80

书系代码	书　　名	作　者	定 价
SM011	《顶尖销售的25堂课》(Secrets of Top Performing Salespeople)	乔诺　等	29.80
SM012	《引爆销售力的10大黄金法则》	Desena	39.80
职场发展			
CD001	《外企面试宝典》(More Best Answers to the 201 Most Frequently Asked Interview Questions)	DeLuca	25.00
CD002	《人才心理测评》(Psychological Testing at Work)	Hoffman	25.00
CD003	《演讲的艺术》(Strictly Speaking)	Buckley	29.80
CD004	《五大会计师行》	周年洋　等	24.80
CD005	《职业经理自修手册》(The Manager's Self-development Guide)	Pedler	35.00
CD006	《关键对话》(Crucial Conversations)	Patterson 等	29.80
CD007	《静思录》(Finding Your Strength in Difficult Times)	David Viscott	19.80
投资理财			
IF001	《投资艺术》(Winning the Loser's Game)	Ellis	19.80
IF002	《向格雷厄姆学思考,向巴菲特学投资》(How to Think Like Benjamin Graham and Invest Like Warren Buffett)	Cunningham	29.80
IF003	《巴菲特怎样选择成长股》(How to Pick Stocks Like Warren Buffett)	Vick	29.80
IF004	《最后的合伙人》(The Last Partnership)	Geisst	29.80
IF005	《财务报表分析与证券定价》(Financial Statement Analysis and Security Valuation)	Penman	98.00
IF006	《技术分析》(Technical Analysis Explained)	Pring	80.00
IF007	《技术分析 A－Z》(Technical Analysis from A to Z)	Achelis	55.00
IF008	《股票价值评估》(Valuing a Stock)	Gray　等	39.80
IF009	《蜡烛图精解》(Candlestick Charting Explained)	Morris	39.80
IF010	《技术分析习题集》(Study Guide for Technical Analysis Explained)	Pring	25.00
IF011	《股票市场的时机选择》(Timing the Stock Market)	亚历山大	60.00
IF012	《最佳卖出点》(It's when You Sell that Counts)	卡西迪	39.80

(具体数据以出书为准)

销售服务:010－88191017,88191063(FAX)
E-mail:　webmaster@ewinbook.com
邮购地址:北京市阜成路甲28号新知大厦
中国财政经济出版社邮购部
邮购费用:书价加15%
电　　话:010－88190406　88190488
邮　　编:100036

图书订购单

（可复印使用）

第一步：请您填写以下资料：

公司名称：　　　　　　　　　　　　　　　收书人：

发货（邮寄）地址：　　　　　　　　　　　邮编：

联系电话：　　　　　　　　　　　　　　　E-mail：

第二步：请您填写您所选购的图书及册数资料：

图书名称（请注明版次）	数　量	单价（RMB）	合计（RMB）
合　计			

第三步：请您到邮局将款项汇至以下地址：

收 款 人：中国财政经济出版社邮购部

地　　址：北京市海淀区阜成路甲 28 号新知大厦

邮　　编：100036

电　　话：010 -88190406　88190488

传　　真：010 -88190414

邮购费用：书价加 15%的邮费

第四步：请确认您是否需要增值税票，如果需要请在传真中注明您的增值税信息：

☐ 开具增值税发票　　　　　　　　　　☐ 开具普通发票

第五步：如果您想了解其他详细情况，请垂询销售热线：

TEL：010 -8819 1017

第六步：请您在以下空白处签字确认：

客户：

日期：

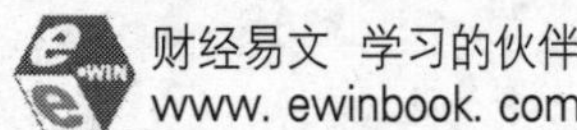